Götz Aly
Unser Kampf
1968 –
ein irritierter Blick
zurück

S. Fischer

2. Auflage: März 2008
S. Fischer Verlag GmbH, Frankfurt am Main 2008
Alle Rechte vorbehalten
Lektorat: Walter H. Pehle
Satz: Fotosatz Reinhard Amann, Aichstetten
Druck und Bindung: GGP Media GmbH, Pößneck
Printed in Germany
ISBN 978-3-10-000421-5

Inhalt

Immer auf der besseren Seite 7
Der Staat: überrumpelt und schwach 26
Kraft durch Freude, Lust durch Aktion 39
Befreiung vom Elend der Gegenwart 61
Was die Studenten dachten 80
Machtergreifung in Westberlin 89
Affenkönige mit dem goldenen Stab 104
Unverhüllt verfassungsfeindlich 121
Besinnungslos deutsch: USA – SA – SS 144
Vergangenheitsfurcht und »Judenknacks« 159
Dreiunddreißiger und Achtundsechziger 169
Das glückliche Scheitern der Revolte 185

Abkürzungen 213
Quellenverzeichnis 214
Anmerkungen 215
Literaturhinweise 239
Personenregister 248

Immer auf der besseren Seite

Revolutionsselig und selbstgewiss

Wer heute zu den 60. oder 65. Geburtstagen der einstigen Protestgenossen von 1968 eingeladen wird, trifft auf eine muntere, von sich selbst überzeugte Gesellschaft. Viele verklären ihre Vergangenheit als heroische Kampfesphase, erheben sich über die Jugend von heute, die angeblich nichts mehr wolle. Aufgekratzt beschreiben die Feiernden ihre revolutionsselige Sturm- und Drangzeit als Geschichte einer besseren Heilsarmee: Sie rechnen sich einer engagierten, stets den Schwachen, der weltweiten Gerechtigkeit und dem Fortschritt verpflichteten »Bewegung« zu, die das Klima der Bundesrepublik insgesamt positiv beeinflusst und die lange beschwiegene nationalsozialistische Vergangenheit thematisiert habe.

Wenige teilen die Einsicht, dass die deutschen Achtundsechziger in hohem Maß von den Pathologien des 20. Jahrhunderts getrieben wurden und ihren Eltern, den Dreiunddreißigern, auf elende Weise ähnelten. Diese wie jene sahen sich als »Bewegung«, die das »System« der Republik von der historischen Bühne fegen wollte. Sie verachteten – im Geiste des Nazi-Juristen Carl Schmitt – den Pluralismus und liebten – im Geiste Ernst Jüngers – den Kampf und die Aktion.[1] Sie verbanden Größenwahn mit kalter Rücksichtslosigkeit. In ihrem intellektuellen, angeblich volksnahen Kollektivismus entwickelten die Achtundsechziger bald den Hang zum Personenkult. Rudi

Dutschke, Ulrike Meinhof, Che Guevara, Ho Chi Minh oder Mao Tse-tung wurden wegen der Entschiedenheit verehrt, mit der sie ihre gesellschaftlichen Utopien vertraten. Anders als ihre Eltern begeisterten sich die Achtundsechziger für ferne Befreiungsbewegungen aller Art, allerdings für solche, die das Adjektiv national im Namen führten. Spreche ich heute einen einstigen Mitstreiter, der es zum hohen Regierungsbeamten gebracht hat, auf unser 1972 so freundliches Urteil über die – von Pol Pot geführte – kambodschanische Revolution an, faucht er zurück: »Aly, das haben wir nie gemacht!«

Nicht jeder Achtundsechziger muss sich an Pol Pot erinnern, gewiss aber an die von Ernst Busch intonierte bolschewistische Genickschuss-Ballade Wladimir Majakowskis, die noch jahrelang auf Hunderten von Demonstrationen und Versammlungen dröhnte: »Still da, ihr Redner! Du hast das Wort! Rede, Genosse Mauser!« In einfacher Prosa: Hört auf zu schwatzen, nehmt die Knarre in die Hand und drückt ab. Die 9-Millimeter-Präzisionspistole der deutschen Mauser-Waffenwerke gehörte zu den Kultgerätschaften der Oktoberrevolutionäre.

Selbstverständlich machte das Revoltieren Spaß, war ungemein romantisch. An Gründen fehlte es wahrlich nicht. Doch die Selbstermächtigung der Achtundsechziger zur gesellschaftlichen Avantgarde, ihr Fortschrittsglaube, ihre individuelle Veränderungswut, ihre Lust an der Tabula rasa und – damit bald verbunden – an der Gewalt erweisen sich bei näherem Hinsehen als sehr deutsche Spätausläufer des Totalitarismus. Daher der Titel dieses Buches: Unser Kampf. Nur so betrachtet kann den Revoltierenden historische Gerechtigkeit und Nachsicht widerfahren.

Die Revolte dauerte von 1967 bis Ende 1969. Danach zerfiel sie rasch in dies und das. Die einen aßen nur noch Müsli, andere wandelten sich zu Berufsrevolutionären, wieder andere suchten in einer Mittwochsgruppe nach dem G-Punkt, entdeckten ihre homosexuelle Bestimmung, errichteten einen Abenteuerspielplatz oder gründeten eine Stadtteilgruppe. Andere entdeckten das Konservative in ihren Herzen: retteten Gründerzeithäuser vor der damals allgegenwärtigen Abrissbirne und versuchten, die Natur vor der Zerstörung zu bewahren – sie wechselten von der Roten Garde zum Regenwald, vom Straßenkampf zum Stuck, vom Bürgerschreck zum Bürgertum. Manche bevorzugten die anarchistischen Ideen des obsessiven Antisemiten Michail Bakunin, andere hängten sich eine Jutetasche um, auf der eine himmelblaue Friedenstaube schwebte. Zwischen Tunix-Kongress, tiefer Sorge um das Waldsterben und Chaostagen konnte jeder nach seiner linksalternativen Fasson selig werden. Der spätere Außenminister Joschka Fischer gehörte zum Beispiel zu den Neigungsgruppen »Revolutionärer Kampf« und »Putztruppe«. Beide wollten »das System« mit Hilfe dezentraler militanter Aktionen aus den Angeln heben.

Zwischen den Farben Lila, Rot, Rosa, Schwarz und Grün eröffneten sich mannigfaltige Möglichkeiten und Mischungen; Gelb stand für »Atomkraft, nein danke!«. Wie berechtigt oder unberechtigt die verschieden gefärbten Zukunftsentwürfe im Einzelnen gewesen sein mochten, verband deren Schöpfer noch lange eines: sie lebten in der hoffärtigen Einbildung, sie gehörten zum besseren Teil der Menschheit. Eine Zeit lang nannte sich die 1967 entstandene Studentenbewegung Außerparlamentarische Opposition (APO), später fasste man die Gruppen unter den Begriffen Neue Linke oder neue soziale Bewegungen zusammen und unterschied sie von der alten, von der DDR repräsentierten Linken. Diese galt als »revisionistisch«, kompromisslerisch und verstaubt. Die anfangs tragende Kraft bildete der Sozialistische Deutsche Studentenbund (SDS).

Zwar kann die Studentenrebellion mit Recht als internationales Phänomen beschrieben werden, doch entwickelten sich in den Staaten, die den Zweiten Weltkrieg als Aggressoren begonnen hatten – den einstigen Achsenmächten Deutschland, Italien und Japan – rasch besonders unversöhnliche, gewalttätige und ungewöhnlich dauerhafte Formen des jungakademischen Protests.[2] Im Gegensatz zu England, Frankreich oder den USA verfingen sich die antiautoritären Blumenkinder dieser Staaten rasch im weltanschaulichen Kampfeswahn.

Im Jahr 1965 bedonnerte Ulrike Meinhof, eine der Leitfiguren der im Embryonalstadium befindlichen Neuen Linken, Joachim Fest mit ihren Ideen in einer Weise, die diesen prompt an seinen NS-Führungsoffizier erinnerten: damals, 1944, habe er »das letzte Mal soviel energische Selbstgewissheit über den Lauf und die Bestimmung der Welt vernommen«. Meinhof schnappte kurz nach Luft, dann fiel sie lachend in »aufgeräumte Kampfeslaune« zurück. Abermals legte sie los. Fest unterbrach sie mit dem Einwand, er könne nach den Nazijahren das Bedürfnis nicht begreifen, »das in ihrem kindlichen Himmel-und-Hölle-Spiel zum Ausdruck dränge«.[3]

Zwei Jahre später, in den Tagen, nachdem der Demonstrant Benno Ohnesorg am 2. Juni 1967 von einem Polizisten erschossen worden war, verbrannten Berliner Studenten als Feuerzeichen ihres Aufbegehrens Springer-Zeitungen. Fest, der damals als Fernsehjournalist beim NDR arbeitete, kommentierte: »Fatale Erinnerungen beunruhigen die extremen Gruppen nicht – ihr politisches Bewusstsein wähnt sich im Stande der Unschuld. Sie plädieren für die Beseitigung dessen, was sie (wiederum ganz unschuldig) das ›System‹ nennen.«[4] Es mag die einst aktiv Beteiligten irritieren, doch knüpfte die linksradikale Studentenbewegung von 1968 in mancher Beziehung an die Erbmasse der rechtsradikalen Studentenbewegung der Jahre 1926 bis 1933 an. Deshalb wird eines der folgenden Kapitel von der Kampfzeit des Nationalsozialistischen Deutschen Studentenbunds handeln.

Die Achtundsechzigergeneration der untergegangenen westlichen Teilrepublik war die erste, die es sich leisten konnte, ihre Jugendzeit – definiert als von Arbeit und Verantwortung entlasteter Lebensabschnitt – beträchtlich auszudehnen. Sie hatte die Pille und wusste nichts von Aids. Sie lebte im Überfluss und ahnte noch nicht, dass Deutsche eines Tages als Gastarbeiter in Polen willkommen sein würden. Dank des damals dichten Sozialgeflechts schafften es viele, ihre luxurierende Jugendexistenz bis ins hohe Mannes- und Frauenalter fortzuführen. Die Freundinnen und Freunde der erschlichenen Sozialhilfe, des gelegentlichen Versicherungsbetrugs, die mit 40 Jahren frühpensionierte, vormals kommunistische Lehrerin, die sich bei ehedem vollen Bezügen in eine Landkommune zurückzog – sie alle zählten lange zu den Figuren der linksradikalen Gemeinde, die sich dank ihrer selbstsüchtigen Schläue allgemeiner Achtung erfreuten. Heute schweigen die meisten verschämt. Nach 1989 geriet der Parasitenstolz in Misskredit.

High sein, frei sein, Terror muss dabei sein

Im abgeschotteten Westberlin der Siebziger- und Achtzigerjahre hielten sich die Reste des linksradikalen Milieus noch lange. Wer dort das Kernige liebte, besetzte ein Haus; manche verwandelten es nach mehrjähriger Schamfrist in Eigentumswohnungen. Parallel bot sich an, eine mit Steuergeldern gestützte linke Tageszeitung zu gründen oder staatliche Fördertöpfe auszulöffeln. Von Zeit zu Zeit erschien es passend, auf Arbeitslosenstütze zu wechseln, um dann – Westberlin war frei (von Kontrollen vieler Art) – in Richtung Toskana zu verduften. Die Immobilienpreise fielen, die Zuschüsse aus Westdeutschland stiegen. Der Feind exekutierte Notstandsgesetze und NATO-Doppelbeschlüsse; er stand in Bonn, von dem Szenekarikaturisten Gerhard Seyfried »Bonz« genannt.

Man engagierte sich für den Frieden, das hieß: für den Status quo. Helmut Kohl galt als untote Charaktermaske; Che Guevara und Ulrike – gemeint war die Meinhof – lebten als Maskottchen fort. Die palästinensische Terroristin Leila Khaled guckte – die Kalaschnikow hoch aufgerichtet, den Lauf sanft an die Backe gedrückt – mit ihren schönen schwarzen, leicht gesenkten Augen aufs Kreuzberger Doppelbett, gezimmert vom alternativen Möbelstudio »Holzwurm«. An Häuserwänden stand »High sein, frei sein, Terror muss dabei sein« oder »Mit Gefühl und Härte«. Es entstand eine Art Sentimentalstalinismus. In seine Kurzbiographie schrieb der langsam alternde Revoluzzer: lebt und arbeitet in Berlin. Was immer das bedeuten mochte.

Trotz rückläufiger Produktivität folgten die Löhne und Gehälter im ummauerten Idyll jenen Tarifverträgen, die in Stuttgart ausgehandelt wurden – plus Frontstadtzulage. Der öffentliche Dienst blähte sich auf. Wem sonst nichts einfiel, der konnte in der Arbeitsbeschaffungsmaßnahme Freie Universität unterkriechen oder in einem Trägerverein für fortschrittliches Gedanken- und Kulturgut, der mit verächtlich so bezeichneter Staatsknete bewirtschaftet wurde. Zudem benötigte der innere Westberliner Zirkus pro wehrdienstflüchtigen Krawallschwaben mindestens einen Polizisten.

Zwischen Kranzler-Eck und Schlesischem Tor etablierte sich bis in die späten Achtzigerjahre hinein ein juste milieu von Egomanen.[5] Sie führten ihr Leben auf Kosten des gut weggesperrten Teils der europäischen Welt. Das erklärt die seit 1989 virulente Aversion vieler Achtundsechziger gegenüber den Generationsgenossen und den etwas Jüngeren aus der DDR. Sie verkörperten das Gegenbild: sie waren gut ausgebildet, hatten keine Lebenszeit vergeudet, und wenn, dann auf unfreiwillige Art. Gewiss mögen diejenigen, die im Sommer 1989 mit den Füßen gegen die DDR abstimmten, sich in Prag oder Budapest die Ausreise ertrotzten und so den Eisernen

Vorhang sprengten, den westlichen Wohlstand im Sinn gehabt haben. Na und? Doch dank einer grandiosen List der Geschichte schenkten sie zuallererst den alternativen WestberlinerInnen die Freiheit. Wie schon 1945 erschienen auch diese Befreier aus dem Osten den Befreiten gänzlich unwillkommen.

Ungerufen zerstörten diese Ostler die mühsam aufgebaute Alternativgemeinschaft. Schließlich hatte die »Bewegung« in den Achtzigerjahren eine Partei hervorgebracht und zuletzt einen rot-grünen Senat in Westberlin gebildet, unter anderem zu dem Zweck, linke Projekte besser mit Steuergeldern zu berieseln. In Bonn sahen sich die Grünen unter Joschka Fischer und Antje Vollmer kurz davor, gemeinsam mit Oskar Lafontaine die Kohl-Regierung abzulösen. Die Wiedervereinigung, diese DDR-ler vermasselten all das. Schlimm: 1992 wählte das über Nacht hereingebrochene Ostvolk die Grünen aus dem Bundestag.

Die neue Lage bot neue Gelegenheiten, und rasch fand die alte linksradikale Besserwisserei unter umgekehrten Vorzeichen ihr nächstes Feld. Einstige West-Maoisten, autonome Häuserkämpfer oder die Damen und Herren, die im »politischen Zusammenhang ›Siesta‹« gegen die Arbeitsgesellschaft angefaulenzt hatten, brauchten sich nur auf ihre frühere Kritik am »Sowjetrevisionismus« und am Moskauer »Sozialimperialismus« zu besinnen, schon standen sie auf der richtigen Seite. Die Stasijagd konnte beginnen. Da sie selbst die demokratischen Verfahrensregeln erst als Spätbekehrte halbwegs gelernt hatten, machten sie sich mit Konvertiteneifer über die »strukturellen Antidemokraten«, die »miefigen, totalitär verformten« Zonis her. Allein schon das Datschenmilieu dort, wenn man selber in Brandenburg nach einem Häuschen Ausschau hielt! Der Erziehungsstil! Diese unemanzipierte Redeweise!

So stellte sich eine Frau mittleren Alters vor: »Ich heiße Lisa Schmitz und bin Anatom in Jena.« – Anatomin! knackte es im

Stammhirn der feminisierten Westlerin. Von Frauenemanzipation hatte die Gute wohl noch nie gehört. Angela Merkel begreift es bis heute nicht. Neulich meinte sie auf die Frage nach der Dauer ihrer Kanzlerschaft: »Da bin ich eher ein kurzfristiger Denker.« Dass die Abiturientinnenquote in den neuen Bundesländern noch immer die mit Abstand höchste in der Republik ist, interessiert in diesem Weltbild nicht. Seit den Sechzigerjahren machten in der DDR ebenso viele Mädchen Abitur wie Jungen – die Westrepublik erreichte die ungefähre Parität 20 Jahre später.

In ihrem Gesprächsbuch vom September 2006 antwortet Antje Vollmer auf die Frage, warum Angela Merkel sich in der CDU habe durchsetzen können: Ihr fehle das »Gen«, das die westdeutschen Politikerinnen immer wieder in die »Frauenfalle« tappen lasse: »Da war die DDR-Sozialisation ausnahmsweise mal von Nutzen.« In derart selbstgerechtem Ton kanzelt sie Merkel weiter ab: »Das zivilgesellschaftliche Modell ist ihr sowieso fremd. Sie war ja auch in diesem Sinne kein Teil der Bürgerrechtsbewegung der DDR.« Letzteres behauptete Merkel nie. Im Gegensatz zur Theologin Vollmer schönt sie ihren Lebenslauf nicht zur Tugendgeraden. Zu dem Einwand, die Bundeskanzlerin sei immerhin aus der Partei Demokratischer Aufbruch zur CDU gekommen, fiel Vollmer ein: »Sie kam eigentlich aus gar nichts, sie war eine hochbegabte Naturwissenschaftlerin aus einem gebildeten, aber isolierten Elternhaus, die sich nicht vorbereitet hat, in die gesellschaftlichen Prozesse einzugreifen.«

Antje Vollmer erlernte solche Künste während der Siebzigerjahre im ideologischen Smog der maoistischen KPD. In ihrer 1978 veröffentlichten, 1984 in verschönerter Form abermals aufgelegten Clara-Zetkin-Biographie heißt es zum Beispiel über die staatstragenden Sozialdemokraten von 1918: »Weder war die Sozialdemokratie als der derzeitige Hauptfeind der Revolution von den breiten Massen klar erkannt, noch waren sie bewaffnet. Vor allem aber fehlte es ihnen an dem starken revolutionären Zentrum, das die Aktionen der Massen anleiten, organisieren und weitertreiben konnte; es fehlte ihnen eine kommunistische Partei.«[6] Vollmer veröffentlichte das Buch unter dem ebenso teutophilen wie agrarrevolutionären Kryptonym Karin Bauer. Wie viele andere distanzierte sie sich von solchen Dogmen nur langsam.

1985 veranstaltete *Der Spiegel* ein Streitgespräch zwischen ihr und ihrem (damals noch grünen) Fraktionskollegen Otto Schily. Ob sie seinem Antrag »Die Grünen bekennen sich zum Gewaltmonopol des Staates« zustimmen werde, fragte Schily, darauf erwiderte Vollmer: »Mir passt diese Fragerei nicht. Nein, so unterstütze ich ihn nicht.« In Person von Klaus Hartung ergriff die *taz* damals Partei für Vollmer.[7] Ohne auf den knapp 300 Seiten ihres Gesprächsbuchs nur einen Satz über ihr langjähriges Treiben in einer maoistisch-stalinistischen Frontorganisation zu verlieren, bescheinigt sich Vollmer »natürliche Immunität gegenüber Sektierertum«. Die nachträgliche Neudekoration der eigenen Lebensgeschichte kennzeichnet das Bestreben vieler ihrer Alters- und einstigen Kampfgefährten. Bald wird Antje Vollmers Enkel quietschen: Meine Oma war keine Achtundsechzigerin![8]

Profit vom Umsturz der Anderen

Die bundesdeutsche Jugend träumte 1968 von grundlegender, radikaler Veränderung. Gemessen an den einst revolutionären Zielen wurde daraus so gut wie nichts. Schließlich legte sich die Neue Linke zu Beginn der Achtzigerjahre einen parlamentarischen Arm in Gestalt der Grünen zu. Das Generationenprojekt fand mit der Regierung Schröder/Fischer 1998 seinen späten Höhepunkt und sieben Jahre später sein bemerkenswert kraftloses Ende.

Gelegentlich fragen Freunde, die in der DDR aufgewachsen sind, woher die unverhüllte Aversion komme, wie sie zum Beispiel Antje Vollmer an den Tag legt. Die Achtundsechziger verachteten die DDR von Anfang an. In ihrem glanzlosen, bescheidenen und befriedeten Dasein erschien sie als Kleingärtner- und Heimwerkerdiktatur. Immerhin befähigte sie das am Ende zum friedlichen Kollaps. Doch genau darauf kam es den vormals militant gestimmten Weltverbesserern der Ex-BRD nicht an. Die Heimkehr der armen, braven Verwandten provozierte sie. Die ungebetenen Neubürger gefährdeten die materielle Basis ihres pseudorevolutionären Wohllebens. Sie raubten der sogenannten Alternativkultur den insularen Kick, setzten die Nutznießer der weltgeschichtlichen Zugluft aus und lenkten die Subventionen in die eigene Richtung. Die Ostler sorgten dafür, dass nicht wenige Achtundsechziger erwachsen werden oder in ökonomische Schwierigkeiten geraten mussten. Das erzeugte Spannungen.

Viele der Revoluzzer hatten ein oder gar zwei Jahrzehnte hindurch ihr Glück in einer selbstbestimmten Gegenwelt vermutet. Sie betrachteten sich als subversive Karriereflüchtlinge, als Aussteiger. Erst seit den frühen Achtzigerjahren versuchten viele, die verlorene Lebenszeit aufzuholen. Exemplarisch dafür steht der politische Aufstieg der lange in der linken Schattenwirtschaft tätigen Frankfurter Joschka Fischer, Daniel Cohn-Bendit, Tom Koenigs oder Thomas Schmid. Doch konnten nicht alle im grünen »Projekt« unterkommen. Es mangelte an passenden Posten. Auch machte sich für diejenigen, die den späten Wiedereinstieg in die Normalgesellschaft suchten, die ungünstige Überalterung bemerkbar, nicht selten die schlechte Ausbildung. Exakt in dieser Situation eröffnete das Ende der DDR unverhoffte Aussichten. Der gehobene Arbeitsmarkt geriet in Schwung. Parallel zu den Aufstiegsgelegenheiten im Osten führte das auch im Westen zu neuen Chancen. Beides setzte die Abwicklung der DDR-Intelligenz voraus. Man schickte die alten, gewiss staatsnahen Eliten in die Wüste, weil sich für jeden Posten schon einer im Westen warmlief, mittendrin die ehemals staatsfernen Alternativen.

Selbstverständlich brachen auch CDU-, SPD- und FDP-nahe, in Kiel oder Stuttgart beheimatete Postenjäger auf, um ihr Glück in Leipzig oder Greifswald zu machen. Ordinarien verschafften den an ihrem Lehrstuhl hängengebliebenen treuen Seelen eine Last-Minute-Sinekure in Rostock. In den Beamtenhierarchien entstanden Möglichkeiten des Zugriffs auf höher dotierte Pfründe und saftige Buschzulagen im angenehmen Potsdam, Erfurt oder Dresden. Ein stiller, einverständlich genossener Ruck ging durch die alten Länder.

Ein früherer Straßenkämpfer und Sozialpädagoge aus Berlin-Neukölln wurde unversehens Pädagogik-Professor in Potsdam; eine postmarxistische Schnatterine wechselte von der *taz* zur ehemaligen SED-Hauptstadt-Zeitung, wurde Ressortleiterin. Ein verhinderter Professor avancierte daselbst zum Meinungschef. Arbeitslose Sozialwissenschaftler, die sich bislang dem »Verwertungszusammenhang des Kapitals« entzogen hatten, stießen sich an Umschulungsmaßnahmen im Osten gesund oder krochen in der Bildungsabteilung der Gauck-Behörde unter. Einer, der sich seinen Lebensunterhalt zuletzt als Masseur verdient hatte, ergatterte noch eine Professur in Erfurt. Ein markiger SDS-Kämpfer fand sein spätes Berufsglück in einem mecklenburgischen Beamtensilo. Linke Westberliner Lehrer, die zwei Jahrzehnte zuvor die »revolutionäre Berufspraxis« ausgerufen hatten, ließen ihre schwierigen Schüler im Stich und verzogen sich ins brandenburgische Bildungsministerium.

Die verspielten Wohlstandsrevoluzzer hatten ihre Umsturzphantasien nie zur Tat werden lassen. Jetzt profitierten sie vom Umsturz der Anderen. Schon deshalb mussten die DDR-ler für verachtenswert gehalten werden. Mehr noch: Die marxistisch geschulten Achtundsechziger hatten sich peu à peu von ihrer realitätsfernen Terminologie entfernt. Joschka Fischer veröffentlichte sein Buch »Die Linke nach dem Sozialismus« erst 1992. Statt von Neben- und Hauptwidersprüchen, von Kapital und Arbeit begannen sie, wenn ihnen sonst nichts einfiel, von ziviler Gesellschaft zu reden. Spät, aber immerhin, hatten sie die Vorzüge sozialer Differenz entdeckt und erkannt: Einigkeit macht auch dumm.

Just in diesem Moment brachen die Neubürger aus dem Osten in die Westgeschichte ein. Sie schätzten die Brigade, die Betriebskampfgruppe und die Hausgemeinschaft als Bezugspunkte ihres Lebens, waren damit groß geworden. Nicht selten benutzten sie marxologische Formulierungen, wenn sie komplizierte Dinge ausdrücken wollten. Plötzlich schwirrten wieder Begriffe wie Kapitalinteressen, Produktionsverhältnisse, Imperialismus oder historische Gesetzmäßigkeit durch die politische Arena. Angeekelt wiesen die Westlinken solche ihnen nur zu geläufigen Wörter zurück. Die Ostdeutschen hielten den Spiegel parat, in dem sie, falls sie nicht einfach wegsahen, vor allem eines erkennen mussten: den totalitären Charakter ihrer früheren Weltanschauung. Auch das beförderte das Bedürfnis nach Distanz.

Ein Musterbeispiel bietet Thomas Schmid. 1990 noch schlug sich der Frankfurter Exbewegte mit allerlei schlecht bezahlten Verträgen durch, 1993 wurde er Feuilletonchef der Ostberliner *Wochenpost,* dann stellvertretender Chefredakteur. Seine Karriere begann im zarten Alter von 46 Jahren. Heute ist er Chefredakteur der *Welt.* Nichts gegen diese Position, nichts gegen den Arbeitgeber. Hier geht es allein um die Frage, warum Schmid die Wiedervereinigung extrem dünkelhaft begleitete. Prinzipiell bescheinigte er 1991 seinen DDR-Landsleuten: »Kaum eine Spur von neuen demokratischen Impulsen – dafür viel Vordemokratisches, viel Vorbürgerliches.«[9]

Schon im Titel seines 1990 veröffentlichten Buchs »Staatsbegräbnis. Von ziviler Gesellschaft« gibt er sich als Spätbekehrter und als Erbschleicher zu erkennen. Offensichtlich neidete Schmid den DDR-lern ihren rasch errungenen Sieg: »Das Regime wurde nicht in die Knie gezwungen, es gab keinen zähen Kampf. […] Das Volk hat sich nicht zum Nahkampf in die zerklüfteten Institutionen des Staates begeben. Es hat keine Institutionen unter Druck gesetzt und gegeneinander ausgespielt, hat nicht allmähliche Terraingewinne und zeitweilige -verluste gemacht – es ist vielmehr einfach in seiner Körperlichkeit auf der Straße zusammengelaufen.«[10]

So arbeitete Schmid seine früheren Militanzträume an den ostdeutschen Montagsdemonstranten der Gegenwart ab. Anders als Joschka Fischer hatte er sich nicht als Streetfighter, sondern als Trommler betätigt. Als sogenannter Innenkader des »Revolutionären Kampfs« wollte er 1970 bei Opel Rüsselsheim die ziemlich unbürgerliche »Machtfrage« stellen. Später wurde er Redakteur und Autor der Zeitschrift *Autonomie – Materialien gegen die Fabrikgesellschaft*. Dort schwärmte er 1975 vom 11. April 1968, jenem Gründonnerstag, an dem der 23-jährige Hilfsarbeiter Josef Bachmann die verhängnisvollen Schüsse auf Rudi Dutschke abgefeuert hatte, wie Studenten, »Schüler, Lehrlinge, die jugendliche Szene überhaupt« damals »bundesweit in den schönen Ostertagen 1968 auf der Straße kämpften«. Immerhin kamen auf diese »schöne« Weise zwei Menschen ums Leben. Seinen Lesern hämmerte er ein: Es gehe um die »Zerstörung der bürgerlichen Gesellschaft«, um die Errichtung von »Gegenmacht«, um einen »revolutionären Prozess«, der »zersetzend, zerstörend, negativ« zu sein habe.

So schrieben damals viele, und 1977 wandte sich Schmid von dem Revolutionsgedröhne ab. Er tat später viel dafür, um die linken Ideologien aufzuweichen. Doch ist darüber zu reden, dass er die friedlichen Revolutionäre von 1989, Volker

Braun und die Leipziger Pfarrer, auf der Basis seiner früheren Gewaltverherrlichung schmähte. Ihm missfiel das »Stille«, das »altmodische Begehren nach Freiheit *und* Verantwortung« derer, die der DDR auf menschliche und umsichtige Weise das Ende bereitet hatten.[11] Er setzte das »und« zwischen den Wörtern Freiheit und Verantwortung kursiv. 1975 hatte er gepredigt, der moderne Revolutionär solle sich nicht mit dem Entwerfen der »Bilder einer neu-alten Gesellschaft« abgeben: er »lehnt Verantwortung ab«.[12]

Herrschaft über die eigene Geschichte

Die Achtundsechziger füllen ganze Regalmeter mit ihrer Veteranenliteratur, sei sie apologetisch oder selbstkritisch. Darunter finden sich ausgezeichnete Werke, insbesondere das Buch von Gerd Koenen »Das rote Jahrzehnt« und die Arbeiten von Wolfgang Kraushaar. Doch basieren sie weitgehend auf den Flugschriften, Broschüren, Büchern und Protokollen, die der linksradikale Aufbruch hinterließ. Die Autoren solcher Erinnerungsbücher ignorieren die Reaktionen ihrer früheren Gegner, seien sie täppisch, intelligent oder bösartig, angemessen oder vermittelnd gewesen.[13]

Zwar besteht in der Bundesrepublik die dreißigjährige Sperrfrist für amtliches Schriftgut, aber das taugt als Ausrede nicht. Schließlich wurden wichtige Quellen – etwa die Reden von verantwortlichen Politikern oder die beschwörenden Appelle von Richard Löwenthal im Jahr 1967 – sehr schnell veröffentlicht. Mehrere bedeutsame private Nachlässe sind seit Jahrzehnten zugänglich, seit 1998 auch die Regierungsakten der fraglichen Zeit.

Anders verhält es sich mit den Zeugnissen vieler damals Aktiver. Beispielsweise verfügte die Witwe von Rudi Dutschke, Gretchen Dutschke-Klotz, als sie den Nachlass ihres Mannes

1985 im Bundesarchiv deponierte, ohne jede Befristung: »Die Benutzung durch Dritte ist ausgeschlossen.« Die von ihr herausgegebenen Tagebücher Dutschkes enthalten zahllose, nicht näher begründete Auslassungen, die nicht in erster Linie dem legitimen Ausblenden des Privaten, sondern der Schönfärberei dienen.

Die Führerschaft der im Frühjahr 1970 gegründeten maoistisch-stalinistischen KPD vernichtete die Unterlagen der durchaus gewalttätigen Operettenpartei um 1980. Das geschah in schöner deutscher Tradition mit dem Argument: »Die künftigen Karrieren der Genossen dürfen nicht gefährdet werden.«[14] Ein führendes Mitglied dieser Gruppe, Wolfgang Schwiedrzik, gab einen Teil seiner Papiere aus der ersten Zeit der Studentenrevolte im Bundesarchiv ab, jedoch nur bis Ende 1969/Anfang 1970. Über Schwiedrziks Reise mit Joschka Fischer zum propalästinensischen Solidaritätskongress in Algier 1969 oder über Schwiedrziks Stalin-Elogen im Jahr 1975 erfährt man dort nichts.[15] Die bis 1976/80 eng verschworenen Genossen und Genossinnen der Mao-KPD wurden später: Vizepräsidentin, Chefredakteur des *Handelsblatts*, Sektenbeauftragter der Evangelischen Kirche in Deutschland, angesehener Kommentator der *Welt*, Parteivorsitzende der Grünen, Professor für osteuropäische Geschichte, erfolgreicher Sachbuchautor mit starken philosophischen Neigungen, Referent der Konrad-Adenauer-Stiftung, enge Mitarbeiterin der Vertriebenenpräsidentin Erika Steinbach und vieles mehr.[16]

Das Verwischen der Spuren setzte früh ein. Bis heute besteht ein vielfach gewahrter Schweigekodex unter den Ehemaligen, die sich gelegentlich auf dem Hauptbahnhof, in einem Delikatessenladen, bei einer Retrospektive im Kino oder anlässlich der Verlegung eines Stolpersteins über den Weg laufen. Einige von ihnen wissen, wer während der Baader-Befreiung den Bauchschuss auf den 62-jährigen Bibliotheksangestellten Georg Linke abgegeben hat, sie wissen auch, dass

»noch eine ganze Reihe von Leuten daran beteiligt war, beim Autotauschen und so, gegen die niemals ermittelt wurde«, und halten still. Ähnlich verhält es sich im Frankfurter Milieu: Wer am 10. Mai 1976 den Molotowcocktail vorbereitete und warf, der dem Polizisten Jürgen Weber lebensgefährliche Brandverletzungen zufügte, das weiß man offiziell nicht. Und doch wissen es viele. Die Omertá bleibt gewahrt.[17]

Beispiele dieser Art sind Legion. Ich habe 1972 bei der Roten Hilfe Westberlin tausend Mark in Empfang genommen, versehen mit der Bemerkung »Gib das mal aus und bringe den Betrag in vier Wochen zurück«. Mir war sonnenklar, dass es um Geld ging, das aus einem kurz zuvor begangenen Banküberfall stammte. Mindestens 20 Leute beteiligten sich in aller Selbstverständlichkeit an der Geldwäsche. Darauf angesprochen, erinnern sich manche meiner damaligen Genossen, andere nicht.

Mittlerweile gibt es selbstverständlich altrevolutionäre Stammtische, Arbeits- und Lebensabendkreise. Sie unterscheiden sich nicht vom Veteranentreffen der soundsovielten Infanteriedivision der Großdeutschen Wehrmacht, die ich als Kind mit meinem Vater besucht habe. Die Schicksalsgemeinschaft des Kampfes verbindet lebenslang. Man zählt die Verschwundenen, berichtet von den Toten und räsoniert: »Die Einschläge liegen immer dichter.« Im Sommer 2000 informierten sich die Oldies des Sozialistischen Deutschen Studentenbunds (SDS) über die Unterwanderung ihres legendären Vereins durch die Stasi, nicht zuletzt anhand der »Recherchen des Herrn Knabe von der Gauck-Behörde«. Anschließend nahmen sie den »Bericht vom Abschluss der Biographiengruppe« entgegen und stellten laut Protokoll fest: »Getrübt wird unser Treffen von dem viel zu frühen Tod unserer Genossin Birgit St. Das ursprünglich angekündigte Thema ›Globalisierung‹ kann deshalb leider nicht realisiert werden.« Die Biographiengruppe hatte sich monatelang an der

Frage abgemüht, was heute als links zu bezeichnen sei, und erfolglos versucht, die speziellen Gemeinsamkeiten und die besondere Dignität der SDS-Lebensläufe in den Griff zu bekommen.[18]

Geschichtsschreibung statt Veranengeschichten

Die vielen Anstrengungen der Ehemaligen, die eigene Geschichte schönzureden, erleichtern es nicht, darüber zu schreiben. Wegen der gelegentlich undurchsichtigen Überlieferungslage, wegen der normalen menschlichen Tendenz, die eigene Erinnerung zu filtern, und aus prinzipiellen methodischen Gründen bevorzuge ich Quellen, die bislang nicht ausgewertet wurden. Dazu gehören die Akten, die das Bundesinnenministerium und das Bundeskanzleramt unter dem Stichwort »Unruhe in der Jugend« führten.

Da die geheimen monatlichen *Informationen* des Bundesamts für Verfassungsschutz auf meinen Antrag hin bis 1976 deklassifiziert und an das Bundesarchiv abgegeben wurden, steht auch diese Überlieferung zur Verfügung. Bis Mitte 1968 blieben die Berichte des Verfassungsschutzes über die Neue Linke faktenschwach und für die Empfänger desorientierend, für die Zeit danach bilden sie eine wichtige und informative Quelle, auch für den Historiker. Gemessen an den vorhandenen Papierbergen, konnte nur ein Bruchteil gesichtet werden, auch ruht noch vieles in den Ministerialregistraturen. Dennoch hoffe ich, ein annähernd zutreffendes Bild vom Verhalten der staatlichen Akteure zu zeichnen.

Ferner soll die Revolte in Schriftzeugnissen gespiegelt werden, die solche Professoren hinterließen, die in den Jahren des Nationalsozialismus emigrieren mussten, dann aber zurückkehrten, weil ihnen die deutsche Kultur, der demokratische Neuaufbau des Landes am Herzen lag. Da ich vom Dezember

1968 an bis zum Sommersemester 1971 am Otto-Suhr-Institut (OSI) der Freien Universität (FU) mehr herumrevolutionierte als studierte, erschien es mir passend, die Briefe und Manuskripte der dort lehrenden Professoren Ernst Fraenkel und Richard Löwenthal einzubeziehen. Das Lesen in den beiden ungemein reichhaltigen Nachlässen gehörte zu den schönsten Momenten der Arbeit an diesem Buch. Es ermöglichte mir den nachholenden Zugang zu den Lehrern, die ich während des Studiums als »Reaktionäre« abgelehnt hatte.

Da der Begriff Gegenöffentlichkeit für die Achtundsechziger eine zentrale Rolle spielte und die billige, für experimentelle Unmittelbarkeit offene Technik des Offsetdrucks sich gerade durchsetzte, blieben unzählige Flugschriften, Zeitungen und Broschüren erhalten. Viele davon liegen im APO-Archiv der Freien Universität Berlin. Sie führen in eine Welt, an die sich die einst Aktiven lieber pauschal – sei es abweisend oder verklärend – erinnern. Nur ungern lassen sie die bizarren Details Revue passieren. Ich empfand die Lektüre der halb vergessenen, vergilbten, elend klein gedruckten und in einem durchweg hypertrophen Tonfall gehaltenen Schriftzeugnisse als schwere Selbstprüfung. Ungleich leichter lässt sich über die Vergangenheit anderer schreiben.

Erst mit dem Tod Mao Tse-tungs im Jahr 1976, mit der Schleyer-Entführung 1977, dem Showdown zwischen demokratischem Staat und terroristischen Absprengseln der Achtundsechziger, schließlich dem Holocaust-Film im Januar 1979, der islamischen statt der sozialistischen Revolution im Iran und dem beginnenden Zerbröckeln des Warschauer Pakts fanden die meisten der Bewegten zur Anpassung. Den Vollzug dieser Wende zurück in die Mitte der Gesellschaft, die sich über mehrere Jahre vorbereitete und für viele Einzelne noch langer Umwege bedurfte, markiert Joschka Fischers Aufsatz »Durchs wilde Kurdistan«. Er erschien im Februar 1979 in der Frankfurter Stadtzeitung *Pflasterstrand* und endet mit dem befreienden Satz: »Zuviel wird noch gefragt, wo es langgeht und was machen, und da weiß ich keine Antwort mehr, will auch keine mehr wissen.«[19]

Zur selben Zeit notierte Richard Löwenthal beruhigt, »die ganz überwiegende Mehrheit« der »›Radikalen‹« habe sich vom »neobakunistischen Gewaltkult von den Vorbildern Mao Tse-tungs und Guevaras abgewandt«, ebenso von der »Grundvorstellung eines revolutionären Sturzes der demokratischen Ordnung«: »Was als ›langer Marsch durch die Institutionen‹ begann, ist längst zu einem Prozess der Integrierung der ehemaligen Revolutionäre durch die Institutionen geworden. [...] Die Anarcho-Terroristen, die heute noch in den Industrieländern von sich reden machen, sind nicht die Repräsentanten einer neuen Welle destruktiver Gewalt – sie sind das menschliche Strandgut, das eine längst zurückgeflutete Welle hinterlassen hat.«[20] In der Tat kehrten die neuen Linken seit dem Ende der Siebzigerjahre unterschiedlich schnell aus einer Welt der Visionen in das Zeitalter des Markts und des Pragmatismus zurück, das ihre Kinder prägt. Den eigenen Töchtern und Söhnen zu erklären, was einen seinerzeit getrieben hat, ist schwer.

Da ich 1967/68 die damals ziemlich elitäre Deutsche Journalistenschule in München besuchte, war ich der Rebellion zwar innerlich nah, aber nicht aktiv dabei. Das änderte sich im November 1968 mit dem Umzug nach Berlin. Im Sommer 1970 wurde ich zum studentischen Vertreter im neu gebildeten Fachbereichsrat des Otto-Suhr-Instituts (OSI) gewählt, und zwar als Kandidat der Roten Zellen. Im ersten Halbjahr 1970 gehörte ich zu den vier Redakteuren der Zeitung *Hochschulkampf*, die sich bald als Frontblatt der kurzlebigen maoistischen Proletarischen Linken/Parteiinitiative (PL/PI) verstand, von Anfang 1972 bis Mitte 1973 war ich Mitglied der Roten Hilfe Westberlin.

Der Staat: überrumpelt und schwach

Der Todesschuss auf Benno Ohnesorg

Zu Beginn des Jahres 1967 bemerkten die Beamten des Kölner Bundesamts für Verfassungsschutz von der beginnenden Revolte nichts. Gelangweilt nahmen sie ihre altbekannten Feinde ins fest eingestellte Visier: die in Westberlin zugelassene, DDR-gesteuerte Sozialistische Einheitspartei (SEW), das »sowjetzonale« Staatssekretariat für westdeutsche Fragen, die Leute vom Ostermarsch, die zwar verbotene, doch halb wieder geduldete KPD oder die *Aktuelle Frauenpost,* eine »kommunistisch gesteuerte Monatsschrift«, die in Hamburg vor sich hinkümmerte. Regelmäßig bespitzelten Geheimdienstler die Vietnamkampagne; noch führte sie ein Schattendasein in der Hand von Oberkirchenräten, linken Gewerkschaftern und Funktionären der Deutschen Friedensgesellschaft, die von der DDR gestützt wurde.

Auf der anderen Seite beobachtete der Verfassungsschutz das rechtsradikale Milieu, vorneweg die plötzlich entstandene und erstarkte NPD. Sie war 1966/67 in die Landesparlamente von Niedersachsen, Bremen, Bayern, Schleswig-Holstein und Rheinland-Pfalz eingezogen; 1968 errang sie in Baden-Württemberg 9,8 Prozent der Stimmen. Ihre Wortführer verlangten den Schutz der »nationalen Wirtschaft« und beklagten recht sozialistisch, wie sehr die »Kürzung der Subventionen in der Landwirtschaft, die Streichung der Ausbildungsbeihilfe und die Erhöhung der Verbrauchsteuern den ›kleinen Mann‹ treffen«.[21]

In dem Monatsbericht, den der Verfassungsschutz am 6. Juni 1967 – vier Tage nach Benno Ohnesorgs Tod – abschloss, fehlte jeder Hinweis auf die Kristallisationskerne der Neuen Linken. Die Demonstration vom 2. Juni war gegen den Besuch des Schahs von Persien in Berlin gerichtet, der sich als von den USA begünstigter, morgenländischer Öldespot einen höchst unangenehmen Namen gemacht hatte. Er führte ein skrupelloses Regime, hatte Zehntausende Iraner in den Gefängnissen verschwinden lassen oder ins Exil getrieben. Nicht wenige lebten in Deutschland.

Am Abend des 2. Juni zogen Tausende Studenten vor der Deutschen Oper auf. Während prügelnde persische Geheimdienstmänner und die Polizei die Protestierenden vertrieben, fiel – nicht im Handgemenge auf der Straße, sondern in einem Charlottenburger Hinterhof – der Schuss auf den Studenten Ohnesorg und traf ihn in den Hinterkopf. Geschossen hatte der in Zivil eingesetzte Kriminalpolizeimeister der Politischen Polizei, Karl-Heinz Kurras. Vor Gericht konnte er keinen vernünftigen Grund nennen, der sein Verhalten wenigstens aus polizeilicher Sicht gerechtfertigt hätte. Trotzdem endete der Prozess mit Freispruch (»psychogene Ausnahmesituation«). Kurras erklärte: »Es tut mir leid, dass hier ein Student ums Leben gekommen ist, aber da trugen so viele Fakten bei, die ich alleine nicht beherrschen konnte.« Ein Foto dokumentiert, wie ihm vor dem Moabiter Kriminalgericht ein Kollege gratulierte. Die beiden lachten über den schönen Erfolg. In zweiter Instanz wurde Kurras 1970 zu zwei Jahren Haft verurteilt, saß vier Monate ab und blieb bis zu seiner Pensionierung 1987 im Westberliner Polizeidienst tätig.

Richard Löwenthal notierte 20 Jahre später: »Eine fragwürdige Einladung eines fragwürdigen Schahs. Eine nicht minder fragwürdige Revolte radikaler Studenten, zum Teil Iraner, und eine schlecht geführte und schlecht organisierte Polizei. Ein hysterischer Polizist, der sich einem vermeintlichen Gewalttäter allein gegenüber fand und schoss. Eine mit Grund großen Teils erregte Bevölkerung, besonders, aber nicht nur, die Studenten.«[22]

Der Kommandeur der Westberliner Schutzpolizei, der den Einsatz am 2. Juni 1967 lenkte, hieß Hans-Ulrich Werner. Er war 1939 in die SS eingetreten, hatte den nazistischen Weltanschauungsunterricht mit der Note »sehr gut« absolviert und erwarb 1943/44 als Kompanieführer der Ordnungspolizei in der Ukraine erste Meriten während der Strafaktionen gegen Partisanen, die in aller Regel Massaker an unbeteiligten Zivilisten einschlossen. Dafür erhielt er das »Bandenkampfabzeichen in Bronze«. Wegen des Vormarschs der Roten Armee wechselte er im März 1944 zum Stab des Höheren SS- und Polizeiführers Oberitalien-Mitte. Dort brachte er es zum Führungsoffizier. Nach 1945 wurde Werner stellvertretender Leiter der Polizeischule Hiltrup und Mitherausgeber der Fachzeitschrift *Die Polizei*. Dann wechselte er nach Berlin.[23]

Als Polizeipräsident amtierte 1967 der SPD-Mann Erich Duensing. Er war von 1936 bis 1945 in der Wehrmacht Berufsoffizier gewesen; seit 1962 leitete er die Westberliner Polizei und bestückte sie systematisch mit alten Wehrmachts- und SS-Kameraden, auch mit solchen aus dem Reichssicherheitshauptamt, und ehemalige Chefs von Gestapo-Leitstellen.[24] Er legte auf eine »schlagkräftige und einsatzfreudige Truppe« Wert. Seine tödliche Polizeistrategie vom 2. Juni erläuterte Duensing nachträglich mit dem berühmten Satz: »Nehmen wir die Demonstranten wie eine Leberwurst, nicht wahr, dann müssen wir in die Mitte hineinstechen, damit sie an den Enden auseinanderplatzt.«

Am 3. Juni billigte der Regierende Bürgermeister von Berlin, Heinrich Albertz, der zuvor Innensenator gewesen war, das Vorgehen seiner Ordnungstruppe »ausdrücklich und mit

Nachdruck«. Er behauptete, der Tote gehe »auf das Konto« der Demonstranten. Springers *BZ* titelte: »Wer Terror produziert, muss Härte in Kauf nehmen«. Die Polizeiführung erklärte grob wahrheitswidrig, Kurras sei »lebensgefährlich bedroht worden«. Anschließend verbot der Senat bis auf Weiteres sämtliche Demonstrationen. Der Vizepräsident des Deutschen Bundestags, Richard Jaeger (CSU), kommentierte die Berliner Ereignisse mit den Worten: »Landgraf, werde hart.« Jaeger war als Justizminister der Regierung Erhard immer wieder für die Todesstrafe eingetreten, was ihm den Spitznamen Kopf-ab-Jaeger eingebracht hatte. Er trug ihn mit Stolz.

Würdigt man die Umstände, die Biographien und Wortmeldungen der Verantwortlichen, dann liegt im Unterschied zu Löwenthals Meinung der Schluss nahe: Das im Zweiten Weltkrieg entwickelte und aufgestaute Gewaltpotential hatte den christlichen Pazifisten Benno Ohnesorg nicht zufällig getroffen. Andererseits handelte es sich gewiss nicht um einen »staatlich organisierten Mordanschlag«, wie Oskar Negt meinte.[25]

Das Innenministerium sucht nach Rädelsführern

Über diese Ereignisse verloren die Verfassungsschützer weder in ihren aktuellen noch in den folgenden Berichten ein Wort. Immerhin erwähnte der Verfassungsschutz am 6. Juni zwei Vietnam-Demonstrationen, die vier Wochen zuvor in München und Frankfurt stattgefunden hatten. Für damalige Verhältnisse stattlich, waren in München tausend Demonstranten zusammengekommen, darunter der sein Grundrecht friedlich praktizierende Autor. Gewiss dachte ich keine Sekunde über das urdeutsche Stilempfinden der Veranstalter nach: Sie hatten ausgerechnet den 8. Mai ausgesucht, um gegen die – für Deutschland segensreiche – Interventionspolitik der USA zu protestieren. Der Aufmarsch endete vor dem amerikanischen Generalkonsulat. Dort durchbrachen etwa 100 Personen »mit Vietcong-Fahnen, Mao- und Marx-Bildern bewaffnet die Absperrung, bombardierten die Polizisten der Absperrkette mit Eiern, Steinen, Mehl- und Farbstoffbeuteln und verbrannten eine Strohpuppe, die Präsident Johnson darstellen sollte«. Die Polizei nahm fünf angebliche Rädelsführer fest.

Weniger militant ging es in Frankfurt zu. Mit Sprechchören, Plakaten und Rauchbomben störten dort rund »200 Jugendliche« – nach Ansicht des Verfassungsschutzes »vorwiegend Angehörige des SDS, Provos und Gammler«[26] – den Auftakt zur Deutsch-Amerikanischen Freundschaftswoche. Aus guten Gründen fand der offizielle Eröffnungsakt am 7. Mai, dem Vorabend zum Jahrestag der deutschen Kapitulation, statt und wurde von der US-Armee mit militärischem Gepränge gefeiert. Das Interessante daran berichteten die Verfassungsschutzagenten nicht. Den Festvortrag »Amerika heute im Bewusstsein der Deutschen« hielt nämlich Max Horkheimer. Als Vater der Kritischen Theorie genoss er unter den Demonstrierenden hohes Ansehen. Er hatte 1933 in die USA flüchten müssen und war nach dem Krieg nach Frankfurt zurückgekehrt; die amerikanische Staatsbürgerschaft behielt er bei. Ihm und einigen Zuhörern gelang es an diesem 7. Mai 1967 rasch, der Störversuche Herr zu werden. Horkheimer wandte sich an die Unruhestifter. Er deutelte nicht an deren Recht zur Kritik des kriegerischen Vorgehens der USA, doch erinnerte er sie (»und nun hören Sie wohl zu«), dass »wir hier nicht zusammen wären und frei reden könnten, wenn Amerika nicht eingegriffen hätte und Deutschland und Europa vor dem furchtbarsten totalitären Terror schließlich gerettet hätte«.[27]

Anders als Horkheimer verhielten sich die Bonner Regierungsbürokraten reaktionsschwach. Sie wussten mit den Studentenunruhen nichts anzufangen. Auf der Suche nach Gründen fiel ihnen die Theorie der ferngesteuerten Verschwörung ein. Sechs Tage nach Ohnesorgs Tod erteilte der für Kultur und Sport zuständige Abteilungsleiter im Innenministerium, Ministerialdirektor Karl-Ulrich Hagelberg, den Auftrag, Material über »die Berliner Vorgänge« zu sammeln, und zwar unter den folgenden Vorgaben: »Ich gehe davon aus, dass die eigentlichen Rädelsführer und Drahtzieher mit kommunistischen und maoistischen Gruppen in Verbindung stehen und wahrscheinlich auf irgendeine Weise vom Osten gelenkt werden.« Zudem vermutete Hagelberg den Einfluss akademischer Drahtzieher: »Sehr negativ wirken offenbar die Professoren Gollwitzer und Weischedel.« Instinktiv erwischte der Ministerialdirektor zwei Männer, die sich während des Nationalsozialismus deutlich anders verhalten hatten als er: Helmut Gollwitzer hatte zu den profilierten Pfarrern der Bekennenden Kirche gehört, der Philosoph Wilhelm Weischedel war zur französischen Résistance übergelaufen. Die Dynamik der Revolte erklärte sich Hagelberg in den Kategorien, die ihm von früher vertraut sein mochten. Er wollte herausfinden lassen, ob »gewisse Rädelsführer« in den großen Studentenwohnheimen »die Herrschaft an sich gerissen« hätten »und die Belegschaft solcher Wohnblöcke geschlossen auf die Straße führen« würden.[28]

Für den 26. Juni 1967 setzte das Bundesinnenministerium eine Staatssekretärskonferenz zu den Studentenunruhen an. Dazugebeten wurden die Spitzen des Bundeskanzleramts, des Ministeriums für gesamtdeutsche Fragen, des Bundespresseamts, des Verteidigungs-, Familien- und Bildungsministeriums. Beigefügt fanden die Adressaten ein Diskussionspapier. Verfasst hatte es Innenstaatssekretär Professor Dr. Werner Ernst. Auch er verwies auf das Hirngespinst »kommunistischer Einfluss und Infiltrationen aus der Zone«, gemeint war die DDR. Auch er behauptete das »destruktive« Verhalten Gollwitzers und Weischedels; als zersetzerischen Neuzugang fügte er den Pädagogen Wilfried Gottschalch an. Ernst wusste nicht annähernd, wer diese Destrukteure sein könnten, und schrieb die Namen der beiden Letztgenannten in phonetisch verballhornter Form. Alle drei lehrten an der Freien Universität Berlin. Die Studenten mochten sie wegen ihrer linksliberalen, offenen Haltung, ihrer Lust an der Gesellschaftskritik. Jedoch initiierten die drei nicht im Entferntesten Aktionen oder führten sie gar an. Neben den angeblichen Dunkelmännern aus der »Ostzone« galten Professoren dem Innenministerium bald generell als verdächtig: entweder verführten sie die Studenten oder sie verhielten sich feige. Die von Ressentiments diktierten Annahmen führten in die falsche Richtung.

Ernst beklagte das Fehlen der Kultur- und Polizeihoheit des Bundes. Er setzte auf ein strafferes Prüfungsregiment, das »die Studenten in den geisteswissenschaftlichen Disziplinen zu angestrengter Arbeit vom ersten Semester an zwingen« werde, und auf die nahen Semesterferien, die dem Spuk »bestimmt« ein Ende bereiten würden. Seine trügerische Hoffnung stützte Ernst auf die Annahme: »Die Unruhen tragen zum Teil geradezu psychopathische Züge, und es besteht Aussicht, dass sie sich selbst ad absurdum führen werden.« Nebenbei gesagt beschäftigte sich das Bundeskanzleramt ein Jahr später mit dem Hinweis »des Internisten Prof. Schubert, des Leibarztes des Bundespräsidenten«, der diagnostiziert hatte: bei den Unruhen handle es sich »um ein nur ›pathologisch‹ zu verstehendes Phänomen«.[29]

Für die studentische Unbotmäßigkeit benannte Staatssekretär Ernst als weiteren Grund »die bedauerliche Schwäche des Staates«. Woher sie kam, wusste er genau: »Die Schwäche unseres Staates rührt wohl vor allem aus der föderalen Struktur, dann aber auch aus den Schuld- und Sühnegefühlen, die seit 1945 sorgsam gepflegt werden und jedes Aufkommen eines staatlichen Autoritätsgefühles verhindern.«[30]

Ernst hatte seine Karriere 1936 im Reichsarbeitsministerium begonnen, trat anschließend der NSDAP bei, wurde 1938 zuständig für Wohnungs- und Siedlungswesen. Nach dem Krieg wirkte er zunächst am Wiederaufbau in Nordrhein-Westfalen mit, setzte seine Karriere als Richter am Bundesverwaltungsgericht fort, anschließend stieg er zum Staatssekretär im Bundesbau-, dann im Innenministerium auf. Gemeinsam mit seinem Minister Paul Lücke trat Ernst Anfang April 1968 zurück und wechselte auf den Posten des Geschäftsführenden Direktors des Zentralinstituts für Raumplanung in Münster. Seit 2003 ehrt der Werner-Ernst-Preis herausragende Arbeiten auf dem Gebiet der Raum- und Umweltforschung. Als Nachfolger Lückes wurde Ernst Benda Anfang April 1968 Bundesinnenminister.

Der Bundeskanzler: besorgt und besonnen

Anders als Staatssekretär Ernst verhielt sich Bundeskanzler Kurt Georg Kiesinger (NSDAP-Mitglied seit 1933) problembewusst. Nur folgte daraus wenig. Am 20. Juni 1967 reiste er wegen der »besorgniserregenden Vorgänge« nach Berlin, sprach dort mit dem Regierenden Bürgermeister Albertz und privat mit Studenten. Ursprünglich wollte er sich zudem mit Rudi Dutschke treffen. Dieser knüpfte ein solches Gespräch jedoch an das Junktim, dass er anschließend vor der Presse eine politische Erklärung verlesen dürfe.[31] Daran scheiterte das Angebot. Kiesinger interessierte sich für »die Ursachen und den Ausgangspunkt« der Studentenunruhen, wollte die »Ausstrahlung in das westliche Bundesgebiet« verhindern und die Hochschulreform voranbringen. Als baden-württembergischer Ministerpräsident hatte er die Reformuniversitäten Konstanz und Ulm gegründet.

Tags darauf, am 21. Juli, bildete das Bundeskabinett einen speziellen Ministerausschuss, der sich mit der »Unruhe in der

Jugend« befassen sollte. Unter der Leitung von Bruno Heck (Familienminister, CDU) gehörten ihm an: Georg Leber (Verkehrsminister, SPD), Herbert Wehner (Gesamtdeutscher Minister, SPD), Carlo Schmid (Bundesratsminister, SPD), Gerhard Stoltenberg (Forschungsminister, CDU) und Staatssekretär Horst Ehmke (Justizministerium, SPD) – nicht jedoch der Innenminister. Offen blieb, wann die Herren tagen sollten. Das geschah sage und schreibe elf Monate später.[32] Mittlerweile waren am 11. April 1968 die Schüsse auf Rudi Dutschke gefallen, während der anschließenden Demonstrationen in München zwei Menschen zu Tode gekommen.

Kiesinger blieb bei seiner interessierten, aber zögerlichen Haltung.[33] Sie lässt sich in dem Wort zusammenfassen, das er immer wieder gebrauchte, wenn er sich mit den wilden, hochnäsigen, kaum zugänglichen Studenten auseinandersetzte: Besonnenheit. Albertz' Nachfolger Klaus Schütz bat er, den in Berlin zweifellos vorhandenen »Volkszorn« gegen die Studenten zu bändigen. Gelegentlich sprach er studentische Störer als »meine ungebärdigen Söhne« an und attestierte ihnen »eine gewisse Verranntheit«. Die Milde bezog er aus seiner eigenen Studentenzeit. Damals waren »wir«, so sagte es Kiesinger immer wieder, »als ›die junge Generation der 20er Jahre‹ gegenüber den damaligen Politikern genauso arrogant, wie es unsere Studenten heute gegenüber uns sind«. Zugespitzt gesagt verhielt sich Kiesinger nachsichtig, weil er in jugendlicher Radikalität »nicht deutlich zwischen national und nationalistisch« unterschieden hatte und der NSDAP beigetreten war.[34]

Die von einigen höheren Beamten bevorzugte Härte ließ sich gegen ihn nicht durchsetzen. Ministerialdirektor Hagelberg konnte noch so oft zetern, der Staat müsse endlich »Macht zeigen« – praktische Politik folgte daraus kaum. Die Herren im Innenministerium freuten sich, wenn sie hin und wieder den starken Staat demonstrieren konnten. Über die kurzzeitige Besetzung des »südlichen Eckzimmers im zweiten

Stockwerk« des Berliner Bundeshauses meldeten sie freudig (»Herrn Bundeskanzler vorlegen!«): Es habe nicht lange gedauert, bis die Besetzer »von Polizisten nach Verabreichung gehöriger Prügel herausgeholt wurden«.[35] Im Bundeskanzleramt wunderten sich die Mitarbeiter des Planungsstabs über solche Nachrichten und setzten indigniert Fragezeichen auf den Rand des Berichts. Sie warnten, dass »insbesondere das Innenministerium« den schädlichen Eindruck erwecke, als wolle die Regierung »den Ursachen der Ereignisse« nicht »wirklich auf den Grund gehen«. Folglich suchten sie nach externen Beratern wie Max Horkheimer, den Politikwissenschaftler Gilbert Ziebura, den Historiker Hans Buchheim oder den katholischen Philosophen Helmut Kuhn, die mehr zu bieten hatten als law and order.[36] Die Beamten im Kanzleramt konnten so handeln, weil Kiesinger sie dazu ermutigte.

Wie blind die Protestler sich zur Wirklichkeit verhielten, dokumentiert die im Januar 1969 in Frankfurt ausgegebene SDS-Parole: »Ohrfeigt Kiesinger, terrorisiert die Terroristen!« Zu den Wegbereitern solcher Wahnvorstellungen gehörte Oskar Negt, der mit dem Instrumentarium der marxistischen Analyse festgestellt haben wollte, dass die Bundesregierung dem »terroristischen Freund-Feind-Denken« verhaftet sei, »das Carl Schmitt, der geheime Berater Kiesingers und der Wegbereiter der nationalsozialistischen Machtergreifung [...], begründet hatte«.[37]

Am 5. Februar 1968 tagte der Bundeskanzler gemeinsam mit den Ministerpräsidenten, Kultusministern und Fraktionsvorsitzenden der Landtage, soweit sie der CDU/CSU angehörten, um die Hochschullage zu besprechen. Die CDU stand wegen der NPD-Erfolge unter Druck, in Baden-Württemberg begann der Landtagswahlkampf. Kiesinger ermahnte seine Parteigranden, Festigkeit statt Entrüstung zu zeigen, die Rechtsverstöße radikaler Studenten, die immer deutlicher »nihilistisch-anarchistische Züge« offenbarten, zu ahnden und einen »großen

Schritt« in der Hochschulreform zu tun. Kiesinger sah darin die zentrale Herausforderung für die Konservativen. Die SPD »tue sich wegen ihrer Kräfte auf dem linken Flügel schwer«, außerdem sei ihr »im Letzten doch ein gebrochenes Verhältnis zum Staat« eigen.

Den Herren fiel nichts ein. Der baden-württembergische Ministerpräsident Filbinger und der bayerische Kultusminister Huber waren sich einig, dass man die »Rädelsführer fassen« müsse. Der Kollege aus Hamburg schimpfte auf die unterentwickelte Courage der Professoren. Helmut Kohl verunglückte mit einer zoologischen Metapher (»Berlin ist die Spinne im Netz über Hamburg und Mainz«) und konstatierte einen »Präsenznachholbedarf« der Union an den Universitäten. Franz Amrehn (CDU-Vorsitzender in Berlin) klagte, die Besänftigungspolitik des SPD-Senats habe die Polizei »unsicher« werden lassen und »ihr das Rückgrat genommen«.[38]

Karl Carstens, Staatssekretär im Kanzleramt, fasste das Ergebnis der Sitzung in einseitiger Weise zusammen. In seinem Geheimvermerk klammerte er sich an die Verschwörungstheorie: »Die Keimzelle sitzt in Berlin. Von dort werden Abgesandte zu anderen Universitäten wie Hamburg, Frankfurt a. M., Marburg, Heidelberg entsandt.« Anders als Kiesinger nahm Carstens an, die Lage werde sich »von Grund auf ändern«, sobald der Staat Autorität zeige. Immerhin räumte er im Sinne seines Chefs ein: »Im Ganzen sind die Ursachen der Unruhen noch nicht ausreichend analysiert.«[39]

Kaum zum Ministerpräsidenten von Rheinland-Pfalz gewählt, stellte sich Kohl 1969 der auf Ordnung, Zucht und Sitte bedachten Strategie innerhalb der CDU/CSU entgegen. Er warnte Kiesinger, ein rein repressives Vorgehen »ohne überzeugendes Reformkonzept« werde sich »als eine neue Krisenursache erweisen«. Den Ausschluss protestierender Studenten von der Stipendienvergabe, den Innenminister Ernst Benda erwog, lehnte Kohl kategorisch ab: Er »käme einer Bestrafung der auf Förderung angewiesenen sozial schwächeren Studenten gleich«.[40]

Die Revolte traf den Staat völlig unvorbereitet. Seine Repräsentanten verstanden sich als Vorsteher einer gemütlichen Versorgungsgemeinschaft. Als die Sowjetische Botschaft am 21. August 1968 wegen des Einmarschs sowjetischer Truppen in der Tschechoslowakei von einigen Dutzend Demonstranten belagert wurde, war es der Bundesregierung nicht möglich, mehr als sieben Polizisten abzukommandieren. Sie kamen vom Polizeiposten Remagen. Die Botschaft lag im rheinland-pfälzischen Rolandseck, die nordrhein-westfälische Bonner Polizei konnte dort nicht ohne weiteres tätig werden. Der Bundesgrenzschutz durfte aus verfassungsrechtlichen Gründen nicht eingreifen; die nächsten kasernierten Einheiten der Bereitschaftspolizei lagen im 80 Kilometer entfernten Wuppertal, doch verbot es sich, diese ohne besondere Ausnahmeregelungen aus Nordrhein-Westfalen nach Rheinland-Pfalz zu beordern. Von einem »Notstandsstaat« – von den rebellierenden Studenten vorzugsweise als »NS-Staat« abgekürzt – oder gar von einem »faschistoiden Gewaltapparat« konnte keine Rede sein.

Da distanzierten sich Landesminister von Uni-Rektoren, die nach der Polizei riefen. In Filbingers Musterländle duldeten die Verantwortlichen gerichtlich verbotene Demonstrationen um des lieben Friedens willen; Ähnliches wurde aus Bayern gemeldet. Der eine rief hü, der andre hott. Nicht Kiesinger und seine Unionsmannen, sondern Helmut Schmidt, Fraktionsvorsitzender der SPD, verlangte schließlich, der Exekutive entschlossene »Rückendeckung« zu geben. Der Sozialdemokrat Carlo Schmid intervenierte beim Bundeskanzler persönlich und forderte ihn auf, »dem Staatsverfall Einhalt zu gebieten« und endlich gegen die »Feigheit von Amtsträgern« vorzugehen. Ebenso forderte Willy Brandt, die »eindeutig rechtsbrecherischen Aktivitäten […] im Keim zu ersticken«.[41]

Von wegen gebrochenes Verhältnis zum Staat! Es dauerte nicht lange, bis die Sozialdemokratie vom Intimfeind der alten KPD zum Intimfeind der neuen Linksradikalen geworden war. Bald dröhnte es wieder: »Wer hat uns verraten – Sozialdemokraten.«

Kraft durch Freude, Lust durch Aktion

Psychodramatisch aufgeladener Marxismus

In ihrem Bericht für den Monat Juli 1967 charakterisierten die Verfassungsschützer den SDS als »treibende Kraft« der Unruhen. Sie berichteten, wie dessen Mitglieder »Flugblätter strafbaren Inhalts« verteilten und ihre Aktionen so anlegten, »dass sie den Studenten Spaß machen«.[42] Im August 1967 strichen die Verfassungsschützer die neuen Störenfriede wieder von der Agenda. Wie eh und je richteten sie ihre ungeteilte Aufmerksamkeit auf die vertrauten Gefahren, die vonseiten der DDR eher schläfrig blinzelten als lauerten. Waren im Jahr 1961 noch zwölf Millionen Exemplare von Agitationsschriften aus der »Ostzone« sichergestellt worden, sanken die Beschlagnahmungen bis 1968 auf 600 000 Stück.[43]

Wenn auch knapp, tauchte der SDS im September wieder in dem Monatsbericht auf. Er sei »bestrebt, mit Revolutionären in aller Welt Verbindungen aufzubauen«, insbesondere mit der Black-Power-Bewegung in den USA und mit linken Kräften in Kuba und Lateinamerika. Die Kommune I, die Rainer Langhans, Dieter Kunzelmann, Fritz Teufel und andere gegründet hatten, pflege Kontakte zur chinesischen Botschaft in Ostberlin, beziehe dort »Mao-Bibeln«, »die sie zum Preise von DM 2,– pro Stück verkauft«.[44]

Anfang 1968 beauftragte das Bundesamt für Verfassungsschutz den Berliner Soziologen René Ahlberg mit einer Expertise zur politischen Konzeption des SDS.[45] Es dauerte viele Wochen, bis nach dem Dutschke-Attentat ein dürftiges Papier vorlag. Es kompilierte die theoretischen Grundlagen von Marcuse über Marx bis Mao, doch verwendete Ahlberg nicht einen Satz auf den unerwarteten Mobilisierungssog, den die schon länger in kleinen Zirkeln entwickelten SDS-Ideen ausübten. Für die Gründe des anschwellenden Protestgesangs interessierte sich weder der Verfassungsschutz noch dessen Experte.[46] Sie wollten nicht wissen, warum so viele junge Leute plötzlich meinten, sie stünden »mitten im Aufbruch«.[47] Kaum abgegeben, versandte das Kölner Bundesamt das inhaltsarme Ahlberg-Papier mit höchster Dringlichkeit – »durch Kurier!« – und trug weiterhin dazu bei, die Verantwortlichen zu Fehlreaktionen zu provozieren.

Der SDS war 1947 als sozialdemokratische Hochschulorganisation gegründet worden; laut Satzung hatten seine Mitglieder für den Sozialismus einzutreten. Zu seinen Funktionären gehörten anfangs kriegserfahrene Studenten wie Helmut Schmidt. Seit der Wiederbewaffnung der Bundesrepublik drifteten Partei und Studentenverband auseinander. Nach mehrjährigen Querelen wegen des betont marxistischen SDS-Kurses und der programmatischen Hinwendung der SPD zur linken Mitte beschloss die Partei im November 1961 die Unvereinbarkeit der Mitgliedschaften im SDS und in der SPD. Schon zuvor hatte sie eine neue parteinahe Studentenvereinigung gegründet, den Sozialdemokratischen Hochschulbund (SHB), der später ebenfalls aus dem Ruder lief. Mit dem Eintritt in die Große Koalition verlor die SPD im Dezember 1966 ihre restliche Bindekraft für den linken Rand.

In der Diaspora entwickelten die SDS-ler und die dazugehörigen spendablen »alten Herren« ihre sendungsbewussten und elitären Theorien. Die Mehrzahl der Studenten kümmerte sich darum zunächst nicht. Ihr Bewusstsein folgte noch im Sommer 1966 ihrem bürgerlichen Sein. Damals veranstalteten FU-Studenten eines ihrer ersten Sit-ins, gerichtet gegen die »Bildungskatastrophe«. Dabei trugen sie Plakate wie diese: »Elite tut Not« oder »Die Großen von morgen aus der Zwergschule von heute«.[48]

Der SDS erklärte die sozioökonomischen Verhältnisse als Gegensatz von Unterdrückern und Unterdrückten, von Bürokraten und zwangsverwalteten Menschen, von Lust und Entfremdung. In seiner bipolaren Simplizität entsprach das theoretische Gerüst dem Freund-Feind-Schema des Kalten Krieges. Die egalitären Errungenschaften der Bundesrepublik wischten die SDS-Strategen als Sozialklimbim beiseite, der die wirklichen Herrschaftsverhältnisse verschleiere. Die lebensnahen Wünsche und kleinen Sehnsüchte der Menschen bedeuteten ihnen nichts.

In Wahrheit befreite die Beglückungstheorie nicht die Verdammten dieser Erde, sondern die SDS-Männer aus ihrer misslichen Lage: Der Bannstrahl der SPD hatte sie hart getroffen. Er nahm ihnen die bis dahin selbstverständlichen Karrierechancen im SPD- oder Gewerkschaftsapparat. Sie standen mit leeren Händen da. Also erfanden sie die »systemüberwindende Praxis«. Sie verteufelten die Apparate, von deren Pfründen sie ferngehalten werden sollten, ebenso die dort tätigen »Fachidioten«. »Halten wir fest«, so formulierte Rudi Dutschke im Oktober 1967, »die Bürokratie als Gewaltorganisation muss zerstört werden.«[49]

Je nach Lichteinfall und Tageszeit funkelten die Elemente der SDS-Theorie unterschiedlich. Zusammengetragen hatten sie die etwas älteren, meist noch im Krieg geborenen Monteure aus verschiedenen Bibliotheksecken. Sie griffen zu Karl Marx, zur leninschen Anschauung vom Imperialismus, zu den voluntaristischen Manifesten der zeitgenössischen antikolonialen Bewegungen und zu den bewusstseinskritischen Studien der Frankfurter Schule um Max Horkheimer, Herbert Marcuse und Theodor W. Adorno.

Das auf diese Weise zusammengesetzte und in einer konkreten, nämlich deutschen Kontinuität entwickelte Gedankengebilde versahen die Erfinder mit einem kräftigen Schutzanstrich. Sie versiegelten es gegen äußere Einflüsse, genauer gesagt gegen Empirie, die von den SDS-Konstrukteuren stets als »platt« verhöhnt wurde. Das erklärt den länger anhaltenden Glanz. Die so begründete »extreme Faktenfeindlichkeit und [den] leerlaufenden Methodologismus« zählte Richard Löwenthal zu den »bestürzendsten Aspekten der Radikalisierung«. Er betrachtete das theoretisierende Getue als »endlose Debatte ohne solides Lernen«, als aberwitzigen Versuch, die Fähigkeit »zum selbständigen Denken ohne Grundkenntnisse« zu erwerben.[50]

Wie Niklas Luhmann spottete, kombinierten die Neuradikalen »den halben Marx und die ganze (psychodramatisch erweiterte) Frankfurter Schule«.[51] Zwar hielten Horkheimer und Adorno Distanz zu den Achtundsechzigern, doch minderte das den Einfluss ihrer älteren Schriften nicht. Herbert Marcuse jedoch, der in den USA geblieben war, wurde zum Herold der Achtundsechziger. Seine Lehre war eingängig formuliert und schrieb den Studenten eine gesellschaftliche Führungsrolle mit hohem Spaßfaktor zu. Mit der revolutionären Potenz der Industriearbeiterschaft der hochentwickelten Staaten war nach Marcuses Analyse nicht zu rechnen, weil die Tochter des Arbeiters mittlerweile das gleiche Make-up auflegen konnte wie die des Ausbeuters, weil der Arbeiter im Prinzip das gleiche Auto fahren konnte wie sein Chef. Sie alle seien von »repressiver Toleranz« umnebelt, von der »sublimen Gewalt« alltäglicher Manipulation betört, an den goldenen Fäden der »Bewusstseinsindustrie« von ihren »wirklichen Bedürfnissen« entfernt worden.

All das sei nach Marcuse für den mäßig gebildeten Menschen kaum zu durchschauen, allenfalls von den Intelligenzlern in den hochentwickelten Ländern. Sie seien in der Lage, kraft Einsicht, die komfortablen »Verschleierungszusammenhänge«, das »falsche Bewusstsein« zu durchbrechen. Dabei kam – wie schmeichelhaft – nach Marcuse den Studenten die Führungsrolle innerhalb der »revolutionären Intelligenz« zu, weil sie weder beruflich integriert noch konsumistisch verdorben seien. Mit Hilfe gezielter Provokationen sollten sie das »herrschende System« und dessen menschenähnliche »Charaktermasken« zwingen, von der »sublimen« zur »manifesten« Gewalt überzugehen. In diesem Prozess würden die bestochenen und benebelten Massen das eigentlich »repressive« Wesen des kapitalistischen Staates erkennen und dem Widerstand der Studenten folgen.

Um es mit einem der Vordenker der Revolte, meinem späteren Lehrer Johannes Agnoli zu sagen: »In dem staatlich befriedeten und integrierten Zustand des organisierten Kapitalismus« sind »die Aktualisierung des Klassenkampfs und die Desintegration der Gesellschaft der erste Schritt zur Verwirklichung der Demokratie. Die politische Wiederherstellung des Antagonismus ist die aktuelle Aufgabe der außerparlamentarischen Opposition.«[52] Das erforderte den Angriff. Sobald sich die Angegriffenen zur Wehr setzten, etwa die Polizei holten oder Strafverfahren einleiteten, »decouvrierten« sie sich »endgültig« und bestätigten die »Theorie«.

Solche Zirkelschlüsse, die gegen jedes Argument standhielten, beherrschten das Denken der Neuen Linken noch lange. Den Mord an Generalbundesanwalt Siegfried Buback (1977) lehnten die meisten ab. Aber zu dieser Feststellung musste sofort hinzugefügt werden: Der Mann habe sich nicht um die Demokratie verdient gemacht, sondern gehöre zum System der Repression. Und warum? Weil er die mordenden Angehörigen der RAF, seine späteren Mörder, von Amts wegen verfolgte.

Als Verbündete boten sich, so Marcuse 1967, statt der einheimischen, in parfümierter Bewusstlosigkeit gehaltenen Arbeiter geächtete Randgruppen an und die Unterdrückten in der Dritten Welt. Folglich wurde die Forderung »Frieden für Vietnam« rasch als »vorpolitisch« und »bloß pazifistisch« erkannt und stattdessen für den Sieg des Vietcong demonstriert, untergehakt und im Laufschritt skandierend »Ho-Ho-Ho-Chi-Minh«. Das friedliche »We shall overcome« wich dem aggressiven »Hick-hack-Bullenpack«.

Gegen die »trostlose Raserei« der Gegenwart

Während sich Parolen, die im heutigen Ohr zumindest sonderbar klingen, später leicht ablegen und vergessen ließen, beeinflusste die sogenannte Randgruppenstrategie die Lebenswege vieler Achtundsechziger stärker. Die Spuren davon finden sich in meiner Biographie, in der vieler meiner Freunde aus der damaligen Zeit ebenso wie in der von Andreas Baader, Gudrun Ensslin oder Ulrike Meinhof: Baader und Ensslin betrieben 1969 das Staffelberg-Projekt mit entlaufenen und zum Entlaufen ermunterten Heimzöglingen; Meinhof drehte 1969/70 den Film »Bambule« in einem Mädchenheim.[53] Ich heuerte 1973 beim Jugendamt in Berlin-Spandau an, um als Leiter eines Jugendfreizeitheims im Neubaugebiet Falkenhagener Feld die dortige Jugend, darunter den Klub »Trink-Dich-Frisch«, gegen den Staat aufzuwiegeln. Manche wurden statt Architektinnen Berufsschullehrerinnen, andere sattelten vom Gymnasial- zum Hauptschullehrer um oder versuchten, die Irren in den psychiatrischen Krankenhäusern zu mobilisieren, wieder andere gaben den akademischen Weg auf, gingen in Betriebe oder näherten sich auf andere Weise »dem Volk«. Alle aus derselben Marcuse'schen Grundidee geborenen Projekte gingen im Sinne ihrer ursprünglichen Intentionen schief. Für wenige der Beteiligten folgte daraus die noch kompromisslosere Abwendung, für mich und die meisten die mehr oder weniger schnelle Anpassung. Die Erfahrung mit dem Klub »Trink-Dich-Frisch«, mit jugendlichen Kriminellen und sogar Mördern führte mich 1976 zu den Einsichten: »Erziehung ist Anpassung an die gesellschaftlichen Zwänge« und »für den Erzieher können die Jugendlichen nicht Objekte von Theorien sein«.[54]

Nach Marcuse lebt der moderne westliche Mensch in »reibungsloser, vernünftig demokratischer Unfreiheit«. Ähnliche Tendenzen finden sich bei seinem Lehrer Martin Heidegger. Für den »romantischen Rückfall« (Löwenthal) der Achtundsechziger erklärt das einiges, lässt eine zweite Wurzel ihres Denkens sichtbar werden. Auch Heidegger beschrieb die technische Welt als »leer und nichtig«, als Ausgeburt »trostloser Raserei«. Das machte ihn und seine Gedankengänge für das nationalsozialistische Blut-und-Boden-Denken anfällig, das mit dem Jahr 1945 in deutschen Elternhäusern und Schulen keineswegs erlosch. 1967 arbeitete Alexander Schwan die untergründige »Identifikation mit dem Führerstaat« heraus, die sich in Heideggers philosophischen Schriften findet. In Vorträgen wurde Schwan noch deutlicher.[55]

Das von den radikalisierten Studenten propagierte rätedemokratische Modell wies in die gesellschaftsromantische Richtung Heideggers. An Stelle der »anonymen«, »abgehobenen«, repräsentativ zusammengesetzten Parlamente dachten sie sich jederzeit abwählbare Räte (Sowjets) aus. Diese sollten die Interessen kleiner, überschaubarer Einheiten – einzelner Betriebe, Wohnbezirke oder Hochschulen – bündeln und auf höherer Ebene »paritätisch« zusammenwirken.

In dem Konzept verbirgt sich der rückwärtsgewandte Traum vom guten alten Ständestaat. Wie dieser setzten die Rätephantasien den weitgehenden Stillstand moderner Industriegesellschaften voraus: Betriebe wurden als statische, relativ kleine, dauerhaft bestehende Einheiten gedacht, nicht als Wirtschaftsformationen, die bei Strafe des Untergangs fortgesetzt gezwungen sein könnten, zu expandieren, Kooperationspartner in aller Welt zu suchen, die Produktpalette und Produktionsstandorte ständig zu verändern. Die rätedemokratische Idee folgte der menschlichen Furcht vor dem rasanten Wandel, vor der Freiheit und dem Bedürfnis nach zukunftsängstlicher Regression ins angeblich Stabile, in die »vermeintliche Kuhwärme« überschaubarer Gemeinschaften.

In einem Gespräch, das Rudi Dutschke, Bernd Rabehl und Christian Semler im Oktober 1967 mit Hans Magnus Enzensberger führten, dokumentiert sich diese Stillstandsversessenheit. Ohne jede Ironie malte sich das revolutionäre Männerquartett lauter Kleinkollektive »ohne Anonymität« aus, »begrenzt auf zwei- bis dreitausend Leute, die also immer noch eine direkte Beziehung zueinander haben«. Allen Ernstes meinten die vier Diskutanten: »Es wäre tatsächlich zu erwägen, ob nicht Leute in der Fabrik wohnen sollten.« Die Beispiele klaubten sie sich aus der Pariser Kommune von 1871 zusammen und irgendeinem italienischen Streik von 1920.[56]

Das ständische Kuschelbedürfnis äußerte sich – und äußert sich noch heute – im Bild linker Demonstrationen: Nach dem Block der Lehrergewerkschaft kommt der Schwulenblock, dann folgen, die Reihen fest geschlossen, die Ärzte gegen den Atomtod, die Roten Krankenschwestern, die Hausbesetzer, der Zentralrat zur Befreiung der Frau, die Grau-Grünen Panther e.V., die linksalternative Stadtteilgruppe des Sowienoch-Kiezes, die RollstuhlfahrerInnen-Front, die Eine-Welt-Laden-BetreiberInnen, die linksgedrehten Ökobäuerinnen und -bauern usw. usf.

Die 1967/68 permanent vorgetragene Forderung nach Drittelparität in den universitären Gremien entstammt demselben rückwärtsgewandten ständischen Ordnungsprinzip. Demokratie an der Hochschule ist etwas anderes als korporatistische »Gerechtigkeit« zwischen studentenschaftlichem Unterbau, dem Mittelbau der Assistenten und dem professoralen Oberbau (in Berlin kamen bald die »sonstigen Dienstkräfte«, also nichtwissenschaftliches Personal, als vierter Stand hinzu). Wissenschaft dreht sich um die Begriffe Freiheit, Idee und Leistung. Dafür bedarf es flacher, fachlich begründeter, leicht veränderbarer Hierarchien, des Wettbewerbs und der Transparenz, aber keiner Gleichheits- und Gerechtigkeitsmaschinen.

Das Rätegetue maskierte nur, wie stark die Achtundsechziger auch an diesem Punkt in den freiheitsfeindlichen, auf Sicherheit und Sozialharmonie gerichteten deutschen Traditionen standen: Sie setzten die anheimelnde Gemeinschaftsidee gegen den kühlen Strukturalismus des Verfassungsstaats. Sie folgte demselben ständischen Grundprinzip, das sich 1933 bis 1945 in der Reichsapothekerkammer, im NS-Kraftfahrerkorps, in der Reichsfrauenschaft oder im Reichsnährstand ausgetobt hatte.

Orgiastische Protestfreuden und Kommuneeintopf

Nicht wenige SDS-Leute, zum Beispiel Rainer Langhans, Bernd Rabehl, Rudi Dutschke und Jan-Carl Raspe, waren in der DDR aufgewachsen. Sie hatten den dortigen Sozialismus kennen und hassen gelernt. Übrigens teilten sie diesen Hass mit dem späteren Dutschke-Attentäter Josef Bachmann, Jahrgang 1944, der ebenfalls aus der DDR stammte und sich mit den Worten »du dreckiges Kommunistenschwein« auf sein Opfer stürzte. Hingegen waren die westlichen Altersgenossen und auch die früh in die Bundesrepublik emigrierten DDR-ler als Kinder und Jugendliche vorwiegend mit Lehrern vom Schlage des Staatssekretärs Werner Ernst oder des Polizeipräsidenten Erich Duensing konfrontiert worden. Beide Erfahrungen beförderten die Tendenz, den neu entdeckten, in der Bundesrepublik verpönten Marxismus mit antiautoritären und anarchosyndikalistischen Girlanden zu schmücken.

Amerikanische Hippies würzten den Ideencocktail zusätzlich: »Ein eigenes Milieu, ein eigenes Leben, gegenseitige Hilfe, eigenes Zirkulationsfeld. Die Bedürfnisse des Körpers, in welcher Form auch immer sie auftreten, werden nicht verdrängt ...«, schwärmte Dutschke. Er bemängelte nur, dass die friedlichen kalifornischen Blumen- und Marihuanakinder »darüber die Machtfrage vergessen« hatten.[57] Die Freude am einfachen, ungezwungenen Leben und der Wille zur Macht fügten sich gut in die nationalgeschichtlichen Vorprägungen, aus denen die deutschen Achtundsechziger zusätzliche Kräfte bezogen: die lebensreformerischen Ideen der deutschen Jugendbewegung, der Kulturpessimismus, der expressionistisch-futuristische Aktionsdrang und die (rechts-)elitären, auf die politische Tat gerichteten Traditionen deutscher Studentenverbände in der Weimarer Republik. Der katholische, nach 1945 aus dem amerikanischen Exil zurückgekehrte Philosoph Helmut Kuhn diagnostizierte Anfang 1968, dass die deutsche Studentenbewegung »einen kräftigen Zusatz« des Gedankenguts enthalte, das »aus der spätromantischen, anti-demokratischen und anti-individualistischen Gemeinschaftsschwärmerei des 19. Jahrhunderts stammt, die auch ihre faschistischen Gegenspieler nährte«.[58]

Im stationären Gegeneinander von Sowjetkommunismus und westlich-liberaler Leistungsgesellschaft erwies sich der Gedankenmix aus Weltkritik, gemeinschaftsfreudiger Diaspora und individuellem Grenzerlebnis als verlockende Alternative. Zunächst folgte daraus die Selbstrevolutionierung der eigenen bürgerlichen Befangenheit (»Durchbrechung des falschen Bewusstseins«). Da das wirkungsvoll nur »in der Aktion« geschehen konnte, wurde zugleich die Revolte gegen das »Establishment«, gegen die Politik der Alten, begonnen. Sie verdichtete sich in der Parole: »Trau' keinem über dreißig!«

Der kritische Zeitgeist folgte nicht einer geschlossenen Ideologie, eher dem »Unbehagen« (an Gott und der Welt). Der damals inflationär gebrauchte, wunderbar vage Protestbegriff weist auf sein Gegenstück, die erfüllte Behaglichkeit. Sie führt mitten in die gemeinschaftsselige Spießigkeit: zum Kommuneeintopf, um den sich all die versammelten, »mit denen man klarkommt«, wie sich Rainer Langhans ausdrückte.

Derart fundamentiert, entfaltete sich vagabundierende, später vandalisierende Protestfreude. Äußere Umstände begünstigten sie. Die westdeutschen Studentinnen und Studenten, die sich bis dahin untereinander mit Sie – als Fräulein Dreyer und Herr Schmidt – angeredet, Professoren mit Titeln, Knicks und Diener in der Sprechstunde begrüßt hatten, mit Krawatten und Faltenröcken angetan zur Vorlesung geschritten waren, überkam der Kitzel des Frühlingserwachens. Noch 1971 teilte ein linksradikales Standardwerk die Sensation mit: »Die Studenten beginnen sich zu duzen.«[59] Sie genossen die neue Nähe und die Wonnen des großen, effektvollen Auftritts. Die Utopie einer besseren Welt, in der nach Marcuse das »befriedete Dasein« erreicht werde, leuchtete in der Gegenwart. Auch dafür hielt der im Audimax der FU gefeierte Herbert Marcuse am 10. Juli 1967 eine geistige Handreichung parat: »Selbst wenn wir nicht sehen, dass die Opposition hilft, müssen wir weitermachen – müssen wir weitermachen, wenn wir noch als Mensch arbeiten und glücklich sein wollen – und im Bündnis mit dem System können wir das nicht.«[60]

Im Übrigen bestand ein speziell männlicher Antrieb zum Tanz auf dem mit Che-Guevara- und Karl-Marx-Plakaten drapierten Affenfelsen. Das revolutionäre Miteinander und die sexuelle Revolution erreichten die westdeutschen Hochschulen zum selben Zeitpunkt und beflügelten einander. Damit wurde sofort ein Spannungsverhältnis klar, das die Dynamik gewissermaßen naturwüchsig steigerte: Auf drei Studenten entfiel in jenen Jahren allenfalls eine Studentin.[61] Die Fotos von den Urkommunen, Happenings, SDS-Delegiertenkonferenzen und Massenveranstaltungen zeigen immer das eine: Mindestens drei gestikulierende Protestprotze gruppieren sich um eine schöne, meist abwartende, stille Frau. In die permanente Vorlust hinein lieferte die Zeitschrift *konkret* für jeden Geschmack etwas. Wissenschaftliche Trockenübungen »Zum Orgasmus der Frau« oder Handfestes von Wolf Biermann: »Bloß paar schnelle Sprünge weg vom Wege / Legte ich ihr weißes Fleisch ins Gras ...« Die Zeile reimt sich auf »mit meinem Maß«.[62]

Reimut Reiche, Chefsexologe des SDS und Spross einer preußischen Offiziersfamilie, spielte den wissenschaftlichen Legitimationsmarsch: »Freud konnte die ›starken Individuen‹ unter denjenigen, die von der gesellschaftlichen Norm abweichen, als ›energische selbständige Männer der Tat oder originelle Denker, kühne Befreier und Reformer‹ herausstellen.« Solche Mannsbilder mit kräftig geschwollenem Kamm ersparen sich, so Reiche, die individuelle Neurose, »weil sie sich nicht den gesellschaftlichen Normen (der sexuellen Enthaltsamkeit) beugen«. Bumsphallera! Die Selbst- und mehr noch die Fremdrevolutionierung verfolgte ziemlich simple Absichten. Der ehemalige SDS-Vorsitzende Reiche wusste, wovon er sprach. Im selben *konkret*-Heft, in dem er von den kühnen, körperlich begünstigten XXL-Befreiern schwadronierte, lief die Aktion »Pille für jedes Mädchen«.[63] Reiches Artikel lag noch in der Setzerei, schon erfolgte die Antwort des Weiberrats der SDS-Gruppe Frankfurt: »Wir machen das Maul nicht auf! Wenn wir es doch aufmachen, kommt nichts raus! Wenn wir es auflassen, wird es gestopft: mit kleinbürgerlichen Schwänzen, sozialistischem Bumszwang, sozialistischen Kindern, Liebe, sozialistischer Geworfenheit, Schwulst, sozialistischer potenter Geilheit ...« Die Schlussformel lautete kurz und klar: »Befreit die sozialistischen Eminenzen von ihren bürgerlichen Schwänzen.«[64]

Die gängige Mischung aus Revolutions- und Manneslust dokumentiert ein Bericht, den Bernd Rabehl zum Thema »Sex und Erziehung auf Kuba« fertigte. Gemeinsam mit etwa 40 deutschen Gesinnungsfreunden hatte der Autor im Sommer 1968 eine spezielle Bildungsreise auf die, wie *konkret* titelte, »rote Zuckerinsel« unternommen.[65] Während die einfachen Genossinnen und Genossen Kaffeebüsche zu pflanzen und in ihren Arbeitslagern zu bleiben hatten, stiegen die SDS-Führer Rabehl, Reiche und Lefèvre als Staatsgäste im Hotel ab. Hernach bejubelte Rabehl, dass sich der Kubaner in seiner »sexuellen Leidenschaft [...] erfüllungsfreudiger« zeige als die Geschlechtsgenossen anderer Nationen. Dabei kam die Revolution nicht zu kurz. Unvermittelt fand sich unser Inselreisender »im Gewühl eines Karnevals« wieder, und prompt fragte ihn ein junger kubanischer Arbeiter: »Habt ihr in Deutschland auch Berge? Na, dann fangt doch den Befreiungskampf an.«[66]

Selbst in den Berichten, die der Verfassungsschutz über die linksradikalen Grüppchen fertigte, erscheinen die Kämpfe und Posen, die Überlegenheitsattitüden, Gruppenspaltereien und Unterwerfungsakte als Bockschoreographie. Da heißt es Ende 1969 über die Zustände auf den Höhen des SDS-Bundesvorstands und zwischen den einzelnen Ortsgruppen: »Udo Knapp äußert sich abfällig über die bisherige Arbeit« seiner Kollegen Klaus Behnken, Udo Riechmann und Burkhard Bluem »und will deren Rücktritt fordern«. Dabei werde er »von Monika (Mona) Steffen unterstützt«. Behnken und Bluem zogen den Schwanz ein, trollten sich vom Vorstandshügel und versprachen »Basisarbeit«.

Gleichzeitig verlangten die Heidelberger SDS-Anführer Hans-Gerhart (Joscha) Schmierer und Günther Mangold, den Bundesvorstand überhaupt »zu zerschlagen« und »zu den Akten zu legen«. Er stelle einen »sozialdemokratischen Rest« dar, einen Ausbund von »Siechtum« – Knapp inklusive. Die Heidelberger verlangten »Flurbereinigung«. Laut Verfassungsschutz verharrten sie beim nächsten Treffen im Odenwald noch in Lauerstellung, »hielten sich auf dieser Sitzung zurück«.[67] Die wenig später beginnende Auflösung der linksradikalen Organisationen in kleine und kleinste Grüppchen folgte derselben Logik. Schmierer wurde zum großen Vorsteher des KBW (Kommunistischer Bund Westdeutschland); dort feuerte er wie gewohnt konkurrierende Männer wegen »Reformismus«.[68]

In der Tat erscheint es längst überfällig, die jedem Rüden angeborene Technik zum Markieren seines Reviers endlich in die kritische, wissenschaftlich-materialistisch fundierte SDS-Männer-Analyse einzubeziehen. Selbstverständlich mussten die animalischen Grundmuster in dem Maß hervortreten, in dem die regulierenden und begrenzenden, an feinen Abstufungen reichen Konventionen über den Haufen gerannt wurden. War die »Bürgerlichkeit« einmal überwunden, ließ sich der Frauenprotest rasch als neue Offenheit integrieren, konnte munter losgelegt werden.

Die derben Trittspuren finden sich in einer Protokoll-Literatur, die niemand mehr lesen möchte. Grausig allein schon der ungepflegte, auf Unmittelbarkeit bedachte Tonfall. Als Beispiel für die dann folgende Entwicklung greife ich die Broschüre »Wohngemeinschaft. Problem oder Lösung?« heraus. Sie erschien in sechs Auflagen, und zwar in einem Verlag namens Direkt. Darin muss man am Beispiel einer im Hamburgischen ansässigen WG über die »Grenzen der Zärtlichkeit« lesen:

»K: Also irgendwie gibt's da für mich keine Trennung. Wenn ich jemand gern hab', dann möchte ich mit ihm schlafen. Ich hatte noch keine Gelegenheit mit den Jungs [der Wohngemeinschaft] zu schlafen, aber ich könnte mir's durchaus vorstellen.

G: Also ich kann mir's nicht vorstellen. [...] Was ich gut finde an dir z. B. ist, dass du z. B. auch Dinge von dir aus selbst tust und dazu imstande bist, mich zu fordern, also nicht um gewisse Bereiche herumgehst, sondern mich z. B. an die Hose fasst und mich am Schwanz streichelst, was ich also von mir aus nicht tun würde …, sondern Dinge, na, die auch mit Angst besetzt sind und wo ich mich nur, na, durch'n Konfrontieren mit auseinandersetzen kann. Das sind Dinge, die einfach so laufen … und manchmal hab ich dann auch das Gefühl, dass auch mit Claudia so manche Dinge laufen können – über Karin hinweg, die vorher nicht so ins Laufen gekommen sind.«

Was da alles ins Laufen kam. »Irgendwie« auch das Materielle. Im vorliegenden Fall führte das zur Eröffnung einer Teestube. Trafen sich damals einander nur flüchtig bekannte Mitglieder der wachsenden linken Gemeinde, folgte wie das Amen in der Kirche die Frage: »Was machst Du jetzt so politisch?« Deshalb will unser Problem-oder-Lösungs-Autor unweigerlich wissen: »Und wie geht es inhaltlich weiter mit der Teestube?« Ganz einfach: »Das soll als Kommunikationszentrum dienen für Leute, die wirklich an Aktivitäten interessiert sind, ne. Diese Aktivitäten bewegen sich allerdings im Bereich der alternativen Sachen, ne.«[69]

Revolutionäre Bewusstseinsgruppen in Aktion

Solche verwahrlosten Protokollbücher folgten dem durchaus ernsthaften Vorbild des Kommune-2-Buchs von 1969. Die an dieser zweiten Berliner Urkommune Beteiligten – unter anderem der sympathisch auftretende, 1970 zur RAF übergewechselte Jan-Carl Raspe – setzten sich mit allen Risiken einem Selbstexperiment aus. Sie scheiterten, kaum dass sie mit der gemeinsamen Analyse ihrer Liebesbeziehungen, Hemmungen, Lebensgeschichten, Traumata und Wünsche begonnen hatten. Darüber schrieben sie als letzten gemeinsamen Akt, um zu der Frage beizutragen: »Wie können bürgerliche Individuen ihre bürgerliche Herkunft und ihre davon geprägte psychische Struktur soweit überwinden, dass sie zu einer kontinuierlichen Praxis befähigt werden?«[70]

Das Konzept der revolutionären Selbsterleuchtung bedurfte keiner zentralen Steuerung. Darin bestand sein Vorzug. Das erklärt seine Wirksamkeit. Nur so konnten die »versteinerten« Verhältnisse mit einigem Erfolg »zum Tanzen« gebracht werden, wie man seinerzeit sagte. Die Methoden unterschieden sich nach örtlichen Gegebenheiten. In Berlin erzielte ein grobschlächtiges, hinter dem mit aufgebrachten Studenten diskutierenden Regierenden Bürgermeister Klaus Schütz hochgehaltenes Plakat nur mäßigen Effekt: »Solche Idioten regieren uns: Phrasen dreschen, Knüppel ins Genick, das ist Berliner Schützenpolitik.« Im schwäbischen Biberach wirkte ein harmloses Liedchen, gesungen auf einer Wahlkampfveranstaltung Kiesingers, als geistige Splitterbombe. Der Vers »Maikäfer flieg, in Vietnam ist der Krieg, bei uns ist bis jetzt noch Ruh, schlaf CDU« brachte den Wahlkämpfer, die Polizei, ja die gesamte Kleinstadt außer Rand und Band.[71]

Derart verschiedene, jedoch gleichgerichtete Aktionen entstanden informell, waren nur lose im ständigen – kontroversen und libidinös durchsetzten – kommunikativen Austausch miteinander verquickt. Die Akteure wechselten im Reigen der Ereignisse. Die »revolutionären Bewusstseinsgruppen« (Dutschke) waren für Neuzugänge weit geöffnet. Sie einte der Gedanke: Wir halten uns nicht mehr an die Spielregeln – wir spielen unser eigenes Spiel. Die okkasionellen Verbindungen lebten von der »Agitation in der Aktion«.[72] Eine Zeit lang wurden sie treffend als Ad-hoc-Gruppen bezeichnet. Dem Schreiben und Drucken von Flugblättern, dem Kleben von Plakaten und Pinseln von Parolen folgten zu fortgeschrittener Stunde je nach Naturell verschiedene Aktionen zur Bewusstseinserweiterung: gemeinsames Haschischrauchen, erotische Experimente, einfach Musik hören oder die herrlichen Gespräche der Genossen am Abend unter sich. Die

Beteiligten agierten ohne Vorgaben, ohne Plan. Im Chaos fanden sie mit nachtwandlerischer Sicherheit zur Parallelaktion.

Während der Besetzung des Germanischen Seminars der FU erörterten die Eindringlinge die Frage, welche Parolen an die Wände gepinselt werden sollten. Klaus Hartung meinte, sie müssten diskutiert werden, erst dann dürften – im Sinne Brechts – »die Gedanken aus den Köpfen an die Wände«. Den Gegensatz zwischen Lust und selbstbestimmtem Lernen versuchte er mit dem Hinweis zu überbrücken, dass »Arbeitsgruppen und Musik zusammengehören« würden. Fritz Teufel verschaffte dem Gedanken Geltung »Revolution muss Spaß machen«; Ulrich Enzensberger wollte »unser Unbehagen materialisieren, zum Beispiel an den Wänden«. Hartung schlug stattdessen ein Moratorium vor: »Weil jeder Beschluss stalinistisch gegenüber denen ist, die jetzt nicht da sind.« Am Ende standen doch Empfehlungen wie diese an den Wänden: »Zieht die Magnifizenzen an ihren bürgerlichen Schwänzen.« Das Seminar hieß für einige Tage Rosa-Luxemburg-Institut, die Besetzer klauten aus der Bibliothek eine Reihe wertvoller Bücher und lagen des Nachts, wie der Geschäftsführende Direktor Peter Wapnewski bekümmert beobachtete, »die Kreuz und die Quer« auf allerlei Luftmatratzen und Schlafsäcken, machten »es sich auf revolutionäre Art gemütlich, weiblich wie männlich, Lust von einer Art genießend, die ihnen das Studium bisher vorenthalten« hatte.[73]

Die losen Zusammenschlüsse, die anarchischen Aktionen bildeten den gelebten Gegensatz zur kalten, rationellen Fassade des bundesdeutschen Verwaltungsstaats. Sie erschienen als Vorgriff auf die freien Assoziationen autonomer Individuen, wie sie Marx als herrschaftsfreien Endzustand seiner Utopie eher angetippt als beschrieben hatte. Jeder konnte sich seinen Platz suchen, ihn jederzeit wechseln, irgendwo zwischen den umherschweifenden Haschrebellen, Marx-Kursen, Störtrupps, gelegentlichen Massentreffen, Konzerten, einschlägigen Kneipen und den durchaus bürgerlich gebliebenen Sektoren des Lebens. Die Mathematiker druckten ihren »Roten Vektor«, die Germanisten erfreuten sich an dem Spruch »Schlagt die Germanistik tot, macht die Blaue Blume rot!«, die Romanisten pinselten »Dieses Seminar hat lang gepennt, jetzt kommt der rote Assistent!« und bei den Demonstrationen rief man ausgelassen: »Auf der Straße seid ihr Bullen, doch im Bett da seid ihr Nullen!«

Ihren politischen Angelpunkt fand die rasante Jugendbewegung in den kapitalismus- und imperialismuskritischen Theorien des SDS. In ihrer Allgemeinheit erlaubten sie, ohne besonderen argumentativen Aufwand alles und jedes »kritisch zu hinterfragen«. Auch das machte Spaß. Wie einfach das funktionierte, zeigt die Gründung der politischen Buchhandlung Polibula in Göttingen. Am Karfreitag 1970 nagelten die Angehörigen des Gründungskollektivs die Sperrholzregale zusammen und richteten den Laden her: Sie »ordneten die Kritische Theorie links ein, den Revisionismus rechts, die Probleme des Klassenkampfs in die Mitte, und legten die freie Liebe neben die Kasse. Dazu dröhnte aus einem Kassettenrekorder die Matthäus-Passion; noch hatten sich nicht alle Kollektivmitglieder von der bürgerlichen Hochkultur verabschiedet.«[74]

Schnell kam Gewalt ins Spiel, zum Beispiel Scheibeneinwerfen. Allerdings mussten dafür individuell unterschiedlich hohe Hemmschwellen überwunden, Gründe und moralische Imperative gefunden werden. Wie sich der Wandel vom bürgerlichen zum gemeinsam kämpfenden Individuum vollzog, dokumentiert ein Hamburger Flugblatt vom Februar 1968: »In Vietnam werden täglich Kinder mit Napalm verbrannt, und wir wagen noch nicht einmal Steine gegen Amerikahäuser, US-Generalkonsulate etc. zu werfen!!!«[75] Straßenschlachten, Blut und eingeschlagene Fensterscheiben konnten die neue Gemeinschaft »sinnlich erfahrbar« machen. Rudi Dutschke bezeichnete sie als »permanenten Lernprozess der an der Aktion

Beteiligten«. Hier machten sich Selbsterfahrungsgemeinschaften auf die Beine, die – wogegen oder wofür auch immer – mit der Droge »direkte Aktion« experimentierten. Der mäßig dosierte polizeiliche Verfolgungsdruck erhöhte die Gruppenwärme.

Am 1. Februar 1968 fand im Auditorium maximum der Technischen Universität Berlin das Springer-Hearing statt. Vorweg lief ein Film über die Herstellung und den Gebrauch von Molotowcocktails; der Streifen endete mit einer Nahaufnahme des Springer-Hochhauses in Berlin. Später wurde der Film wiederholt. Der Sprecher ließ die Bemerkung fallen, dass es, von der Zentrale abgesehen, noch 21 Springer-Filialen gebe.[76] Auf einem graphisch und literarisch höchst anspruchsvoll aufgemachten Flugblatt wurden »Anleihen der Antispringerkampagne« aufgelegt. Zum Kapitalertrag hieß es: »Die Zinsen werden von den Inhabern selbst bestimmt und können durch gemeinsame Aktionen gegen das Springerhochhaus Berlin und alle Zweigstellen des Springer-Konzerns Tag und Nacht eingelöst werden.« Am Ende fragte derjenige, der die Anleihe aufgelegt und den Text erdacht hatte: »Worauf wartet ihr? Feinfühligkeit gegenüber dem Feind bedeutet Brutalität gegenüber der Revolution.«[77] Schon in der folgenden Nacht schritt man zur Tat. Axel Springer rief Bundestagspräsident Eugen Gerstenmaier an und fragte: »Was soll ich tun?« – Gerstenmaier riet zur Strafanzeige.[78]

Hannah Arendt beschreibt in ihrem Buch »Elemente und Ursprünge totalitärer Herrschaft«, wie sich von totalitären Weltanschauungsverbänden immer wieder Kleingruppen abspalten, die noch radikaler und ideologisch und noch reiner sein wollen. Sie bezeichnet diese als Frontorganisationen, zum Beispiel: NSDAP > SA > SS > SD > SS-Verfügungstruppen > SS-Totenkopfverbände usw. Nach diesem Muster entstanden aus der generellen Gewaltverherrlichung die terroristischen Grüppchen. Die in den örtlichen linken Szenen jeweils gut bekannten Mitglieder verbreiteten bald Angst und Schrecken, Mord und Totschlag.

Auch wenn der Roten Armee Fraktion (RAF), der Bewegung 2. Juni, den Revolutionären Zellen oder der feministischen Roten Zora nur wenige der Rebellierenden folgten, entstammen die Terroristinnen und Terroristen doch der Achtundsechzigerrevolte. Die Übergänge zwischen einem Hamburger »Kommando grüner Juni – die revolutionären Dekorateure«, die den Garten des örtlichen Landgerichtsdirektors mit einer ätzenden Chemikalie verwüsteten, und massiver, direkt gegen Menschen gerichteter Gewalt blieben fließend. Es ist unredlich, die angeblichen oder tatsächlichen emanzipatorischen Effekte des Protests – Demokratisierung, Frauenpower, Schwulenspaß, ökologisches Bewusstsein und überhaupt alles Gute und Schöne – davon abzutrennen. Die einstigen Kampfgenossen benutzen Terrorgruppen wie die RAF oder besonders unsympathische Einzelpersonen wie Andreas Baader heute als Sündenböcke, mit deren Hilfe von den eigenen Schandworten und -taten abgelenkt wird. Interessanter als die RAF sind die gemeinsamen Anfänge.

In aller Deutlichkeit äußerte sich die Lust an der Gewalt nach dem Osteraufstand, der dem Attentat auf Rudi Dutschke am 11. April 1968, dem Karfreitag, folgte. An dem Aufruhr, der noch am Abend losbrach, beteiligten sich täglich zwischen 5000 und 18 000 junge Leute in 26 Städten der Bundesrepublik. Während der Belagerung des Münchner Buchgewerbehauses, dem Druckort der lokalen Ausgabe der *Bild*-Zeitung, wurden der Student Rüdiger Schreck und der Pressefotograf Klaus Frings von Pflastersteinen tödlich getroffen. Trotz gegenteiliger Mutmaßungen eines APO-Untersuchungsausschusses wurden diese Steine mit an Sicherheit grenzender Wahrscheinlichkeit von Demonstranten geworfen.

Zwei Tage später setzte Kiesinger eine Zusammenkunft mit Vertretern des Verbands Deutscher Studentenschaften an, die er per Luftwaffenmaschine ins Württembergische fliegen ließ. Er suchte auch das Gespräch mit Repräsentanten des SDS. Allerdings verlangte er zuvor den öffentlich erklärten Verzicht auf Gewaltakte gegen Personen und Sachen. Die SDS-Führer verweigerten dieses Zugeständnis.[79] Stattdessen berauschten sich die nach dem Tod von Benno Ohnesorg abermals Radikalisierten und ihre informellen Sprecher in Kampfgewittern. Das dokumentierte Bundesinnenminister Ernst Benda am 30. April 1968 im Bundestag auf eindrucksvolle Weise. Seine Rede basierte auf dem sehr viel umfangreicheren Bericht des Verfassungsschutzes und zeigt nur einen keinesfalls übertriebenen Ausschnitt:[80]

»In München haben die Aktionen der radikalen Minderheit zwei Todesopfer gefordert. Als bisher einzige der an den Aktionen beteiligten Gruppen hat der Liberale Studentenverband seine Mitverantwortung für diesen sinnlosen Tod öffentlich anerkannt. Der 2. Vorsitzende des SDS, Frank Wolff, hat zwar sein Bedauern über den Tod des Journalisten Frings ausgesprochen, aber zugleich erklärt, dass man jetzt ›auch nicht rührselig werden‹ dürfe. Herr Mahler, der als Beruf Rechtsanwalt angibt, hat nach Bekanntwerden des Todes von Frings erklärt, dass man ›von vornherein mit solchen Unglücksfällen gerechnet‹ habe. Auf Vorhaltungen bestürzter Studenten sagte er: ›Wir haben niemanden für so dumm gehalten, dass man das öffentlich erklären muss. Wenn ich mich an das Steuer eines Wagens setze, muss ich auch damit rechnen, dass vielleicht ein Reifen platzt.‹«

Von dieser Bemerkung Mahlers distanzierte sich die SDS-Führung. Ohne den allseits verehrten Urheber namentlich zu nennen, erklärte sie: Es sei »schlichter Unsinn, die politische Gewaltsituation, in der wir stehen, mit der Gefahrenzone des Straßenverkehrs öffentlich und nachdrücklich gleichzusetzen«.[81] Die Kritik Bendas fiel wesentlich klarer aus: »Der Zynismus, der den durch einen Pflasterstein verursachten Tod für einen Betriebsunfall hält, entspricht für mein Empfinden sehr viel mehr dem Verhalten eines Menschen, der sich in betrunkenem Zustande an das Steuer eines Autos setzt. Er wird natürlich nicht die Absicht haben, andere zu töten, aber er weiß oder müsste wissen, dass sein eigenes Verhalten mit hoher Wahrscheinlichkeit solche Folgen hat. Nach der Überzeugung unserer Rechtsordnung handelt ein solcher Täter kriminell. Wer darüber hinaus von vornherein mit Todesfällen als Folge seiner Aktionen rechnet und dennoch tätig wird, handelt im Rechtssinn mit Eventualvorsatz, Dolus eventualis, der ebenso wie der direkte Tötungsvorsatz strafbar ist.«

Im weiteren Verlauf seiner Rede setzte sich Benda mit der Frankfurter SDS-Führung auseinander und verlas die Kampfparolen, die dort am 15. April ausgegeben worden waren: »Bildet Greifertrupps von zwölf Mann Stärke, die besonders tatkräftige Polizisten schnappen und zusammenschlagen. Das Anzünden umgestürzter Autos und das Werfen von Molotow-Cocktails sind ab sofort als Notwehr zu betrachten. Warum sollten wir davor zurückschrecken, den Polizeibeamten die Daumen in die Augen zu drücken?« Ebenso zitierte der Innenminister die Worte, die der Frankfurter SDS-Funktionär Udo Riechmann »nach den Todesopfern« in München gefunden hatte: »Ich bedaure, dass in Frankfurt zwei Kaufhäuser gebrannt haben; ich würde es lieber sehen, der Societäts-Verlag und das amerikanische Generalkonsulat gingen in Flammen auf.«[82]

Befreiung vom Elend der Gegenwart

Guerilleros, Prügellehrer, Sittenwächter

Die weltpolitischen Realitäten befeuerten den ethischen Rigorismus der Jugend täglich. Das Bundesinnenministerium sah in seiner 1968 erarbeiteten Analyse »Unruhe in der Jugend« tatsächliche »Problembelastungen«, denen schwer beizukommen sei. Beispielsweise stehe jedes Argument für die amerikanische Kriegsführung in Vietnam sofort im Geruch der Rechtfertigung. 1967/68 versuchten Dutzende Befreiungsbewegungen, etwa in Angola oder Mosambik, das koloniale Joch abzuwerfen. Über lange Zeit hatte Frankreich den blutigen Algerienkrieg geführt. In Lateinamerika trieben wüste Gewaltherrscher ihr Unwesen – »im Hinterhof der USA«. Zehn Tage vor der Eröffnung der Olympischen Sommerspiele 1968 in Mexiko ging das Militär dort gegen Studenten vor, die einen demokratischen Staat verlangten. Bei dem Massaker vom 2. Oktober 1968 fuhren die Soldaten mit Panzern in die Menge, schossen und töteten an die 500 Demonstranten. Die Spiele fanden statt, als wäre nichts gewesen.

In den USA brachen 1967 und 1968 Aufstände der Schwarzen aus; die gesetzliche Gleichstellung aller US-Bürger musste noch erstritten, die Rassentrennung in den Schulen überwunden werden. Von den 17 500 an der New Yorker Columbia University immatrikulierten Studentinnen und Studenten waren Anfang 1968 exakt 77 schwarzer Hautfarbe.[83] Nachdem

Martin Luther King am 6. April 1968 ermordet worden war, meldete der deutsche Generalkonsul aus Chicago: »Die Bilanz nach drei Tagen der schwersten Neger-Ausschreitungen in dieser Stadt seit Jahrzehnten sah so aus: 12 000 Mann Nationalgarde und Armee im Stadtgebiet konzentriert, zehn Tote, 500 Verletzte, 3000 Verhaftete und mehrere hundert ausgebrannte Gebäude.«[84]

In Europa, auf der iberischen Halbinsel, herrschten noch die faschistischen Diktatoren Salazar und Franco; das spanische Regime ließ militante Gegner mit der Garotte erwürgen. Das Auswärtige Amt berichtete über die Studentenunruhen in Spanien: »Zwischen der Regierung und der Studentenschaft herrscht Kriegszustand. Die Auseinandersetzung wird von der Regierung mit blinder Brutalität geführt.«[85] Im NATO-Staat Griechenland putschten sich im April 1967 Obristen an die Macht, mordeten und folterten unter den Augen der westlichen Verbündeten.

Die Bundesrepublik pflegte mit den westeuropäischen Diktaturen möglichst normale diplomatische Beziehungen. Was hätte die übel beleumundete, international isolierte Rechtsnachfolgerin des Dritten Reiches anderes tun sollen? Das würde man heute als mildernden Umstand gelten lassen. Damals nicht, und die Behörden reagierten passend. So verweigerte das Rektorat der Universität Bonn dem Allgemeinen Studentenausschuss, also der offiziellen gewählten Studentenvertretung, 1967 den Raum für eine politische Diskussion zum Thema »Diktatur in Griechenland«. Zur Begründung ließ der Prorektor wissen: Es gehe nicht an, »gegen die Innenpolitik eines befreundeten Staates Stellung zu nehmen«.[86]

Im Juni 1967 führte Israel den Sechstagekrieg gegen Ägypten, Syrien und Jordanien. In der Folge blieb der Suezkanal für acht Jahre geschlossen. Das symbolisiert den prekären Spannungszustand der damaligen Welt. Die Atomraketen aufeinander gerichtet, hielten die beiden feindlichen Blöcke die politische Betriebstemperatur auf null; an den Rändern brannte die Welt lichterloh. In seinen Volkskriegsphantasien machte Rudi Dutschke die folgende Rechnung auf: »Zu Beginn des Jahres 1958 waren 23 Aufstände in der Welt im Gange. Am 1. Februar 1966 gab es 40.«[87]

Die linksradikale Tagesparole lautete, den Kampf in den industrialisierten Metropolen mit dem an der Peripherie zu verbinden, um so die Menschheit zu befreien. Das schien nicht aussichtslos und moralisch gerechtfertigt. Der Oberkommandierende der US-Streitkräfte, General William Westmoreland, kündigte an, die US-Luftstreitkräfte würden Nordvietnam »notfalls in die Steinzeit zurückbomben«, falls die Bombardierten nicht »um Gnade winseln« würden. Den barbarischen Drohungen zum Trotz winselten die südvietnamesischen Vietcong nicht, sondern starteten im Januar 1968 die Tet-Offensive und stürmten für einen symbolisch bedeutsamen Moment den Seitenflügel der US-Botschaft in Saigon.

Wie der Verfassungsschutz 1967/68 zu Recht, doch irrigerweise beruhigt, feststellte, hielten die studentischen Ruhestörer zu den bekannten altkommunistischen, von der DDR alimentierten Gruppen Distanz. Größere Nähe zu den verknöcherten Kadern hätte den Revolutionsspaß vermiest. Nach den Erkenntnissen der V-Leute nutzte Rudi Dutschke den 17. Juni 1967, den arbeitsfreien Gedenktag für die Opfer des DDR-Aufstands von 1953, um mit den »terroristischen und bürokratischen Methoden des Kommunismus in der Sowjetunion und in Mitteldeutschland« scharf ins Gericht zu gehen. In seinem Tagebuch vermerkte Dutschke: »Erstmals von unserer Seite eine ›zweite Revolution‹ für die DDR, Osteuropa und die S[owjet] U[nion] gefordert.«[88] Allerdings sprach er nach einem Stasi-Protokoll vom Januar 1967 schon länger »ausschließlich vom Scheiß-Sozialismus in der DDR«.[89] Im Herbst 1968 vermeldete der Verfassungsschutz fast beglückt: »Keine Solidarisierung zwischen Kommunisten und SDS zu erwarten.«[90]

Am schulfreien 17. Juni 1967 gründete sich das SDS-inspirierte Aktionszentrum unabhängiger und sozialistischer Schüler (AUSS) in Frankfurt. Dort referierte Willy Brandts ältester Sohn Peter über die Zumutungen des Kalten Kriegs unter der Fragestellung »Warum der 17. Juni gestorben ist«. Wie der Verfassungsschutz mitteilte, forderten die versammelten Gymnasiasten Zweierlei: die gründliche Reform der »seit dem Ende des 19. Jahrhunderts unverändert gebliebenen patriarchalischen Schulstruktur« und »in aller Breite Aufklärung über den Geschlechtsverkehr einschließlich aller Perversionen«. Allen voran verlangte der junge Brandt die Pille für jedes geschlechtsreife Mädchen und »den Abbau der sexuellen Diskriminierung von Schülern durch die Schulautorität«.[91]

Noch spielten sich viele Lehrer als Gewalthaber auf. Gemäß herrschender, auf das Reichsgericht gestützter Rechtsprechung war es ihnen »gewohnheitsrechtlich« erlaubt, Schüler mit Stockschlägen zu traktieren. Nicht ohne Grund warnten Frankfurter Schüler und Studenten 1969: »Gegen prügelnde Lehrer wehren wir uns in Zukunft mit Prügel!«[92] Erst im Oktober 1970 stimmte der Bayerische Landtag nicht etwa einem Gesetz, sondern einer Bitte zu: »Die Staatsregierung wird ersucht, an bayer. Schulen die Anwendung körperlicher Züchtigung zu untersagen und für die psychologische Betreuung besonders schwieriger Kinder zu sorgen.« Im Jahr 1972 erklärte die Hamburger Schulbehörde das Schlagen von Schülern für rechtens, sofern es »maßvoll und angemessen und außerdem zu Erziehungszwecken vorgenommen« werde. Ebenfalls in Hamburg schlug ein sechzigjähriger Lehrer 1970 mit Fäusten auf eine Referendarin ein, die er für eine Schülerin hielt. Die Kollegin erlitt eine Gehirnerschütterung und blieb vier Wochen dienstunfähig. Im Jahr 1975 musste sich die Bundesregierung mit einer Kleinen Anfrage zur schulischen Züchtigungspraxis befassen. Die Regierung beruhigte den fragenden Abgeordneten mit der Auskunft, das Züchtigungsrecht der Lehrer sei mittlerweile durch entsprechende Verwaltungsvorschriften der Länder »in weitgehendem Umfang« eingeschränkt worden. Ein strafrechtlich wirksames Verbot lehnte sie »jedenfalls zunächst« ab.[93]

Anders verhielt es sich in der DDR. Im Februar 1952 beseitigte das Oberste Gericht die Züchtigungsbefugnis von Lehrern. In dem Urteil heißt es unter ausdrücklicher Abkehr von der Rechtsprechung des »reaktionären Reichsgerichts«: »Die Erziehung in der Deutschen Demokratischen Republik muss sich nach den Grundsätzen einer fortschrittlichen Pädagogik orientieren. Die körperliche Zuchtigung als Mittel der Erziehung muss scharf bekämpft werden.« Das Gericht stellte die heranwachsende Generation »in unserem Staat unter besonderen Schutz«, verbot die »alten, überlebten Erziehungstendenzen« ohne Wenn und Aber und stellte die körperliche Züchtigung von Schülern unter Strafe.[94]

Nicht so deutlich, doch erheblich, unterschied sich die Praxis der schulischen Sexualaufklärung in den beiden deutschen Staaten. Auch insoweit erging es den Zonenkindern besser. In der DDR hatte Walter Ulbricht 1958 höchstselbst auf dem V. Parteitag der SED die »natürliche Aufklärung« der Kinder verlangt, um sie vor »Schwierigkeiten und Konflikten« zu schützen. Fortan wurde in den DDR-Schulen Sexualkunde unterrichtet.[95] Unvorstellbar, dass sich Ulbrichts westlicher Widerpart Adenauer jemals zu solchen Sätzen durchgerungen hätte. Als in der Bundesrepublik 1966 »immer mehr«, und das in der Öffentlichkeit, diskutiert wurde, »die sogenannte ›Aufklärung über geschlechtliche Fragen‹« in die Lehrpläne der Schulen aufzunehmen, lief der Deutsche Familienverband dagegen Sturm und befand: Das »Gespräch über Leibgeschlechtlichkeit« sei in erster Linie Aufgabe des Elternhauses.

Immerhin bequemte sich der Schulausschuss der Ständigen

Konferenz der Kultusminister (KMK) Ende 1966 dazu, die Frage »zu prüfen«. Im November 1967 erließ das Bundesland Hessen Richtlinien zur Sexualaufklärung an den Schulen. Sie sollten zu Beginn des Schuljahrs 1968/69 in Kraft treten und wurden für »das größte Wagnis im deutschen Schulwesen seit dem Kriege« gehalten. Sie sahen vor, das »heikle Problem der sexuellen Perversionen« in den Unterricht einzubeziehen. Die *Welt am Sonntag* befürchtete in ihrem Bericht über die Einzelheiten des hessischen Erlasses, die Richtlinien würden »manch braven Familienvater fast zu Tode erschrecken«. Der Landesvorsitzende der Gewerkschaft Erziehung und Wissenschaft betrachtete die Aufklärung von Volksschulabgängern über die Tatsache der Homosexualität als »glatte Verführung«. Sein gewerkschaftliches Gewissen gebot ihm zu verhindern, dass die Lehrerschaft von heute auf morgen »in eine solche Sache hineinkommandiert« werde. Es erschien ihm »abenteuerlich«, mit »total kindlichen Landjungen über Wesen und Ursachen der großstädtischen Prostitution« zu reden.[96]

Nachdem die Revolte längst auf die Gymnasiasten übergesprungen war, entschloss sich die KMK Ende 1968 zu einer Empfehlung zur Sexualpädagogik, die dann peu à peu von jedem Landesministerium in Erlasse gegossen werden sollte. Bayern führte »das neue Unterrichtsgebiet Sexualerziehung verpflichtend« Ende 1969 ein. All das geschah infolge des öffentlichen Drucks. Plötzlich erschienen die Richtlinien »aus politischen Gründen dringend geboten«. Doch selbst im vergleichsweise progressiven Hessen ging es recht verhalten zu. Im Sommer 1969 gab die sozialdemokratische Bundesgesundheitsministerin Käte Strobel den ersten offiziellen Sexualkunde-Atlas für deutsche Schulen heraus, erarbeitet von der Bundeszentrale für gesundheitliche Aufklärung. Die Darstellungen beschränkten sich auf Schemazeichnungen. Die dank ihres reformerischen Elans hoch geschätzte Staatssekretärin im hessischen Kultusministerium Hildegard Hamm-Brücher reagierte pikiert: Dieses Buch »würde ich meiner 14-jährigen Tochter nicht in die Hand geben«. Die KMK distanzierte sich in aller Form. Zunächst gab nicht ein Landesministerium den Atlas für den Unterricht frei. Das Feuilleton der *Frankfurter Allgemeinen Zeitung* entrüstete sich über die »schnöde Sprache« und über den Gebrauch des Wortes »Lust«.[97] Ende 1970 bot die Bundeszentrale für gesundheitliche Aufklärung den Länderministerien an, die Broschüre »Psychosexuelle Grundlagen der Entwicklung«, verfasst von Tobias Brocher, an alle Schulen zu verschicken, zunächst als »Prüfstücke für die Lehrerbibliotheken«.[98]

Das braune Wunder in Berlin-Neukölln

Die Jugendlichen lebten in einem Land, in dem der Busen der Knef ebenso verboten war wie die Kommunistische Partei und in dem die DDR nicht DDR genannt werden durfte. Der bis Ende 1966 tätige Vizekanzler Erich Mende (FDP) stolzierte mit dem Ritterkreuz herum, das ihm Adolf Hitler verliehen hatte. Hoteliers und Vermieterinnen setzten sich dem Verdacht der Kuppelei aus, sofern sie Unverheiratete im Doppelzimmer beherbergten; uneheliche Kinder und deren Mütter galten bis zum 30. Juni 1970 als Personen minderen Rechts, Homosexuelle als Verbrecher. Im Bundestagswahlkampf schmähten CDU-Kontrahenten den SPD-Kandidaten Willy Brandt als uneheliches Kind und Emigranten – sprich: als Vaterlandsverräter. Die CSU klebte Plakate mit der Überschrift »… an ihren Früchten sollt ihr sie erkennen«. Darauf prangte ein Porträt des rundlichen »Prof. Dr. Ludwig Erhard«, daneben das Passfoto eines Uniformierten: »Willy Brandt – als norwegischer Major in Berlin 1946«. Darunter standen die Titel von Büchern, die beide veröffentlicht hatten: für Erhard »Wohlstand für alle« und »Deutsches Gemeinschaftswerk«, für

Brandt »Verbrecher und andere Deutsche« und »Guerilla-Krieg«.[99]

In der Schule lernte ich bei meiner ostpreußischen Geographielehrerin Fräulein Bugsch alles über die Kurische Nehrung und die wundervolle Bernsteinküste von Palmnicken, nichts über das Sauerland. In jeder Schule hingen Plakate der Bundeszentrale für politische Bildung, die das schwarz-rot-gold gefärbte, von Stacheldrahtbarrieren durchschnittene Deutsche Reich von Aachen bis Königsberg zeigten. Darüber prangte der flammende Aufdruck: Dreigeteilt niemals! Offiziell standen Breslau und Danzig »unter polnischer Verwaltung«, Königsberg und Tilsit unter sowjetischer.

Gegen diesen Immobilismus hatte der SDS im Sommer 1964 beschlossen, die Oder-Neiße-Grenze und die Existenz zweier deutscher Staaten anzuerkennen und Kontakte zur FDJ, der staatlichen Jugend- und Studentenorganisation der DDR, aufzunehmen. Auch solche Aktivitäten hatten zum Bruch mit der SPD geführt.

Der Innenminister ließ kaum eine Gelegenheit aus, das Fernsehen zur »objektiven«, sprich staatsnahen Berichterstattung zu ermahnen.[100] Joachim Fest, der spätere Mitherausgeber der *Frankfurter Allgemeinen Zeitung*, wurde wegen seiner liberalen Moderation des Fernsehmagazins *Panorama* derart geschurigelt, dass er 1967 seinen Posten niederlegte. Ende 1966 erklärte der Berliner Senat nach einer harmlosen Spaziergangsdemonstration auf dem Kurfürstendamm: Die Stadt brauche keine »arbeitsscheuen Provokateure«. Der Rektor der Freien Universität meldete über die »Provos« entsetzt: »An ihren Rockaufschlägen trugen die jungen Radikalinskis Bilder des rotchinesischen Parteichefs Mao.«[101] Es fiel nicht schwer, die Behörden des verstockten Rumpfstaats zu provozieren.

Die Rebellierenden bezeichneten den Staat bald mit stupender Regelmäßigkeit als post-, wahlweise als präfaschistisch oder vage als (tendenziell) faschistoid. Wichtiger war die mentale Verfassung der bundesdeutschen Mehrheitsgesellschaft. Sie, nicht so sehr der Staat, trug das nazistische Restgift in sich. Die Leute pflegten den keifigen Ton und das gespannte Verhältnis zur Idee der Freiheit. Beides provozierte die Protestbewegung und schlug auf sie durch. Skandalös, so befand ein Springer-Kolumnist, dass die FU-Studentenvertreter es im Sommer 1965 wagten, Gisela May aus Ostberlin mit Brecht-Songs an der FU auftreten zu lassen – »eine linientreue, fanatische Kommunistin übrigens, die den Bau der Mauer emphatisch begrüßt hatte«. Auf dem Sündenkonto der »Wirrköpfe« stand auch die Einladung an »den exaltierten Linksliteraten Erich Kuby«, die »Magnifizenz Professor Lüers« in »statutengemäßer Ausübung des Hausrechtes« vor dem Auftritt der May – gottlob – verhindert hatte.[102]

Kuby sollte am 8. Mai 1965 zum zwanzigsten Jahrestag der deutschen Kapitulation sprechen – damals ein Undatum, das nach dem Willen der Bundesregierung »ein Tag stiller Besinnung werden« sollte. Auch deswegen stoppte der Rektor der Freien Universität den Auftritt von Kuby, der das noch immer lesenswerte Buch »Die Russen in Berlin« veröffentlicht hatte. Der »undefinierte Kapitulationstag« symbolisierte die »vielen anderen peinlichen Ungereimtheiten im Selbstverständnis der Bundesrepublik«.[103] Es dauerte noch einmal zwei Jahrzehnte, bis Richard von Weizsäcker 40 Jahre nach der deutschen Niederlage im Bundestag über den Zweiten Weltkrieg und die deutschen Verbrechen die Worte finden konnte, die erst dann mehrheitlich akzeptiert wurden. Bis heute steht die förmliche Anerkennung der Tatsache aus, dass die von Deutschland überfallene Sowjetunion die meisten Kriegsopfer zu beklagen hatte.

Am 9. November 1967 entrollten zwei Hamburger Studenten während des festlichen Rektoratswechsels das berühmt gewordene Transparent »Unter den Talaren – Muff von 1000 Jahren.« Prompt entfuhr es einem der Talarträger, dem Ordinarius für Islamkunde Dr. phil., Dr. theol. Berthold Spuler, »in der Erregung des Augenblicks«: »Sie gehören alle in ein Konzentrationslager.«[104] Der Mann hatte seine Karriere 1939 in Göttingen begonnen. Da Nazi-Deutschland eine spezielle Araberfreundschaft entwickelt hatte und einerseits über den Kaukasus nach Basra, andererseits in Nordafrika zum Suezkanal vorstoßen wollte, wird Spuler damals ein gefragter Nachwuchswissenschaftler gewesen sein.

Am 19. August 1967 erlebten einige studentische Aktivisten in Berlin-Neukölln ihr braunes Wunder. Sie störten dort die amerikanische Militärparade, verteilten ein zahmes Flugblatt gegen den Vietnamkrieg und blockierten die Straße. Die amerikanischen Soldaten stoppten, traten auf der Stelle. Dann griffen Polizei und Publikum ein. Wie die Demonstrantin Jaël Botsch ihre Festnahme erlebte, berichtete der *Telegraf*: »Unterdessen schrie die Menge das Übliche: ›Kommunistenschweine‹ und ›Geht arbeiten‹ und ›Euch hätte man in der Nazizeit vergast‹, worauf [Frau Botsch] zurückrief: ›Völlig richtig, ich bin Jüdin‹.« Passend dazu erklärte die Pressestelle der Polizei, man habe einige Demonstranten, die in den Bereich polizeilicher Maßnahmen geraten seien, »in Schutzhaft genommen«. Die Studentin Sabine Goldbach gab zu Protokoll, wie etwa 30 bis 40 Personen auf sie einschlugen: »Aus der Menge kamen Rufe: ›Du Studentensau‹, ›Euch sollte man in Arbeitslager stecken‹, ›Bei Hitler gäbe es ein solches Saupack, wie ihr es seid, nicht‹, ›Geht doch nach dem Osten, da lernt ihr, was Diktatur ist‹, ›Euch sollte man vergasen‹.« Die Mitdemonstrantin Karin Klandat bezeugte, wie die Frauen ihre Männer beim Prügeln anfeuerten und vor einem Polizeiwagen, in dem einige Festgenommene saßen, riefen: »Gebt sie uns doch raus! Wir wüssten schon, was wir mit denen machen müssen!«

Anschließend bekundete der CDU-Abgeordnete Karl-Heinz Schmitz seine »aufrichtige Bewunderung« für die Neuköllner

Bürger, weil sie »dem Treiben anarchistischer und terroristischer Minderheiten« nicht tatenlos zugesehen, sondern in »zulässiger Weise eingegriffen« hätten.[105] Auf die zwei Wochen später von einem Redakteur der *Zeit* gestellte Frage, ob er Prügel als legitimes Mittel gegenüber Andersdenkenden ansehe, erwiderte er: »Ja, soweit der Bürger ein gesundes Empfinden dafür hat, wie weit er gehen kann.« Der Fragesteller hakte nach: »Also Faustrecht zur Abwehr einer Beleidigung?« Schmitz: »Das kann durchaus angemessen sein.«[106]

Die Schmähpost an den »Rechtsverdreher« Horst Mahler ließ an Deutlichkeit nichts zu wünschen übrig. Ein Anonymus kundigte dem »Kommuneanwalt« an: »Alter Strolch. Dir wird's dreckig gehen! 2 uneheliche Kinder haste.« Ein anderer unterschrieb schlicht mit einem Hakenkreuz und teilte dem Verteidiger der »Satansbrut Teufel, Langhans, Dutschke« mit: »Auch Ihnen geht es an den Kragen, Sie elendes dreckiges Schwein!« Ein weiterer Briefschreiber wollte die Kanzlei Mahlers »dem Erdboden gleichmachen«.[107] In diese gesellschaftliche Grundstimmung hinein setzte die *Bild*-Zeitung am 6. Februar 1968 ihren Aufmacher »Stoppt den Terror der Jungroten« – daneben ein Dutschke-Foto. Fünf Wochen später fielen die Schüsse auf Rudi Dutschke.

Zwischen Kazettle, Stillstand und Modernisierung

All das korrespondierte mit den Lebenserfahrungen der Studenten auf eigentümliche Weise. Wer in den Fünfzigerjahren beispielsweise im schwäbischen Leonberg groß wurde, der wusste, dass die sudetendeutschen Flüchtlinge in »Klein-Warschau« und »Klein-Moskau« hausten. Dass die Namen ehemalige Zwangsarbeitslager für Polen und Russen bezeichneten, erschloss sich viel später. Nachdem die heimatvertriebenen

Schlamkows und Binoscheks in die neuerbauten Schwedenhäuser und Siedlungen hatten einziehen können, folgten italienische Gastarbeiter, umgangssprachlich: Fremdarbeiter. Dann hatten die grünen Holzbaracken ausgedient. Im Krieg waren 7000 Zwangsarbeiter in der Kleinstadt einquartiert gewesen, jetzt stellten die Flüchtlinge mehr als die Hälfte der Einwohner. Sie bekamen eine katholische Kirche gebaut, ohne Turm, versteht sich.

Am Nachmittag traf man sich gern auf dem Bloßenberg. »Gah' ma aufs Kazettle«, lautete die Verabredung. Dort stand ein mit gelblichem Rauputz versehenes Betonkreuz, und die Älteren erinnerten sich noch an die Exhumierungen von rund 400 Toten zu Beginn der Fünfzigerjahre, einer sei überhaupt nicht verwest gewesen. Der Begriff Kazettle, den wir Kinder nicht enträtseln konnten und der einfach als Flurname gebraucht wurde, meinte das Außenlager Engelbergtunnel des KZs Natzweiler-Struthof.

In einer anderen schwäbischen Kleinstadt machten die Schüler Waldläufe zur Polenlinde; so bezeichnet, weil dort 1942 zwei Polen wegen verbotener Liebesbeziehungen zu »Arierinnen« öffentlich gehenkt worden waren. Außer von Kriegsverbrechen an Deutschen wusste man in Leonberg von keiner anderen Untat zu berichten. In Dresden waren bei englischen Bombenangriffen »mehr als 300 000 Menschen verbrannt«; diese um das Zehnfache überhöhte Zahl kannte man. Zwei Tanten waren Kriegerwitwen, der eine Onkel war von italienischen Partisanen erschossen worden (»völkerrechtswidrig«), der andere bei Heiligenbeil gefallen. Dem einen oder anderen Vater der Nachbarkinder fehlte ein Bein oder ein Arm. Im Übrigen galt der Satz: Krieg ist immer grässlich.

Gewalt und Sadismus zwischen den Kindern waren an der Tagesordnung. Heute würden die Zeitungen sofort empört fragen: »Wie konnte die Gesellschaft so lange wegsehen?« Damals interessierte das kaum; kein Wunder in einer Gesellschaft, aus deren Mitte 18 Millionen Männer schießend, plündernd und mordend durch ganz Europa gezogen waren. Als »Judenfürzle« bezeichnete man sowohl kleine Silvesterknaller als auch trockene Waldreben, die man rauchen konnte. War die Klasse mit 56 Kindern laut, ging es zu »wie in einer Judenschule«; war es im Zimmer unordentlich, sah es aus »wie bei den Hottentotten«. Das Kultfahrrad für Buben stammte von der Firma Vaterland, preußischblau gespritzt. Nervte man die Eltern mit irgendwelchen Wünschen, die diese nicht erfüllen wollten oder konnten, hieß es: »Nein, da kannst du betteln bis zur Vergasung!« Die damals noch weitverbreitete Redewendung war schon in den Zwanzigerjahren gebräuchlich. Sie soll auf die Erfahrung des Giftgaseinsatzes im Ersten Weltkrieg zurückgehen oder nur auf den physikalischen Wechsel der stofflichen Aggregatzustände bei unterschiedlichen Temperaturen. Doch musste sie das Erschrecken befördern, sobald die so Erzogenen von den Gaskammern erfuhren, die Deutsche zwischen 1940 und 1945 betrieben hatten.

Wurde 1956 noch allein der Schul-Abort während der Ferien saniert und hernach vom stolzen Rektor Steimle jeder Klasse einzeln vorgeführt, schossen bald Gymnasien und Turnhallen aus dem Boden, wurden unbefestigte Straßen geteert. Steimle war eine bedeutende Figur am Ort, einer seiner Brüder leitete das Amtsgericht, der andere, Eugen, war, wie ich später erfuhr, Chef eines Einsatzkommandos in der Sowjetunion gewesen. Die Felder pflügten die Bauern noch mit Pferden. Die Misthaufen, die es zu Anfang noch in der Kreisstadt gegeben hatte, verschwanden rasch, die nahen Äcker wurden zugebaut. Der Rektor der Spitalschule litt an starkem Reizhusten, spuckte gelegentlich »Grüne« ins Waschbecken und befahl einem der Mädchen in den vorderen Bänken: »Wisch das aus!«

Ich hatte immer den Religionsunterricht besucht und mochte das Fach. Als meine Konfirmation nahte, reiste die sechsköpfige Familie 150 Kilometer nach Norden zu einem mit einer Tante befreundeten Pfarrer. Dort wurden wir Kinder getauft, die Eltern kirchlich getraut. Es dauerte lange, bis ich begriff, was hier zurechtgebogen worden war. Offensichtlich waren die Eltern bei ihrer Hochzeit 1942 aus der Kirche ausgetreten.

Die beschriebenen Zustände können für große Teile der Westrepublik als typisch gelten. Bernward Vesper beschreibt sie in seinem Roman »Die Reise« noch sehr viel dramatischer. Er wurde auf ähnliche Weise getauft.

Gemessen an den gesellschaftlichen Verhältnissen der westdeutschen Bundesstaaten konnte Westberlin lange vor der Studentenrevolte als Oase der Liberalität und Reformfreude gelten. Auch deshalb wurde die Stadt für junge Leute attraktiv. Umgekehrt betrachtet bedeutet das: Die alte Bundesrepublik exportierte in den Sechziger- und Siebzigerjahren Jugendliche, die unter dem heimatlichen Modernisierungsstau rebellisch geworden waren, ins vergleichsweise freiheitliche, nicht von nachbarschaftlicher Sozialkontrolle durchherrschte Westberlin, und dort schlugen die Repressionsflüchtlinge erst recht über die Stränge. Anschließend mokierten sich Politiker wie Filbinger oder Strauß über die angeblich unfähigen Berliner Stadtregenten, die der importierten Plage ratlos gegenüberstanden und sich an der Frage zerstritten, ob sie ihre betonte und bislang bewährte Reformfreude beibehalten oder zu reaktionärerer, gewissermaßen süddeutscher Härte übergehen sollten.

Betrachtet man das so, wäre eine Reparationsleistung der konservativen Weststaaten an Berlin längst fällig: vielleicht 20 000 Euro pro westdeutschem Repressionsflüchtling, zu verzinsen mit fünf Prozent seit dem 1. Januar 1970 bis zum 31. Dezember 2007. Das ergäbe nach der Zins- und Zinseszinsformel 95 979,63 Euro. Geht man von der höchst zurückhaltenden Annahme aus, dass die westdeutschen Bundesländer auf diese Weise rund 100 000 ihrer Landeskinder nach Berlin vertrieben, wären heute zehn Milliarden Euro als Ausgleichszahlung fällig.

Die innere Verfassung der Bundesrepublik veränderte sich schnell, doch bauten sich überall Spannungen auf, die in der politischen Sphäre häufige, aber nicht vorhersehbare Entladungsgewitter erzeugten. 1962 wurde der *Spiegel*-Herausgeber Rudolf Augstein unter fadenscheinigen Vorwänden für mehrere Wochen inhaftiert, die Redaktion polizeilich durchsucht. Adenauer phantasierte von einem »Abgrund von Landesverrat«, sein Innenminister, Hermann Höcherl (CSU), meinte, er könne das Grundgesetz nicht dauernd unter dem Arm mit sich herumtragen. 29 Professoren protestierten energisch gegen dieses Vorgehen, darunter Richard Löwenthal. Adenauer sah subversive Nagetiere, also Ratten, am Werk. Mit antirepublikanischem Zungenschlag beschwor er die Identität von Volk und Staat: »Wer am Vertrauen zur Bundesregierung nagt, macht sich eines schweren Vergehens gegenüber dem deutschen Volk schuldig!« Sein Nachfolger Ludwig Erhard schmähte Intellektuelle als »Pinscher«. Auf der Frankfurter Buchmesse 1967 beschlagnahmte die Polizei das DDR-Braunbuch über die Kriegs- und Naziverbrecher in der Bundesrepublik. Die Abgeordneten des Bundestags verkauften die geplanten Notstandsgesetze, mit denen die Grundrechte seit 1968 im Krisenfall erheblich eingeschränkt werden können, als »Grundgesetzergänzung« oder »Notstandsvorsorge«. Sie setzten die dafür erforderlichen Verfassungsänderungen mit Hilfe der 90-Prozent-Mehrheit der Großen Koalition 1968 durch. (Angewandt wurde das Gesetz bis heute nicht.)

Die Leitkultur des reichen Rumpfstaates Bundesrepublik erschöpfte sich in Begriffen wie Verbraucher-Gesellschaft, Farbfernsehen oder MifriFi (Mittelfristige Finanzplanung), in der regierungsamtlichen »Aktion Gemeinsinn« und der Aufforderung: »Seid nett zueinander!« Gesellschaftliche Konflikte hegte der Gesetzgeber nach dem Prinzip »Mehr für alle« mithilfe immer neuer Geldströme ein. Am Samstag wurden die Autos gewienert. Man war auf geordnete Außenansicht bedacht, erwusch das »weißeste Weiß« und packte den »Tiger in den Tank«. Nach der Fresswelle und der Autowelle folgte die Reisewelle. Albert Speers junge Rüstungsmanager schöpften aus dem Vollen. Statt Panzerfabriken bauten sie Versandkaufhäuser, statt Millionen Zwangsarbeitern rekrutierten sie Millionen Italienurlauber für ihre Reiseunternehmen, statt der Bunker am Atlantikwall betonierten sie jetzt die deutschen Städte zu. Ihren beispiellosen Eroberungskrieg hatten sie verloren, den Wiederaufbau gewonnen. Ihre eigentümliche Rastlosigkeit behielten sie bei.

In seiner Kurzgeschichte »Es wird etwas geschehen« beschrieb Heinrich Böll 1956 das westdeutsche Leistungsleben, die gehetzte Gedankenflucht von Menschen, die sich als Erfolgsmaschinen verstehen. Im Mittelpunkt steht der Unternehmer Wunsiedel, umgeben von eifrigen, ungemein zielstrebigen Mitarbeitern, zum Beispiel Wunsiedels Sekretärin. Sie hat zuvor »einen gelähmten Mann und vier Kinder durch Stricken ernährt, gleichzeitig in Psychologie und Heimatkunde promoviert, Schäferhunde gezüchtet und war als Barsängerin unter dem Namen Vamp 7 berühmt geworden«. Sie und ihre Kollegen wachen morgens mit der fixen Idee auf: »Ich muss handeln.« Der Tatendrang zieht sie vom Bett in die Fabrik, wie er sie in ihrer soldatischen Jugend zum Nordkap, zum Kaukasus oder als Stabshelferin in die Wolfsschanze gezogen hatte. In der Firma produzieren und vertreiben sie das schlichte, allseits nützliche Hygieneprodukt Seife. Am Ende fällt Wunsiedel um. Mausetot.

Mitten in der von massiven Taubheitsgefühlen an allen Gliedmaßen gestörten deutschen Nachkriegsgesellschaft widmeten sich die Bundesregierungen fortgesetzt notwendigen

Reformen, zumal die Große Koalition, die seit Dezember 1966 regierte. In der Außenpolitik suchte die Regierung Kiesinger/Brandt Wege zur West-Ost-Entspannung. So seltsam das heute klingt, es erforderte alle politische Entschlusskraft des Bundeskanzlers, 1967 einen Brief des DDR-Ministerpräsidenten Willy Stoph entgegenzunehmen. Kiesinger antwortete einen Monat später. Man begann, einander zu schreiben und miteinander zu reden. Kiesinger bezeichnete die DDR nicht länger als nicht existent, sondern als »Phänomen«. Das war neu, mutig und zugleich grotesk. Entgegen der alten Hallstein-Doktrin, die mit Ausnahme der Sowjetunion diplomatische Beziehungen zu den Ländern ausschloss, die die DDR anerkannten, nahm die Bundesrepublik Beziehungen zu Rumänien auf. Erstmalig kürzte sie den Wehretat. Mit keynesianischen Defizit-Programmen halfen Wirtschaftsminister Karl Schiller und Finanzminister Franz Josef Strauß der Konjunktur auf, die nach einer langen Phase des »Wirtschaftswunders« 1965/66 einen leichten Knick erlitten hatte. Für ein paar Monate fiel die Wachstumsrate unter sechs Prozent, und der Staatshaushalt wies ein Defizit von zwei Milliarden Mark aus.

Unter der Regierung Kiesinger/Brandt wurde das Wahlalter von 21 auf 18 gesenkt und, im Hinblick auf die NS-Verbrechen, die Verjährungsfrist für Morddelikte um zehn Jahre verlängert. Reformuniversitäten wie Konstanz, Bielefeld und Bochum waren schon *vor* der Studentenrevolte geplant und gebaut, das wissenschaftliche Personal an den westdeutschen Hochschulen war zwischen 1960 und 1965 verdoppelt worden; die Ausgaben der Bundesländer für Hochschulen waren zwischen 1957 und 1967 um 300 Prozent gestiegen, ebenso die Ausgaben für die Schulen. Der Bund hatte seine Aufwendungen für Stipendien während dieser Zeit verachtfacht. Bis 1974 sollte der Bundeshaushalt um jährlich sechs Prozent steigen, der Wissenschaftsetat um exorbitante 16 Prozent.[108] Jedenfalls entstanden die Spannungen an den Universitäten nicht, weil Reformen ausgeblieben oder aktiv blockiert worden wären.[109]

Am 23. Mai 1969 feierte die Bundesrepublik ihren 20. Gründungstag. In der Broschüre »Die Bundesrepublik hat Geburtstag« zog die Regierung Bilanz. Beglückt zeigte sie die Parkhäuser des Landes und den hohen Grad sozialer Nivellierung. Aus der alten Sozialpyramide war eine fette Zwiebel geworden: Zur Unterschicht zählten 1969 ganze 0,6 Prozent der Bevölkerung, zur Oberschicht 2,6. Zur unteren Mittelschicht gehörten 75,8 Prozent der Bundesdeutschen, 9,9 Prozent gehörten zur oberen Mittelschicht. Der Bruttolohn eines Arbeiters war von 250 Mark 1949 auf knapp 1000 Mark im Jahr 1969 gestiegen. Die Angestelltengehälter lagen nur geringfügig höher. Die Preissteigerungen berücksichtigt, waren die Reallöhne um jährlich 7,5 Prozent gewachsen. Dem folgten seit 1957 die Renten: Sie legten zwischen 6,1 Prozent (1959) und 9,4 Prozent (1969) jährlich zu. Der Bierkonsum stieg zwischen 1950 und 1967 von 35 auf 127 Liter pro Kopf. Die Zahl der Personenkraftwagen verzehnfachte sich zwischen 1952 und 1969, mehr als zehn Millionen neue Wohnungen waren bezugsfertig geworden. Ganze Stadtviertel wurden weggesprengt und durch Neubauten ersetzt.

Gemessen an den Siegerstaaten England, Frankreich und den USA hielt sich die öffentliche Verschuldung in deutlich engeren Grenzen. Die Bundesrepublik verstand sich als gutbürgerlicher Sonntagsspaziergang. Man sah einer glänzenden Zukunft entgegen. Die Regierung prognostizierte, dass im Jahr 2000 Atomkraftwerke »die Hälfte unserer elektrischen Energie liefern« würden. Der sozialdemokratische Bundesverkehrsminister Georg Leber, zuvor Boss der Gewerkschaft Bau-Steine-Erden, kündigte ein neuartiges Grundrecht an, den Leber-Plan: Demzufolge sollte in naher Zukunft »kein Deutscher mehr als 20 Kilometer von einer Autobahnauffahrt entfernt wohnen«.

Beide, die Regierenden und die linksradikalen Studenten, sprachen unentwegt von der Zukunft. Letztere »träumten«, wie man in treudeutscher Innerlichkeit zu sagen pflegte, von einem Paradies namens »realer Utopie«, während die anderen das Land zubetonierten und den Eindruck erweckten, als führten ihre Autobahnen, und nur sie, schnurgerade ins ewige Glück. Der einzige wirklich reale Utopist jener Tage hieß Dr. Walter Loch. Er war gut 40 Jahre alt und arbeitete im Bundesverteidigungsministerium am Konzept »Innere Führung«. Zu der Broschüre »Die Bundesrepublik hat Geburtstag« steuerte er 1969 den Artikel »Vexierbild eines Mittvierzigers« bei. Darin entwickelte er zwei Visionen, die so unwahrscheinlich schienen, dass kaum einer daran glaubte, am wenigsten die Anhänger der Neuen Linken.

Loch beschrieb, was er für den 30. und für den 40. Geburtstag der Bundesrepublik erhoffte. Für das Jahr 1979 wünschte er sich die Aufhebung aller westeuropäischen Grenzen und das Ende der heiligen Deutschen Mark. Stattdessen erdachte er den »Europataler«, gültig von Berlin bis Palermo. Für das nächste Jubiläum malte Walter Loch aus, was er im Jahr 1989 über den Kurzbesuch seiner Enkelin notieren werde: Sie, die »Geschichte studiert, war gekommen, um mich zu besuchen. Sie betrachtete mich als ›Ruine der Vergangenheit‹. Mich, den Großvater. Morgen wird sie in Warschau sein. Wird mit Freunden aus Ungarn und Polen diskutieren. Wird überlegen, ob sie im nächsten Semester nicht in Prag studiert. Der europäische Bundesstaat ist größer geworden. Europäer haben den Graben zugeschüttet, der Europa teilte.«[110]

Was die Studenten dachten

Traditionell im Denken, revolutionär im Handeln

Nicht wenige Politiker und Meinungsführer trösteten sich 1967/68 damit, dass die neuen Radikalen nur eine »verschwindend kleine Minderheit« bildeten. Folglich zielten die Gegenmaßnahmen auf deren »Isolierung« von der »breiten studentischen Mehrheit«.[111] Die Strategie führte ins Leere. An den Hochschulen studierten 280 000 junge Leute, insgesamt fünf Prozent eines Jahrgangs. Das heißt, die Hochschüler stammten zum weit überwiegenden Teil aus dem Bürgertum. Infolge des Krieges waren noch immer 20 Prozent davon Halbwaisen. Zwar zählte der SDS 1966 nur rund 1000 und in seiner besten Zeit 1968 maximal 2500 Mitglieder, doch fanden dessen Ideen seit dem Frühjahr 1967 erheblichen Widerhall. Das bestätigen zwei Studien zum Thema »Student und Politik«, erarbeitet vom Allensbacher Institut für Demoskopie und dem Lehrstuhl des Mannheimer Politikwissenschaftlers Rudolf Wildenmann. In Auftrag gegeben hatte sie die Bundesregierung wenige Wochen nach dem 2. Juni. Die Allensbacher Daten wurden noch im Juli 1967 erhoben, die Mannheimer im Februar 1968. Anfang 1968 betraute *Der Spiegel* das Emnid-Institut mit einer dritten demoskopischen Untersuchung.

Nach der Allensbach-Erhebung bekannten sich 14 Prozent aller Studenten zu den Auffassungen des SDS. Selbstverständlich verteilte sich die Zustimmung zwischen Pharmazeuten und Politologen, zwischen Universitäten wie Berlin oder Eichstätt extrem ungleich. Nach derselben Umfrage hielten 47 Prozent der Befragten den SDS für die einflussreichste Hochschulgruppe. 48 Prozent teilten dessen Kritik am parlamentarischen System der Bundesrepublik. 38 Prozent sahen sich von keiner der Parteien annähernd vertreten. Stolze 60 Prozent betrachteten die Hochschulreform als Teil »notwendiger« gesellschaftlicher Umgestaltung. Dabei gehe es nicht allein um die Universitäten, sondern »um den Abbau von Herrschaft und Abhängigkeit und um die Demokratisierung der Gesellschaft« überhaupt. Ein ebenso hoher Anteil meinte, »dass die jetzt aufgerührten Emotionen ständig am Kochen gehalten werden müssten, damit die Gesellschaft der Bundesrepublik endlich aus ihrer Gleichgültigkeit erwache«.

Die ein halbes Jahr später durchgeführte, im *Spiegel* veröffentlichte Emnid-Umfrage zeigt die zunehmende Mobilisierung. Befragt wurden dafür 2145 Berufsschüler, Schüler und Studenten im Alter von 15 bis 25 Jahren, sofern sie in Orten mit mehr als 10 000 Einwohnern wohnten. Die erste Frage lautete: »In vielen deutschen Städten protestieren und demonstrieren Jugendliche. Finden Sie das gut?« 67 Prozent antworteten mit Ja (davon Berufsschüler 65 Prozent, Mittel- und Oberschüler 71 Prozent, Studenten 74 Prozent). Im Hinblick auf das schon erörterte männliche Imponiergehabe auf dem Affenfelsen ergab sich: Während 73 Prozent aller jungen Männer die Proteste für »etwas Gutes« hielten, stimmten dem nur 41 Prozent der weiblichen Jugend zu. Selber protestieren wollten insgesamt 58 Prozent aller Befragten. Von diesen zeigten sich immerhin 23 Prozent bereit zurückzuschlagen, »wenn Polizisten auf Demonstranten einprügeln«, weitere sieben Prozent plädierten für offensive Gewalt (Autos umwerfen, Fensterscheiben zertrümmern).

Mehr als zwei Drittel sympathisierten mit den Demonstranten, 27 Prozent mit dem betonten Radikalismus des SDS.

Zu diesem Zeitpunkt hatten 36 Prozent aller westdeutschen Studenten eigene Erfahrungen auf Demonstrationen gesammelt. In der Protestbereitschaft ihrer Jugend lagen die konservativ regierten Länder Baden-Württemberg, Bayern und Niedersachsen deutlich an der Spitze. Westberlin bildete das Schlusslicht![112] Auch ich war in Baden-Württemberg und Bayern aufgewachsen, bevor ich auf die Mauerinsel flüchtete.

Messen lässt sich der Mobilisierungsgrad der jungen Leute auch an der Zahl der Kriegsdienstverweigerer. 1964 hatten sich zirka 2700 junge Männer zu diesem Schritt entschlossen, 1968: 12 000, 1971: 27 000. Davon waren 75 Prozent Abiturienten.[113] Anfang 1972 stellten die unterschiedlichen linksradikalen Gruppierungen rund 60 Prozent der Mandatsträger in den deutschen Studentenparlamenten, der Ring Christlich-Demokratischer Studenten nur noch 9,6 Prozent. Der Rest der Mandate verteilte sich auf »sonstige«, teils ebenfalls linke Gruppen.[114]

Als ich im Spätherbst 1968 nach Berlin zog, sah das Soziogramm linksradikaler Studenten gemäß einer vom Senat in Auftrag gegebenen Studie folgendermaßen aus und traf auf mich in jedem Punkt zu: Sie waren zu 90 Prozent protestantisch oder konfessionslos, zu 60 Prozent in Westdeutschland aufgewachsen, verzichteten zu 52 Prozent auf jede Parteipräferenz, lasen die *Frankfurter Rundschau* und *Die Zeit*, wussten nicht genau, welchen Beruf sie später ergreifen würden, studierten zu 65 Prozent geistes- und sozialwissenschaftliche Fächer und gaben zu 68 Prozent an, überhaupt »keine Übereinstimmung mit dem Vater« zu haben. Zu 70 Prozent verfügten sie über Demonstrationserfahrung.[115] Zweifellos gingen die Proteste und Regelverletzungen von 1967/68 nicht auf das Konto einer »verschwindend kleinen Minderheit«. Die konservative, moralisch labile Westrepublik hatte das Feuer der Revolte entfacht. Wo es kräftig brennt, entstehen schwer kontrollierbare Sogwirkungen. Binnen weniger Monate hatten die Revoltierenden blendende – sie selbst verblendende – Mobilisierungserfolge erzielt.

Im scheinbaren Gegensatz dazu offenbaren die Antworten auf die Fragen nach den Überzeugungen und Vorlieben derselben Studenten ein verwirrendes Bild. Sie belegen, wie stark die Jugend dieser Jahrgänge im Traditionellen haftete und zugleich nach Neuem strebte. Sie war im Schatten des Nationalsozialismus geprägt worden und im rasch zunehmenden Wohlstand aufgewachsen. Obwohl die Studenten nach der Allensbacher Umfrage überwiegend der SPD als Partei zuneigten, konnte Bundeskanzler Kiesinger unter den täglich in Erscheinung tretenden Regierungsmitgliedern die höchste Zustimmungsrate (40 Prozent) bei den sich antiautoritär gebärdenden Studenten verbuchen. In der Gesamtwertung errang er den zweiten Platz. Außenminister und Vizekanzler Willy Brandt, der am deutlichsten den Reformwillen personifizierte, landete auf den hinteren Rängen (16 Prozent).

Interessant ist, welchen Politiker die Studenten am meisten schätzten: Mit einsamen 51 Prozent (11 Prozentpunkte mehr als Kiesinger, 35 mehr als Brandt) errang der als Exekutor wenig sichtbare sozialdemokratische Bundesratsminister Carlo Schmid (1896–1979) die Spitzenposition. Als Elder Statesman strahlte er die ungebrochene Autorität des Großvaters aus und repräsentierte den Schöngeist in der Politikerriege. Als Kind einer französischen Mutter, als Übersetzer von Baudelaire und Malraux versinnbildlichte er das postnationale, europäisierte und gebändigte Deutschland.

Nach ihren Vorbildern befragt, platzierten die Studenten Carl Friedrich von Weizsäcker und Walter Hallstein auf den Spitzenplätzen. Auch das spricht für die europäische Orientierung. Von Weizsäcker hatte 1961 das Tübinger Gelehrten-Memorandum gegen die atomare Bewaffnung und für die Anerkennung der Oder-Neiße-Linie als polnische Westgrenze initiiert; Hallstein amtierte von 1958 bis 1967 als Kommissionspräsident der Europäischen Wirtschaftsgemeinschaft und wurde anschließend Vorsitzender der Internationalen Europäischen Bewegung. Mit erheblichem Abstand nannten die Studenten Konrad Adenauer als drittes Vorbild. Der Alte von Rhöndorf gehörte ebenfalls zur Großelterngeneration, stand für nichtnazistischen Konservatismus, für Kontinuität und Augenmaß. Der moderne, weltläufige Willy Brandt erreichte Platz 11, Mao Tse-tung Rang 16.

Ganz anders antworteten dieselben Studenten auf die Frage nach der Beliebtheit von Intellektuellen. Mit Hans Magnus Enzensberger, Helmut Gollwitzer, Günter Grass und Peter Weiss führten diejenigen die Liste an, die sich zum Tod von Benno Ohnesorg und zum Elend der damaligen Welt konsequent kritisch äußerten. Kurt Sontheimer und Jürgen Habermas, die dezidiert zur Mäßigung aufgerufen hatten, wurden weit abgeschlagen.

Im nächsten Kapitel wird zu erörtern sein, wie sich der untergründige antiamerikanische Konsens der alten Bundesrepublik auch der Studenten bemächtigte und im Vietnamprotest einen altersgemäßen Ausdruck fand. Doch bezogen dieselben Studenten in einer anderen, politisch hoch sensiblen Frage eine deutliche Gegenposition zum geheimen Antisemitismus der alten BRD: 85 Prozent von ihnen befürworteten die Wiedergutmachungsleistungen an Israel, aber nur ein verschwindend kleiner Teil der Gesamtbevölkerung.[116] Wohlgemerkt, die Umfrage wurde nach dem Sechstagekrieg veranstaltet, der das positive Israelbild der jungen Linken nicht sofort beeinträchtigte, wie viele Quellen bestätigten. Der linke »Antizionismus« entwickelte sich etwas später.

Die signifikante Differenz zur westdeutschen Mehrheitsgesellschaft bestätigt sich in der Wildenmann-Studie von Anfang 1968. Die Aussage »Der Nationalsozialismus war im Grunde eine gute Idee, die nur schlecht ausgeführt wurde« befürworteten neun Prozent der Studenten mit einem mehr oder weniger deutlichen Ja, aber 43 Prozent ihrer nicht studierenden 17- bis 24-jährigen Altersgenossen. In der Gesamtbevölkerung teilten 1968 noch 50 Prozent diese Ansicht. Ein nahezu identisches Bild ergab sich für die Meinung »Wir sollten wieder eine einzige starke Partei haben, die wirklich die Interessen aller Schichten unseres Volkes vertritt«. Auf die Frage, ob man endlich aufhören sollte, nach der Nazivergangenheit Einzelner zu fragen, fiel die Differenz interessanterweise, und davon wird im Schlusskapitel zu reden sein, weniger deutlich aus: 74 Prozent der Gesamtbevölkerung und 37 Prozent der Studenten antworteten mit Ja. Die indirekt gestellte Antisemitismus-Frage nach der angeblich »angeborenen Eigenart der Juden«, mit ihren Nachbarn irgendwie in Streit zu geraten, beantworten 19 Prozent der Studenten mit einer der Ja-Varianten und 42 Prozent der altersentsprechenden Vergleichskohorte. Die Gesamtbevölkerung wurde vorsichtshalber nicht befragt. Für die Anerkennung der Oder-Neiße-Grenze votierten 58 Prozent der Studenten, 36 Prozent der Jugendlichen und 21 Prozent der Gesamtbevölkerung. Ähnliche Differenzen ergab die Frage nach der Anerkennung der DDR. Für die Wiedereinführung der Todesstrafe votierten 15 Prozent der Studenten, 60 Prozent der Nicht-Studenten und 69 Prozent der Gesamtbevölkerung.

Demokratische Studenten, reaktionäre Mehrheit

Anders als die meisten damaligen Bundesbürger bekannten sich die Studenten klar zu den Prinzipien des Grundgesetzes.

Die Allensbacher und die Mannheimer Umfrage offenbaren die extremen Spannungen, unter denen die damaligen Studenten standen. Ihre daraus entstandene Unsicherheit kompensierten sie mithilfe des vermeintlich sicheren Gefüges einer widerspruchsarmen Weltanschauung. Mit einem Bein klebten sie im Morast autoritärer Traditionen, mit dem anderen versuchten sie auf dem wenig bekannten Terrain der Liberalität Halt zu gewinnen. Mit der einen Gehirnhälfte akzeptierten sie den Chef der Staatsexekutive als politische Leitfigur, mit der anderen folgten sie den progressivsten, politisch exponierten Dichtern und Denkern. Sie ließen sich von der internationalen Studenten- und Protestbewegung anstecken und litten an den verschleppten Symptomen der nationalen Krankheit. Mit dem rechten Arm griffen sie in die Kiste alter antiamerikanischer Ressentiments, mit dem linken hangelten sie in die entgegengesetzte Richtung und wandten sich von der postnazistischen, mäßig versteckten antisemitischen Gedankenwelt der Eltern ab. Einerseits gehörten sie zur letzten Generation in der Bundesrepublik, die es für normal hielt, eine Familie zu gründen, andererseits redeten sie vom Terror der bürgerlichen Zwangsinstitution Familie. Sie flohen in die Individualität und unterwarfen sich der Großgruppe. Sie hassten die weiß gedeckte sonntägliche Kaffeetafel und landeten am zusammengetrödelten Kommunetisch.

Belustigt notierte der Beobachter des Bundeskanzleramts im März 1968, wie er die vom SDS beherrschte Jahrestagung des Verbands deutscher Studentenschaften erlebte: »Während die Studenten nach außen mit allem und jedem unzufrieden zu sein scheinen«, folgten sie »untereinander weit strikteren als sonst in der Bundesrepublik angewandten autoritären Strukturen. Es war höchst amüsant zu beobachten, wie fügsam sich alle Tagungsteilnehmer die gröbsten Zurechtweisungen des Verhandlungsleiters oder anderer Kommilitonen gefallen ließen. Selbst wenn sie des Saales verwiesen wurden, verließen sie ihn gehorsam und ohne zu murren.« Am Ende entschuldigten sich die Versammelten gar einstimmig beim »Präsidenten Klaus Huber«, der die

Versammlung geleitet hatte, »für ihr teilweise recht undiszipliniertes Verhalten«.[117]

Im Mai 1968 erläuterte Wildenmann seine Befunde dem Kabinettsausschuss »Unruhe in der Jugend«. Er bescheinigte den rebellierenden Studenten eine Mischung aus beachtlichem demokratischem Verständnis, von Statusunsicherheit und weitgehend diffusen Zielvorstellungen. In der von einem leitenden Beamten gefertigten Kurzfassung der Wildenmann-Studie heißt es: Die Studenten »haben in weitaus stärkerem Maße als die übrigen Jugendlichen und die Gesamtbevölkerung die Grundprinzipien der Demokratie akzeptiert«. Daraus resultiere eine »sich verbreiternde Kluft zwischen einer weitgehend statisch, am Vergangenen orientierten Bevölkerung und dieser progressiven jungen Intelligenz, die bei normaler Entwicklung die Führungselite von morgen stellen würde«. Gelinge es nicht, diese Kluft rasch zu schließen, seien »große politische und ökonomische Spannungen« mit »entsprechenden ›Reibungsverlusten‹« zu befürchten.[118]

Klare Worte, doch im Entwurf hatte der zuständige Beamte, Dr. Schatz, die Ergebnisse der Wildenmann-Studie noch spitzer formuliert: Sie zeige die »gefährliche und fast unüberwindlich erscheinende Kluft zwischen den progressiv demokratischen Einstellungen der Studenten und den überwiegend reaktionären Verhaltensweisen der übrigen Bevölkerung«. Staatssekretär Carstens stoppte den Satz per Rotstift: »Sofort. […] Ich stelle Änderung anheim.«[119] In einem anderen Papier riet Schatz seinen Dienstvorgesetzten: »Das so lange geforderte Engagement der Jugend ist heute vorhanden. Erschrecken wir nicht davor, sondern nutzen wir diese Impulse zum Wohle der ganzen Gesellschaft.« Ähnliches legte der Politikwissenschaftler Gilbert Ziebura während einer Professorenrunde im Kanzleramt Kurt Georg Kiesinger nahe: »Im Grunde sehe ich in dieser Einstellung unserer Studenten ein Potential, das es zu nutzen gilt.«[120] Übrigens sprachen die Beteiligten untereinander und mit dem Kanzler ohne Umschweife in herrschaftsfreiem, ja antiautoritärem und sehr klarem Ton.

Angesichts der gesellschaftlichen Friktionen rieten die Beamten des Planungsstabs im Kanzleramt den Politikern dringend zu öffentlichen Diskussionen. Allerdings legten sie ihnen nahe, dabei auf alles zu verzichten, was unter anderen gesellschaftlichen und geschichtlichen Voraussetzungen selbstverständlich gewesen wäre, während der Studentenkonflikte in den USA selbstverständlich war und es heute in Deutschland wieder ist: »Die Berufung auf Autorität, Vertrauen und Lebenserfahrung haben zu unterbleiben.« Zudem empfahlen die wissenschaftlichen Berater des Planungsstabs, auf die hohl gewordenen Wörter Leistung, Bewährung und Tradition zu verzichten.[121]

Die Hoffnungen, die Schatz und Ziebura äußerten, bestätigten sich in allen Umfragen. Anders als die wilden Proklamationen vermuten lassen, standen die Achtundsechziger-Studenten nicht in prinzipiellem Gegensatz zum demokratischen Staat und zu einer offenen Gesellschaft. Sie standen in einem dramatischen Gegensatz zur Mehrheitsbevölkerung der Bundesrepublik, die »von Demokratie und ihren Spielregeln wenig inhaltliche Vorstellungen« hatte.[122] Die Demokratiedefizite der Mehrheit, insbesondere der älteren Generation, projizierten die protestierenden Studenten jedoch auf »den Staat« und »den Parlamentarismus«. Das geschah im Sinne möglichst klarer Fronten und einfacher Feindbilder. In Wirklichkeit waren neben den meisten Studenten sämtliche Verfassungsorgane der damaligen Bundesrepublik in ihrer demokratischen Prinzipienfestigkeit den Durchschnittswählern weit voraus.

Machtergreifung in Westberlin

Eine Generation auf dem Revolutionstrip

Im Frühjahr 1970 lautete die Parole »Zerschlagung des Staatsapparats«. In kraftvollem Ton beschworen die Jungrevolutionäre ihre Absicht, Feuer »unter dem Hintern der Reaktion« zu machen und die »parasitäre, korrupte Lumpenbürokratie« das Fürchten zu lehren.[123] In den Hochburgen der Achtundsechziger-Revolte, zumal im ummauerten Westberlin, stritten die Aktiven, ob »die Revolution« in zwei oder erst in fünf Jahren vollzogen sei, und schlossen Wetten ab. Gemeinsam mit Niels Kadritzke erörterte ich auf einer Fahrt in meinem postgelben Volvo P 544 das Problem, ob man danach noch Polizisten brauche.

Schon Anfang 1969 hatte das Bonner Innenministerium alarmiert festgestellt: »Die revolutionäre Bewegung geht ›aufs Ganze‹.« Der rebellische Teil der Studenten kümmert sich nicht länger um partielle Verbesserungen, »sondern plant den totalen Umsturz«.[124] Eine Dame mittleren Alters, die zur Beerdigung ihrer Schwägerin aus der DDR angereist war und die Kölner Verwandtschaft besuchte, verstand die Welt nicht mehr. Sie erlebte 1971, wie ihre Nichten und Neffen »mit schizophrenen Mao-Lenin-Che-Guevara-Fidel-Castro-Ideen« der Westrepublik zu Leibe rückten und diese so haben wollten »wie Fidel Castros Kuba«. Fassungslos kommentierte sie: »Die jungen Leute redeten nur in bombastischen Phrasen, wollen die Gesellschaft umkrempeln, sie wollen aber von dem Wohlstand, den ihnen die Eltern geben, nichts abgeben.«[125]

In dem bereits zitierten Gespräch vom Oktober 1967 hatten Enzensberger, Dutschke, Rabehl und Semler mit dem volkseigenen Hang zur Gründlichkeit sich ausgemalt, wie es demnächst im befreiten Gebiet Westberlin zugehen werde. »Ein Großteil der Bürokraten wird nach Westdeutschland emigrieren müssen«, meinte Rabehl und ergänzte für den Fall, dass die »antiautoritäre« Umerziehung nach der Machtübernahme teilweise fehlschlagen sollte: »Wo es ganz klar ist, dass Umerziehung unmöglich ist, etwa bei älteren Leuten [...], da sollte man den Betreffenden die Möglichkeit geben, auszuwandern.« Dutschke votierte für eine gewisse Vorsicht. Einigkeit erzielten die vier darin, dass »die Juristerei und die Polizei abgeschafft« werde, und Enzensberger freute sich an dem Einfall, jede bürokratische Funktion müsse so aussehen, »dass sie in drei Wochen erlernbar« sei. Im Übrigen machten die vier Geschichtsdenker die im überalterten Westberlin zahlreichen Rentner verächtlich: »Man bekommt ein Grausen«, so Rabehl, »sie sitzen schon als Leichen dort auf der Bank.« In Rabehls erektil vernebelten Augen bestand die städtische Bürokratie »zum großen Teil aus Frauen, verkrüppelten Frauen« – wer »diese frustrierten Frauen einmal gesehen hat, der ist erschreckt«.[126]

Das Gespräch veranstaltete Enzensberger für das von ihm herausgegebene *Kursbuch*, eine Art Gartenlaube für die gehobenen Stände der Neuen Linken. Es erzielte sagenhafte Auflagen. Für das mithilfe studentischer Stoßtrupps in naher Zukunft befreite Westberlin vermutete Enzensberger im Oktober 1967 hauptsächlich eine Schwierigkeit: »Von Seiten der Bundesrepublik wäre folgende Reaktion denkbar: Flüchtlinge nehmen wir auf, aber wir liefern nichts mehr.« Dutschke sah darin kein Problem. Zur Begründung brauchte er bloß seinen Machtergreifungs-Aufruf zu rekapitulieren, den er am 12. Juni 1967 unter dem Pseudonym R. S. im *Oberbaumblatt* in einer Auflage von mindestens 15 000 Stück veröffentlicht hatte – zehn Tage nach dem Tod von Benno Ohnesorg.

In dem Artikel beschwor er »die weltgeschichtliche Aktualität der Revolution«, malte aus, wie Westberlin mittels direkter Aktionen und organisierter Verweigerung jenseits der herrschenden »bürokratischen Charaktermasken« in eine »unabhängige ›Assoziation freier Individuen‹« zu verwandeln sei: Dann werde die Stadt nicht länger beherrscht, sondern von ihren emanzipierten Bürgern rätedemokratisch und beamtenfrei selbst gesteuert. »Parlament, Parteien und Exekutive« würden »ihre Ferien für permanent erklären müssen«. Um das zu erreichen, sollten die staatlichen Institutionen der »kontinuierlich gesteigerten Belastung« ausgesetzt und »tief erschüttert« werden. Dutschke hielt die Strategie für vielversprechend, denn einerseits gehe es dem »Spätkapitalismus« mit seinen Strukturproblemen derart miserabel, dass das rätekommunistische Westberliner Modell sofort ausstrahlen und als »strategischer Transmissionsriemen für eine zukünftige Wiedervereinigung Deutschlands« funktionieren werde, andererseits würden sich die westlichen Besatzungsmächte »sehr wohl hüten«, den Systemwechsel in einem Blutbad zu ertränken, Westberlin »in ein Budapest von 1956 unter umgekehrten Vorzeichen zu verwandeln«.

Für die Übergangszeit bis zur Weltrevolution verlangte der Umsturzprediger von den Westalliierten ein winziges Entgegenkommen: »Wir erwarten aber, dass sie einige Sondermaschinen für den Abtransport der funktionslosen Politiker und Bürokraten nach Bonn zur Verfügung stellen werden. Politische Gefangene haben in einer wahrhaft freien und solidarischen Gesellschaft keinen Sinn.«[127] Einige Monate später galt das nicht mehr: Auf eindringliche Nachfrage des Friedensforschers Ossip K. Flechtheim lehnte er die »Freiheit des Faschisten« ausdrücklich ab. Der 1909 im ukrainischen Nikolajew geborene, aus dem nationalsozialistischen Deutschland geflohene Flechtheim wusste, was ein Pogrom ist. Nun musste er aus Dutschkes Mund hören: »Die bewusst gewordenen Massen« würden schon dafür sorgen, »dass Konterrevolutionäre nicht wieder auf legale Weise die Revolution in Frage stellen können«.[128] Als »Faschisten« galten damals alle, die sich dem revolutionären Gedankengut versperrten oder gar dagegen angingen.

Wie die Vision zur revolutionären Tat werden sollte, hielt Dutschke in seinem Tagebuch am 13. und 14. Juni 1967 fest: »Gegengewalt demonstrieren und praktizieren (Schutztruppe – Karateausbildung – bei Knüppeleinsatz – Molotowcocktails etc., siehe USA).« Als zweites Moment der Destabilisierung des als extrem wackelig charakterisierten Herrschaftsgebäudes betrachtete er die kriegerischen Aktionen an der Peripherie der industriellen Welt: »Fanon weitergelesen, Che und er, nicht zu vergessen Mao, begreifen in unserer Zeit am tiefsten die Probleme der Massenpraxis im Kampf um nationale Befreiung in der dritten Welt.« Drei Tage später fuhr der Antialkoholiker und Nichtraucher Dutschke in trunkenem Kampfdeutsch fort: »Che lebt und arbeitet in Bolivien, die dritte Front ist errichtet, d. h., es existieren wenigstens 200 voll ausgebildete Guerillas. Das ist sehr viel!! Kämpfen schon mit Raketenwaffen!! Vietcong erst vor kurzem erhalten!«[129]

Frantz Fanon war 1924 in der französischen Kolonie Martinique geboren und in Lyon zum Arzt ausgebildet worden. Er ging nach Algerien, wurde Chefarzt einer psychiatrischen Abteilung und wechselte 1956 zur Nationalen Befreiungsfront. In seinem 1961 erschienenen Hauptwerk »Les damnés de la terre« propagierte er die Gewalt als psycho-physisches Mittel zur Menschwerdung der Kolonisierten: »Das Leben kann für den Kolonisierten nur aus der verwesenden Leiche des Kolonialherren entstehen.« Erst so gewänne das unterdrückte, ausgeplünderte und gedemütigte Volk »ein in Blut und Zorn geschaffenes Bindemittel« und lerne, dass »das Leben ein unaufhörlicher Kampf ist«. Die dann folgenden Kernsätze lauten: »Die Gewalt wirkt totalisierend und national. [...] Auf der individuellen Ebene wirkt die Gewalt entgiftend. [...] Die Gewalt hebt das Volk auf die Höhe seiner Anführer.«[130] Noch als Schüler wurden mir vom Münchner SDS 1966 zwei Bücher empfohlen, die ich sofort kaufte: Frantz Fanon und der Raubdruck von Wilhelm Reichs 1927 erschienener Studie »Die Funktion des Orgasmus«.

Propaganda der Schüsse

In den Tagen nach dem 2. Juni veröffentlichte Dutschke seine militanten Texte unter Pseudonym, trug sie im inneren Kreis seiner Anhänger vor oder notierte sie privat in seinem Tagebuch. Doch können alle diese Reaktionen als faktische Antworten auf die eindringliche Rede gelesen werden, die Richard Löwenthal am Abend des 8. Juni im überfüllten Auditorium maximum der Freien Universität Berlin gehalten hatte. Selbstverständlich, so führte Löwenthal aus, sei die Demokratie wie alle Regierungsformen mit Mängeln behaftet, aber wer an die Möglichkeit einer perfekten Staatsform glaube, ende »notwendig bei der Diktatur, beim Versuch, seine Idee der Perfektion den unvollkommenen Menschen aufzuzwingen«.

Löwenthal beglaubigte diese Einsicht mit seiner Biographie. In den Zwanzigerjahren selbst kommunistischer Studentenführer, war er im nationalsozialistischen Deutschland aus politischen und rassischen Gründen verfolgt worden, hatte in der linkssozialistischen Untergrundgruppe Neu Beginnen, übrigens zusammen mit Flechtheim, für seine Ideen gekämpft, sich von der Sozialfaschismus-»Theorie« der Komintern abgegrenzt und schließlich über Prag und Paris nach

London flüchten müssen. Nach dem Krieg kehrte er als britischer Journalist in seine zerstörte Heimat zurück.[131]

Am 8. Juni forderte er die neuen Linken auf, sich nicht als »revolutionäre Vorhut von heute« zu begreifen: »Es ist immer misslich, wenn sich Studenten kollektiv als Elite der Nation zu fühlen beginnen.« Deutschland sei nicht deshalb »dem studentischen Elitedenken von rechts [...] entronnen, um ein studentisches Elitedenken von links großzuziehen«.[132] Zwischen ihre eng gezogenen, nach Ohnesorgs Tod emotional massiv verstärkten Gedankenwände gebannt, überhörten die neuen Linken den inständigen, auch im Rundfunk übertragenen und bald gedruckten Aufruf zur Umkehr. Die Rede findet sich in keiner der umfangreichen Dokumentationen zur Geschichte der Freien Universität oder der Studentenbewegung. Der Grund dafür liegt nahe: Die Quellensammlungen zu den unruhigen Jahren wurden ausschließlich von einst beteiligten ehemaligen Linksradikalen erstellt, die selbstlegitimatorische Tendenzgeschichte produzierten und eine derart grundlegende Einrede auch später nicht zur Kenntnis nehmen wollten.[133]

Dutschke war an diesem Abend zugegen, mischte sich ein, redete militant und notierte Löwenthals Einwand in verballhornter Weise: »Herr Dutschke – wollen Sie ›Zapogra Bowi‹?«[134] Tatsächlich hatte Löwenthal gefragt: »Wollen Sie Sandbar Bowie?« Er wollte also wissen, ob Dutschke auf eine Nacht der langen Messer hinarbeite. Mit Sandbar Bowie war nämlich die Geschichte des aus Western bekannten texanischen »Freiheitshelden« James (Jim) Bowie gemeint. Dieser hatte, nachdem ihm die Munition ausgegangen war, seine Gegner 1827 auf einer Sandbank des Mississippi mit einem besonders langen und scharfen Messer getötet. Seither gibt es das Bowie-Kampfmesser – doppelt geschliffen, 23,5 Zentimeter lang, vier Zentimeter breit, fester Knauf.

Wie das Bundeskanzleramt erkannte, hatte Benno Ohnesorgs Tod »zu einer explosionsartigen Solidarisierung innerhalb der Studentenschaft« geführt. In Berlin begleiteten 33 Prozent aller Studenten, insgesamt 15 000 Menschen, den Sarg zum Grenzübergang Dreilinden. Auch die Berliner Burschenschaften solidarisierten sich sofort.[135] Viele fuhren in einem Autokonvoi mit nach Hannover, wo Benno Ohnesorg beerdigt wurde. Die DDR verzichtete auf Transitgebühren. In Frankfurt am Main veranstalteten 8000 Studenten einen Trauerzug durch die Innenstadt. Nach der Beisetzung ging am 9. Juni in Hannover ein gewaltiges Massentreffen über die Bühne. In die aufwühlende Situation hinein verkündete Dutschke der erweckungsbereiten Protest- und Trauergemeinde: »Die materiellen Voraussetzungen für die Machbarkeit unserer Geschichte sind gegeben.« Bald propagierte er den »neuen Menschen«, »der im Kampf seine individuelle und gattungsgeschichtliche Vergangenheit aufhebt«, und verkündete im Stil des friedlichen Sektenvorbeters: »Der biblische Garten Eden ist die phantastische Erfüllung eines uralten Traums der Menschheit. Aber noch nie in der Geschichte war die Möglichkeit der Realisierung so groß.«[136]

Die eschatologische Seite seiner Gedankenwelt gab Dutschke in *Spiegel-* und ARD-Interviews zum Besten. Dort gebrauchte er den Begriff vom »langen Marsch durch die Institutionen«, der den Achtundsechzigern heute als Beweis dafür zupasskommt, sie seien (demokratisch) stets anständig geblieben. In den Sendschreiben an die engere Gemeinde bevorzugte Dutschke den dunklen Ton des Hasspredigers. Dort raunte er von der »Propaganda der Schüsse« und legte den herben Ernst-Jünger-Sound auf: »Der Kampf allein bringt die Herstellung des revolutionären Willens.« (Die Lebenserinnerungen meines Nazi-Großvaters Wolfgang Aly tragen das Goethe-Motto: »Denn ich bin ein Mensch gewesen / Und das heißt Kämpfer sein.«) Nebenbei ließ Dutschke wissen, dass auf dem Marsch ins gelobte Land Hindernisse aus dem Weg zu räumen seien und ein blutiger Endkampf bevorstehe: »Dieser revolutionäre Krieg ist furchtbar, aber furchtbarer würden die Leiden der Völker sein, wenn nicht durch den bewaffneten Kampf der Krieg überhaupt von den Menschen abgeschafft wird.« Da sich gegen einen unsichtbaren, allgegenwärtigen Feind schlecht kämpfen lässt, nannte Dutschke Namen und Adresse: »die organisierte Internationale der Unterdrückung in der Gestalt der Vereinigten Staaten von Nordamerika.«[137]

Damals erfüllten solche Sätze viele junge Deutsche mit wohliger Gewissheit, auf der richtigen Seite zu stehen, auch mich. Heute stinken sie nach den Phantasien des Größten Führers aller Zeiten, seiner totalitären Zeitgenossen und Nachfahren. Da dreht einer am Globus, schwingt sich zum Weltgestalter auf. Er verheißt seinen Anhängern nach einigen Jahren des Kampfes, der sie selbst grundlegend verändern und aller alten Last »frei« machen würde, die gemeinsame Ankunft im Land des kollektiven Heils.

Am 24. und 25. Juni 1967 berieten Rudi Dutschke, Urs Müller-Plantenberg, Christian Semler, Peter Schneider, Bernd Rabehl, Wolfgang Lefèvre und einige andere »über eine Machtergreifung in Westberlin«. Dutschke nannte die Sitzung »historisch«. Sie fand im Metaller-Heim Berlin-Pichelsdorf statt, im Beisein des IG-Metall-Jugendsekretärs und SDS-Genossen Lothar Pinkall. Nach den Mitteilungen von Dietrich Staritz, der dem SDS angehörte und gleichzeitig an die Stasi und den Verfassungsschutz bezahlte Berichte ablieferte, besprachen die Beteiligten ein Konzept, das auf die »Unlust« der Unternehmer spekulierte, in Westberlin zu investieren. Das vorausgesetzt, könne eine verstärkte studentische Bewegung auf die Betriebe übergreifen und wilde Streiks entfachen, die dann »zu einem größeren Unruhe- und Rebellionspotential führen« würden.

Staritz zufolge einigten sich die Diskutanten auf das folgende Vorgehen: »a) Verstärkung der politischen Unruhe durch studentische Demonstrationen und Willenskundgebungen, b) Herstellung respektive Vertiefung der Kontakte zu einzelnen Betrieben, damit eventuelle studentische Unruhen durch die Betriebe unterstützt würden, c) Versuch, in den oben genannten Betrieben wilde Streiks zu initiieren, in deren Verlauf sich spontan Räte bilden könnten, d) vorsichtiges Lancieren des Gedankens an eine politisch von der Bundesrepublik unabhängige Stadt Westberlin, e) Zusammenfassung aller so bewegten oder politisierten Kräfte zu einer Massenbewegung, die in der Lage sein könnte, den Senat, sprich die bisherige politische Obrigkeit, aus den Angeln zu heben und das oben skizzierte Fernziel zu verwirklichen. Der vorgestellte Zeitraum umfasste nach der Schätzung der in Pichelsdorf Versammelten etwa 5–10 Jahre.«[138]

Ein Stadtsowjet als Gegenparlament

Neben dieser Zusammenfassung des Doppelspitzels Staritz, angefertigt für den Staatssicherheitsdienst der DDR, ist das handschriftliche Protokoll der Pichelsdorf-Konferenz überliefert, das Dutschke in Stichworten, in Halb- und in Vollsätzen geführt hatte. Gelegentlich sind die Notizen mit verwirrenden Frage- und Ausrufezeichen und wilden Unterstreichungen versehen. Demnach meinte der SDS-Genosse Rolf Stanzick eingangs, wie in den USA müsse man in Westberlin »von einer Stagnationsperiode ausgehen«. Die Überlegung, wen die ökonomische Krise hauptsächlich treffen werde, führte ihn zu dem Vorschlag: »Im Wedding nicht Vietnam-Schilder, sondern ›Hängt Eure Hausbesitzer auf!‹?« Anschließend erwog Dutschke, wie man die Offensivaktionen verstärken könne. Deshalb gelte es zu prüfen: »Kommen uns ökonomische Tendenzen in Kürze entgegen?« Auf den Einwurf von Peter Schneider, wie es im nächsten Jahr weitergehen solle, erwiderte er: »Den Stand der Auseinandersetzung halten oder ihn sogar weiterführen – Richtung Machtfrage – einen zweiten 2. Juni können wir uns nicht mehr leisten.« Dem nächsten skeptischen Bedenken hielt der einmal in Fahrt geratene SDS-Führer entgegen: »Es ist nicht mehr übermütiger Irrsinn, in dieser Stadt die Machtfrage zu stellen? Und positiv zu beantworten!« Dutschke dachte an einen Freistaat nach dem Muster des damaligen Hongkong. Zumindest er ging davon aus, dass »die internationale Garantie der vier Großmächte als Konstituens der Freistaatpolitik« zu erhalten sei.

Nachdem die Machtübernahme ausreichend besprochen war, warf Semler »die Enteignungsfrage des Springer-Konzerns« auf. Schneider sekundierte: »Einbruch in den ›Springer-Konzern‹ wäre ein prinzipieller Fortschritt der Bewegung.« Dutschke schränkte das ein. Im Sinne seiner weitergreifenden Visionen wollte er die »Springer-Konzern-Lösung« lediglich »als nächsten Zielpunkt«, als begrenzten »Kampfauftrag« verstanden wissen. Abgesehen von solchen Differenzen stand für eine gedachte Großkundgebung zum Auftakt der Enteignungskampagne ein geschichtsträchtiger Ort zur Debatte: der Sportpalast, die später abgerissene Halle, in der Göring, Goebbels und Hitler seit 1928 ihre frenetisch klatschenden Massen in Trance versetzt hatten.

Kaum hatte die Männerrunde das Springer-Thema abgehakt, kam Dutschke auf die Machtergreifung zurück und entwickelte den Gedanken, Westberlin in ein »internationales Zentrum für die revolutionäre Bewegung in der Dritten Welt« zu verwandeln. Zunächst sei ein »Stadtsowjet« als »Gegenparlament« zu bilden. Unter dem Stichpunkt »1. Maßnahmen der revol. Räte« phantasierten die Diskutanten jene Situation herbei, die im Morgengrauen nach der Machtergreifung ihre gesamte Willenskraft erfordern würde: »Kapitalabfluss muss revol. gestoppt werden. Banken werden übernommen – Kapital [wird] vorerst nicht ›angetastet‹.« Ferner war an die »Schaffung von hochwertigen Industriezweigen (Chemie, Elektronik, Computer etc.)« gedacht und an das Überspringen des revolutionären Funkens auf die DDR-ler, nicht nur zu deren Vorteil: »Boden-Nationalisierung vielleicht möglich oder notwendig (Urlaubsorte dann nicht nur Mariendorf etc., sondern in Potsdam usw.).«

Auf dem Weg dorthin stellte sich das Problem: »Wie können wir Widersprüche produzieren?« Außerdem setzten die SDS-Strategen darauf, dass der herrschende »Apparat [...] durch seine eigene Legalität gebremst« und der »Strom« westdeutscher »›Reveluzzer‹ nach Westberlin« nicht abreißen werde. In diesem Strom gelangte ich im November 1968 als Student an das Otto-Suhr-Institut der Freien Universität. Zwei Tage nach dem Machtergreifungskonvent zu Pichelsdorf notierte Dutschke am 27. Juni 1967 in seinem Tagebuch: »In der Kneipe ›Machtergreifungsplan‹ ›ausgepackt‹. Riesige Überraschung.«

Ein Innehalten verlangt noch der Satz Dutschkes: Der Staat sei »durch seine eigene Legalität gebremst«. Das Kalkül erinnert an die nationalsozialistische Kampftechnik bis zur Machtergreifung Hitlers. Deshalb brachte die eine wie die andere Bewegung den Typus des politischen Anwalts hervor, der die gewollt beschränkte Macht des bürgerlichen Verfassungsstaats fintenreich nutzt, ihn als Schwächling vorführt. Der ausgefuchste Rechtsbeistand der Dreiunddreißiger hieß Hans Frank; die Achtundsechziger fanden in Horst Mahler eine in ihrem Gebaren nicht unähnliche Figur. Mahler hatte sich als Strafverteidiger einen guten Namen gemacht, hatte eine KZ-Aufseherin, mutmaßliche Wirtschaftskriminelle, schließlich Kommunarden, SDS-Leute und politische Brandstifter verteidigt. Zum APO-Anwalt schlechthin wurde er, weil es ihm immer wieder gelang, die »Schwächen« des bürgerlichen Rechts auszunutzen und die Gerichte lächerlich zu machen.

Nach den Beobachtungen des Gerichtsreporters der *Münch-*

ner Post schaffte es Frank immer wieder, seine »Anrempelungen« im Gerichtssaal »mit einem verkrampft höhnischen Lächeln zu begleiten, dass selbst der langmütigste Gegenanwalt sich solch ein Benehmen auf die Dauer nicht bieten lassen kann«. Wenn alle Stricke rissen, empfahl Frank seinen Mandanten, zum Beispiel Joseph Goebbels, in die Abgeordneten-Immunität zu flüchten, um den Strafprozess so zu beenden.[139]

Ins Praktische gewendet, folgte aus dem in Pichelsdorf erdachten Konzept bald die Tagesparole: »Brecht dem Schütz die Gräten, alle Macht den Räten!« Ebenso wie Richard Löwenthal am Abend des 8. Juni Dutschkes Tendenz zur Gewalt erkannte, bemerkte sie Jürgen Habermas am folgenden Tag in Hannover. Er fand den passenden Begriff: linker Faschismus. Kaum einschränkend fügte er hinzu: »Jedenfalls glaube ich Gründe zu haben, diese Terminologie vorzuschlagen.« Er fragte sich, ob Rudi Dutschke »nun willentlich die manifeste Gewalt herausfordert nach dem kalkulierten Mechanismus, der in diese Gewalt eingebaut ist, und zwar so, dass er das Risiko von Menschenrechtsverletzungen, um mich vorsichtig auszudrücken, absichtlich einschließt oder nicht«.[140] Dutschke und seine Gefolgschaft empörten sich wild.[141] Habermas relativierte seinen Vorwurf später, nannte ihn »unglücklich«, entschuldigte sich fast.

Doch schon vier Tage nach dem Treffen in Hannover, am 13. Juni, heißt es in Dutschkes machthungrigem Tagebuch-Stakkato: »F[ritz] Teufel sitzt noch immer in U-Haft; es haben Diskussionen über ›Befreiung‹ begonnen – juri[stischer] bis milit[ärischer] Provenienz.« Selbstredend feierte es der Tagebuchschreiber als »Erfolg«, als er während der SDS-Delegiertenkonferenz im September 1967 »zwei bzw. drei prinzipielle [, die] Legalität überschreitende Resolutionen« durchsetzte.[142] Ende November sprach er auf einer Solidaritätsveranstaltung für den Genossen Fritz Teufel, dem abermals der Gang ins Gefängnis drohte. Dutschke schlug Aktionen »jenseits des bestehenden Rechts« vor und kam unter donnerndem Beifall auf den Wiener Justizpalast zu sprechen, den revolutionäre Arbeiter 1927 in Brand gesteckt und eingeäschert hatten: »Ich sage dies nur als Beispiel, aber jeder soll selbst nachdenken.«[143] Peter Schneider dichtete, »Der Stein, den wir auf die amerikanische Botschaft werfen / ist soviel wert wie eine Flugzeugrakete in Vietnam« oder ließ einen Besoffenen vor sich hinträumen: »Wenn wir wieder aufwachen, sind wir soweit: / wenn uns das Benzin nicht mehr schmeckt, gießen wir es über eure Autos.« Am Ende werden Geschäfte geplündert, Villen angezündet, Schnapsflaschen geklaut, und »dann ist uns so leicht wie noch nie«.[144]

Anfang 1968 erklärte Dutschke in Amsterdam: »Wir haben die Pflicht, unsere eigene Herrschaft in unserem eigenen Land, die kapitalistische Herrschaft, zu vernichten.« Im Übrigen müsse der US-Imperialismus zerschlagen werden, »und zwar mit allen Mitteln«.[145] Von einer Kuba-Tournee zurückgekehrt, erläuterte Rabehl im Herbst 1968, wie schnell der Umsturz vollzogen werden könne, wie begründet die revolutionäre Selbstermächtigung sei. Castros Guerilla-Armee habe nie mehr als 2000 Mann gezählt, doch die 40 000 Mann starke Batista-Armee schon nach zwei Jahren geschlagen – »erst zum Schluss schloss sich im Generalstreik der größte Teil des Volkes an«.[146] Bald stellte der Kölner Verfassungsschutz alarmiert fest, dass der Verband der Kriegsdienstverweigerer, Ortsgruppe Frankfurt am Main, aus Wehrdienstunwilligen »revolutionäre Kader« machen wolle. Ein Artikel in dem Verweigerer-Blatt *Zivil* schloss im Dezember 1968 mit dem Aufruf: »Kriegsdienstverweigerung wird jetzt Massenbewegung! Zerschlagt die NATO! Paralysiert die nationalen Streitkräfte.«[147] Nur angemessen folgerte Erwin K. Scheuch, der nur einen Bruchteil der hier zitierten Äußerungen kennen konnte, aus all dem 1968, die Politik der Neuen Linken bedeute »entschlüsselt nur Vorbereitung des Umsturzes durch Zersetzung und taktisch dosierte Gewalt«.[148]

Im Januar 1968 gaben die Eltern Rudi und Gretchen Dutschke ihrem ersten Sohn den Namen Hosea Che. Der alttestamentarische Prophet Hosea hatte im achten vorchristlichen Jahrhundert in einer Zwischenzeit des Wohlstands und Friedens gewirkt. Die meisten Israeliten lebten in Feierlaune, huldigten dem Abgott Baal, sie erfreuten sich an Silber, Gold und Hurerei, lästerten Gott und logen. In dieser Zeit predigte Hosea unermüdlich vom blutigen und schimpflichen Ende dieser für das Volk Israel so überaus angenehmen Epoche. Der Arzt Ernesto Guevara, der den volkstümelnden Beinamen Che kultivierte, kämpfte im bolivianischen Dschungel. Er hatte das Skalpell gegen die Knarre eingetauscht, weil sich so effektvoller für das Wohl der Menschheit wirken lasse.

Rudi Dutschke starb am Heiligen Abend 1979 an den Spätfolgen des Attentats vom April 1968, demnächst trägt eine Berliner Straße seinen Namen. In der Textsammlung, die der Rowohlt Verlag nach Dutschkes Tod unter dem Titel herausgab »Mein langer Marsch. Reden, Schriften und Tagebücher aus zwanzig Jahren«, fehlen nahezu alle in diesem Kapitel benutzten Quellen. Dutschke hatte dafür einen Begriff popularisiert: Manipulation der öffentlichen Meinung. Bernd Rabehl tritt mittlerweile gerne bei der NPD auf. Horst Mahler ist zum bekennenden Rechtsradikalen und Antisemiten geworden. Die RAF, die er 1970 mitbegründet hatte, nennt er heute Waffen-SDS. Am 20. Januar 1973 hatte der angeklagte Terrorist Mahler vor dem Ersten Strafsenat des Berliner Kammergerichts seinen gesetzlichen Richtern erklärt: »Mit der bürgerlichen Justiz ist endlich abzurechnen, mit den Bütteln des Kapitals redet man nicht – auf die schießt man.«[149]

Christian Semler produzierte im Mai 1974 zum Rücktritt Willy Brandts noch Zeitungsschlagzeilen wie diese: »Brandt gescheitert – das Gespann der Volksfeinde wird ausgewechselt«, heute gibt er den abgeklärten Meinungsführer bei der *taz*. Hans Magnus Enzensberger weiß noch immer, wo es lang geht, ganz so, wie Uwe Johnson in den »Jahrestagen« unter dem Datum vom 29. Februar 1968 bemerkte: »Offensichtlich nimmt das Offensichtliche zu an Offensichtlichkeit, wenn ein Enzensberger es sagt.«[150] Unverdrossen und isoliert kritisierte Jürgen Habermas weiterhin die Realitätsferne, die narzisstische Selbstsucht und Gewaltbereitschaft der Rebellen. Enzensberger porträtierte er als »zugereisten Harlekin am Hof der Scheinrevolutionäre, der, weil er so lange unglaubwürdige Metaphern aus dem Sprachgebrauch der zwanziger Jahre für seinerzeit folgenlose Poeme entlehnen musste, nun flugs zum Dichter der Revolution sich aufschwingt – aber immer noch in der Attitüde des Unverantwortlichen, der sich um die praktischen Folgen seiner auslösenden Reize nicht kümmert.«[151]

Affenkönige mit dem goldenen Stab

Mao: Junge Deutsche huldigen einem Massenmörder

In der Rückschau erscheinen die Protestler provinziell und selbstbezogen. Die politischen Geschehnisse des Jahres 1968 drehten sich nicht um einige Zehntausend vergleichsweise verwöhnte Studenten in Berkeley, Berlin, Paris oder Turin. Das wirklich Wichtige geschah in Prag und Peking. Mit dieser Kritik trifft Ralf Dahrendorf einen wichtigen Punkt.[152] Am 21. August 1968 rückten sowjetische Truppen in der Tschechoslowakei ein. Sie erstickten den Prager Frühling und verlängerten die Teilung Europas um gut 20 Jahre. Gleichzeitig erreichte die staatlich veranlasste Mordkampagne im kulturrevolutionären China ihren Höhepunkt.

Nur wenige neue Linke versammelten sich am 21. August 1968 vor der tschechoslowakischen Militärmission in Westberlin. Am nächsten Tag verfassten die Vertreter aller wichtigen Gruppen (Republikanischer Club, SDS, Sozialdemokratischer Hochschulbund, Falken, AStA der TU, AStA der FU, AStA der Kirchlichen Hochschule) ein merkwürdiges Flugblatt. Demzufolge wäre »ein militärisches Vorgehen gerechtfertigt« gewesen, falls die Gefahr eines Rechtsputsches bestanden hätte. Das sei aber – trotz der »bürgerlichen Erscheinungsformen« in der reformerisch regierten CSSR – noch nicht der Fall gewesen. Das Flugblatt endete mit zeitüblichem, ereignisfremdem Gebrause: »Es lebe die sozialistische Weltrevolution!!!«[153]

Hektisch produziert, von Bernd Rabehl eingeleitet und in orthographisch wie grammatikalisch ungewaschenem Zustand, warf der Bundesvorstand des SDS sofort eine Broschüre auf den Markt. Auf dem Deckblatt prangte die bombastische Quellenangabe: »Fernseh-Rede des Kommandanten Fidel Castro Ruz, Premierminister der Revolutionären Regierung und Erster Sekretär des Zentralkomitees des [!] Kommunistischen Partei Kubas [,] gehalten [,] um die Ereignisse in der Tschechoslowakei zu analysieren, Freitag, den 23. August 1968 [,] im ›Jahr des heroischen Guerrillero[s]‹.« Der kubanische Revolutionsführer fand vorsichtige Worte gegen den sowjetischen »Revisionismus«, rechtfertigte jedoch »die bittere Notwendigkeit« des Einmarschs. Rabehl hackte in der Einleitung auf dem tschechischen Wirtschaftsreformer und jüdischen Mauthausen-Häftling Ota Šik herum, dessen Wirtschaftsmodell die Erfolge der »kollektiven Erziehung« zerstöre, ebenso auf dem sowjetischen Reformökonomen Evsei Liberman und steigerte sich im letzten Satz zum Donnerhall: »Der Hauptgegner für den europäischen Sozialismus ist [!] auch der amerikanische Imperialismus und seine Marionetten in der ganzen Welt.«[154] Mithilfe solcher Texte verbannten viele neue Linke das gewaltsame Ende des Prager Frühlings rasch aus dem Gedächtnis. Aus Enzensbergers geistiger Rüststätte erschien kein *Kursbuch* zu diesem Thema.

Wenige Wochen nach dem Einmarsch tagten die Delegierten des SDS in Frankfurt. Das tagespolitisch wichtige und für bekennende Sozialisten zentrale Thema Tschechoslowakei erörterten sie »nur in einigen Nebensätzen«. Einzig Daniel Cohn-Bendit, der infolge des Pariser Mais von 1968 nach Deutschland abgeschoben worden war, »bemängelte als Gastredner den unpolitischen Verlauf der Konferenz besonders deshalb, weil eine Erörterung der sowjetischen Interventionen vermieden worden sei«. So protokollierte das Bundesamt für Verfassungsschutz.[155] Im offiziellen Bericht des SDS steht davon nichts. Stattdessen beschäftigten sich die Delegierten mit der »Organisationsfrage« und der »Frauenfrage« – genauer gesagt: mit sich selbst.

Mit dem Mao-Tse-tung-Fieber infizierten sich die neuen Linken an der chinesischen Kulturrevolution. Mao hatte sie Ende 1966 ins Werk gesetzt. Getragen wurde sie von den Jugendlichen der Roten Garden, die bald drei Millionen 14- bis 25-Jährige umfassten. Die Rebellen in der Bundesrepublik und in Westberlin nahmen das rohe Willkürregiment in China als »permanente Revolution« wahr, als »ununterbrochenen Lernprozess der Massen und der Partei, mit dem Ziel der Schaffung eines neuen Menschen«, als bewundernswerten »Versuch, Unruhe und Widerspruch von der Basis her zu ermutigen« und so binnen kurzer Zeit »mehr petrifizierte Institutionen wegzuschwemmen, als man es je zu träumen gewagt hätte«. Über diejenigen, die in der Kulturrevolution hauptsächlich »Terror« sähen, sei »kein Wort zu verlieren«.[156] Die Studenten und Studentinnen riefen fröhlich Mao-Sprüche wie diese: »Der Feind verfault mit jedem Tag, während es uns täglich besser geht!«, wahlweise »Die Revolution ist kein Deckchensticken!« oder »Alle Macht kommt aus den Gewehrläufen!«, sehr beliebt auch: »Für alles Reaktionäre gilt, dass es nicht fällt, wenn man es nicht niederschlägt.«

Joachim Fest kommentierte das Phänomen 1967 unter Hinweis auf die deutsche Jugendbewegung: »Nicht Jörg von Frundsberg führt sie an, sondern Mao. Und doch Übereinstimmung.«[157] Fest konnte damals nicht ahnen, dass Günter Grass in der Waffen-SS-Division Jörg von Frundsberg gedient hatte und später den Namen seiner Einheit so erklären würde: »Der war mir als Anführer des Schwäbischen Bundes aus der Zeit der Bauernkriege und als ›Vater der Landsknechte‹ bekannt. Jemand, der für Freiheit, Befreiung stand.« Der Kämpfernatur Frundsberg, die Grass und der Geschichtswissenschaft nur schemenhaft bekannt ist, wird die Wendung zugeschrieben »Viel Feind, viel Ehr«. Wir Achtundsechziger labten uns am irrealen Mao, dem Vater der umherziehenden Roten Garden, der vermeintlich für Befreiung stand und die Losung ausgab: »Wenn der Feind uns bekämpft, ist das gut und nicht schlecht.«

Am 12. Januar 1967 zeigte das Filmstudio der FU im überfüllten Auditorium maximum den chinesischen Film »Die große proletarische Kulturrevolution«. Anschließend diskutierte der zum SDS gehörige Psychologiestudent Rainer Langhans mit Richard Löwenthal. Während Langhans den Personenkult als notwendige Übergangserscheinung verharmloste, ordnete Löwenthal die Kulturrevolution in die Geschichte des Kommunismus ein. Er verglich sie mit der blutigsten Phase des stalinistischen Terrors in der Sowjetunion. Im Konflikt zwischen »revolutionären Veteranen« und »technokratischer Bürokratie« habe Stalin die Vertreter der »fachlichen Rationalität« in den Jahren um 1937 »ausgerottet«. Strukturell Ähnliches, im Einzelnen noch nicht völlig Durchschaubares vollziehe sich nun in China, analysierte Löwenthal. Seiner Meinung nach hatten sich die Altrevolutionäre um Mao Tse-tung in den jungen Rotgardisten »künstliche Veteranen« geschaffen.[158]

Am 20. Februar 1967 kündigte der AStA der FU einen Vortrag zur chinesischen Kulturrevolution an. Auf der Einladung prangte eine jener blumigen Selbstermächtigungsphrasen, die Rotgardisten der Pekinger Tsing-Hua-Universität auf ihre Wandzeitungen pinselten: »Revolutionäre sind wie der Affenkönig, ihr goldener Stab ist mächtig, ihre übernatürlichen Kräfte sind weitreichend und ihr Zauber ist allmächtig; denn sie besitzen die unbesiegbare Lehre Mao Tse-tungs. Wir schmieden unsere goldenen Stäbe, wir benutzen unsere übernatürlichen Kräfte und verwenden unsere Zauberkraft, um die alte Welt auf den Kopf zu stellen, sie in Stücke zu zerschlagen, sie in Staub zu verwandeln, ein Chaos zu erreichen und eine große Unordnung zu stiften, je größer, desto besser!«[159]

Die Rotgardisten beriefen sich auf die mit einem goldenen Herrscherstab ausgestattete mythologische Figur des Affenkönigs Sun Wukong. Er ist schlau, kann sich verbergen, von hier nach dort fliegen, alles durcheinanderbringen und siegt dabei stets über seinen Gegenspieler, den Schweinegeneral Ba Jie. Mitte 1968 behauptete Peter Schneider im *Kursbuch* unter Hinweis auf Mao Tse-tung: »Die Verwirklichung des Libidoprogramms unter den Bedingungen des Spätkapitalismus und Imperialismus ist daher die Weltrevolution.« In solchen Texten und Darbietungen erschien Mao als Messias, der die angeblich wünschenswerte Mixtur aus Gewalt und Lust predigte und den Pfad zur endgültigen Dauerlust wies.[160]

Wie sah das Paradies in Wirklichkeit aus? In den Jahren zwischen 1966 und Maos Tod 1976 starben in der Volksrepublik China mindestens drei Millionen Menschen infolge der staatlich initiierten »Säuberungen«. Ebenfalls im Zuge der Kulturrevolution wurden etwa 100 Millionen chinesische Staatsbürger aus den Ämtern verjagt, gedemütigt, gefoltert und zu elender Zwangsarbeit verdammt. Deng Pufang, der älteste Sohn von Deng Xiaoping, wurde als Kind von den Roten Garden derart schlimm traktiert, dass er sich durch einen Sprung aus dem Fenster zu retten versuchte. Seither ist er querschnittsgelähmt. 1988 gründete er den Chinesischen Behindertenverband.[161] Die Schülerinnen einer Pekinger Mädchenschule erschlugen ihre Direktorin; »reaktionäre« Künstler wurden von den Rotgardisten in den Selbstmord getrieben; ein 86-jähriger Bauer schlitzte einem Jungen die Brust auf, weil er ein Sohn des längst enteigneten ehemaligen Landbesitzers war. »Ja, ich habe ihn getötet«, sagte der greise Mörder später einem Journalisten, »die Person, die ich getötet habe, ist ein Feind ... Haha! Ich mache Revolution, und mein Herz ist rot! Hat nicht der

Vorsitzende Mao gesagt: Entweder wir töten sie oder sie töten uns? Sie und ich leben, das ist Klassenkampf!«[162]

Die mörderische Seite der chinesischen Kulturrevolution muss hier benannt werden, weil die westdeutschen Fans des »großen Revolutionsführers« die Schreie überhörten, die aus dem Schlachthaus drangen. Heute schweigen viele der Ex-Freunde Maos betreten. Sie erwecken den Eindruck, als ließe sich die allgemeine Mao-Begeisterung auf die seit 1970 entstandenen ultradoktrinären kommunistischen Kadergruppen reduzieren, als dürfe nur der als Ex-Maoist bezeichnet werden, der nachweislich einer solchen sogenannten K-Gruppe angehört habe. Davon kann keine Rede sein. Schließlich hing das Porträt Mao Tse-tungs 1968/69 in vielen Studentenbuden und Schülerzimmern der westdeutschen Neuen Linken. Tausende – auch ich – trugen zeitweilig einen kleinen rot unterlegten oder rein goldfarbenen Mao-Kopf am Revers.

Gewiss enthielt die Mao-Schwärmerei ein provokatorisches, mitunter heiter-unbedachtes Moment. Man mag darin ein modernes Echo auf die romantische Chinasehnsucht vergangener Jahrhunderte sehen, auf die starke Attraktion, die der unbekannte, kulturell interessante, aber schwer zu verstehende, sehr ferne Osten schon lange auf das Abendland ausgeübt hat. Doch erklärt sich die Begeisterung für die Kulturrevolution hauptsächlich aus ihrer prononcierten Unzivilisiertheit. Dazu Löwenthal glasklar: »Die Bewunderung der ›Neuen Linken‹ für Castro und Mao [beruht] auf einem romantischen Missverständnis, das in diesen rastlosen, harten Fronvögten ihrer Völker die ›edlen Wilden‹ unserer Zeit sehen will.«[163] Da sich die Kulturrevolution im Irgendwo hinter der Großen Mauer abspielte, konnten die westlichen Bewunderer leicht über die Gewalt hinwegsehen und sich an den großen Gesten des revolutionären Schattenspiels erfreuen. Wie sonst sind die devot kommentierten Verse des im Nebenamt auch großen Dichters Mao zu verstehen, die das *Kursbuch* Anfang 1969 abdruckte:

»Vier Meere aufgebäumt, Wolken und Wasser zornig, / fünf Erdteile bebend, Wind und Donner entfacht. / Müsst sie auskehrn, allesamt, die üblen Insekten: / nirgend sonst Feinde.« Der Kommentator Joachim Schickel betrachtet es als »seltenen Glücksfall«, dass der »Stratege dieses Kampfes«, Mao Tsetung, an »beiden Fronten« kämpft, »der politischen, die unter literarischem, der literarischen, die unter politischem Beschuss liegt«. Das Schicksal der »üblen Insekten« interessierte ihn nicht, vielmehr pries er »die *Bewegung der Vier Säuberungen* (auch *Sozialistische Erziehungsbewegung* genannt)«, die 1964 ein Vorstadium der Kulturrevolution gebildet habe.[164]

Was konnte man über die Mao-Verbrechen wissen?

Heute sind die Kursbücher und Mao-Fibeln in den Papiermühlen verschwunden. Wenn überhaupt, tuscheln Altgenossinnen und -genossen gelegentlich einer gemeinsamen Feier: »Nicht schön, was man da jetzt über Mao hören muss; zu Frauen soll er auch nicht gerade nett gewesen sein.« Andere, die das Buch »Wilde Schwäne« von Jung Chang gelesen oder sich die Fotografien von Li Zhensheng aus der Zeit der Kulturrevolution angesehen haben, bemerken indigniert: »Das konnten wir doch nicht wissen!« Blättert man in Li Zhenshengs Bildband »Roter Nachrichtensoldat«, dann finden sich für die Jahre 1966 bis 1969 Fotos, die sofort an das nationalsozialistische Deutschland erinnern. Da plündern junge Männer und Frauen uralte buddhistische Tempel und weniger alte christliche Kirchen, verbrennen die heiligen Schriften und Symbole. Sichtlich beglückt schleifen sie schließlich die Gebäude selbst. Unter dem Hallo aufgeputschter Massen werden buddhistische Mönche gedemütigt. Sie müssen ein Podium besteigen, sich der öffentlichen »Selbstkritik« stellen und das Transparent mit der Aufschrift hochhalten: »Zur Hölle mit den buddhistischen Schriften. Sie sind voller Hundefürze.« Zu den Ritualen des Zerstörens und Erniedrigens gehören die Folgeszenen: »Konterrevolutionären« werden die Haare abrasiert oder ausgerissen, die Münder im Wortsinn gestopft und am Ende einige unter absurden Beschuldigungen öffentlich erschossen.

All das wollten wir damals nicht wissen. Ausgerechnet wir, die wir unseren Eltern vorwarfen, sie hätten sich gegenüber den Naziverbrechen zumindest gleichgültig verhalten und sich hinterher auf ihre Ahnungslosigkeit herausgeredet, argumentieren hinsichtlich der Mao-Verbrechen genauso, schweigen oder wollen uns an nichts erinnern. Analog zu dem für die NS-Zeit immer wieder erörterten Thema »Was konnten die Deutschen wissen?« ergibt sich für die Mao-Bewunderer von einst die Frage: Was hätten sie, was hätte ich über die Herrschaft des Verbrechens in China 1967/68 genau erfahren können?

Sehr viel! Bereits der Beschluss, mit dem die Führung der KP Chinas die Kulturrevolution ausgerufen hatte, kündigte massive Gewalt an. Er war am 8. August 1966 in Peking veröffentlicht worden. Den Kritikern der Politik Maos wurde darin der »Kampf auf Leben und Tod« angesagt, »die ganze Härte der Diktatur des Proletariats«. Der deutsche Wissenschaftler, der solche Dokumente ebenso wie die mündlichen und schriftlichen Berichte aus China fortlaufend sammelte, las und publizierte, hieß Jürgen Domes. Er saß mitten auf dem Campus der Freien Universität im Otto-Suhr-Institut. Ein Experte von hohen Graden. Bei ihm hätten wir uns leicht unterrichten können. Fortlaufend bot er einschlägige Seminare zur chinesischen Innenpolitik an.

1967 publizierte Domes Einsichten wie diese: Beginnend in Peking, Schanghai und anderen Großstädten wurden Kritiker des Parteiführers von den Rotgardisten »durch die Straßen geschleift, geschlagen, gedemütigt, gefoltert und mit Sicherheit in vielen Fällen auch getötet«. Sie »zerstörten Tempel, christliche Kirchen und einige Museen und führten ›Haussuchungen‹ durch, denen ›bourgeoise Luxusartikel‹ wie Standuhren, Aquarien und Musikinstrumente zum Opfer fielen.« Am 24. Januar 1967 hatte Chinas Außenminister Marschall Ch'en Yi in einer »Selbstkritik« vor Rotgardisten in Peking mitgeteilt, »dass allein im Spätsommer und Herbst 1966 mehr als 400 000 Kader physisch liquidiert worden« waren.[165] In seiner Arbeitsstelle führte Domes von Beginn der Kulturrevolution an genau Buch, wer alles aus der Führungselite Chinas verhaftet worden war, »Selbstmord« begangen hatte oder an »Herzschlag« gestorben war.[166] 1964 hatte Domes errechnet, dass die Sozialisierung der Landwirtschaft und Naturkatastrophen in China zu einer Hungersnot geführt und binnen 18 Monaten »mindestens 10,5 Millionen Todesopfer« gefordert hatten.[167]

Im *Kursbuch 9*, das zufälligerweise punktgenau im Juni 1967 herauskam, hatte Enzensberger eine 80 Seiten lange Eloge zum Thema »Dialektik in China. Mao Tse-tung und die Große Kulturrevolution« aufgenommen. Verfasst und mit Fußnoten förmlich gespickt hatte es der schon vorgestellte Mao-Hagiograph Schickel. Den China-Kenner Domes zitierte er nicht. Stattdessen warnte er vor den »fatalen« Flüchtlingsberichten und verwies auf Quellen wie diese: »Vorsitzender Mao feiert zusammen mit einer Million Menschen die große Kulturrevolution, in: Peking Rundschau 1966/35.« In der Sache aber stützte sich der Kursbuch-Autor auf einen deutschen Ökonomen, der eine längere Studienreise nach China unternommen und darüber das zahlenstarke Buch »Die chinesische Volkskommune im ›großen Sprung‹ und danach« veröffentlicht hatte. Der Verfasser dieser Studie pries das chinesische Experiment als erfolgreiche Form totalitärer Entwicklungspolitik. Die Hungersnöte mit Millionen Toten verschönte er zur »Zeit der Unterernährung«, an anderer Stelle zum »zeitweiligen Rückschlag«. Er lobte die »beträchtliche Verminderung der städtischen Bevölkerung« zugunsten der »landwirtschaftlichen Front« und widmete dem staatlichen »Umsiedlungsamt« warme Worte: »Rückführung von mehr als 20 Mill. Arbeitskräften in die Feldarbeit.« Die »schroffen Maßnahmen« in China, »die stets mit großen Opfern und Verlusten verbunden sind«, rechtfertigte er mit der notwendigen Kapitalbildung.[168]

Dieser in Schickels Kursbuch-Artikel immer wieder herbeizitierte Kronzeuge hieß Max Biehl. Er hatte 1940 bis 1944 die Grundsatzabteilung der Hauptabteilung Wirtschaft im deutsch besetzten Polen geleitet. Der NSDAP war er 1933 beigetreten. Als die Slowakei 1939 von Hitler-Deutschland als selbständiger Staat kreiert wurde, riet Biehl im Hamburger *Wirtschaftsdienst* dazu, die neue Regierung solle sofort »die Lösung der Judenfrage«, »die allgemeine Enteignung des jüdischen Grundbesitzes« und eine »Neugruppierung im Kreditwesen« auf die Tagesordnung setzen. Kaum war das vollzogen, freute er sich, dass für nicht-jüdische Slowaken »Aufstiegsmöglichkeiten im Staatsdienst und in freien Berufen freigemacht« worden seien. Im besetzten Polen entwickelte derselbe Mann seine Passion für Umsiedlungsbehörden, die ihm 25 Jahre später im kommunistischen China so außerordentlich lobenswert und gut bekannt erscheinen sollten.

Im Januar 1941 teilte Biel seinen hanseatischen Lesern mit, dass Umsiedlungen die »Ausgangspunkte des deutschen Aufbauwerkes« im besetzten Polen seien: »Es würde aber zu weit führen, hier im einzelnen die Personenkreise anzugeben, die einerseits für die spätere Aussiedlung, andererseits für die Heimkehr oder Einweisung in das Generalgouvernement in Frage kommen mögen.« In der von ihm mitbegründeten deutsch-polnischen Zeitschrift *Die wirtschaftliche Leistung* drückte sich Biehl Ende 1942 deutlicher aus: »Durch die inzwischen erfolgte Aussonderung der Juden wird der Bevölkerung des Generalgouvernements Raum für Aufstieg geschaffen.«[169]

Auf solchen geistigen Grundlagen propagierte das *Kursbuch* 1967 die Kulturrevolution Maos. Für die, die solche Texte damals gläubig verschlungen haben, bleibt das eine biographische Schande. Hans Magnus Enzensberger erklärte im September 2007, er sei in jenen Jahren als *Kursbuch*-Herausgeber gewissermaßen ethnologisch interessierter »teilnehmender Beobachter« gewesen. Christian Semler, der 1970 bis 1980 die maoistische KPD mit anführte, täuschte sich und andere, als er 1998 behauptete: Man habe von der »chinesischen Utopie« in den späten Siebzigerjahren unter anderem deshalb abgelassen, »weil die Fakten der massiven politischen Unterdrückung ans Licht kamen«.[170]

All das hätte Semler bequem schon am 6. Oktober 1974 wissen können, als er seinen KPD-Anhängern zum 25. Jahrestag des Bestehens der Volksrepublik China erklärte: »Die deutschen Genossen verfügten im großen schöpferischen Beitrag des Genossen Mao Tse-tung [über] einen sicheren Kompass.« Im Übrigen ließ er noch jahrelang »Arbeiterdelegationen« seiner Operettenpartei zu Freundschaftsbesuchen in die Volksrepublik China aufbrechen und sie dort zu festlichen Banketts einladen. Nachdem der Große Vorsitzende am 9. September 1976 das Zeitliche gesegnet hatte, veranstalteten die deutschen Maoisten in Düsseldorf ihre zentrale Trauerfeier. Im November 1976 dienerte Semler mit seinem Zentralkomitee vor dem Zentralkomitee der chinesischen Bruderpartei in Peking.[171] Am 10. April 1976 zelebrierte er mit seiner strenggläubigen Kommunistensekte in Dortmund eine »Festveranstaltung« zum ersten Jahrestag der Eroberung von Phnom Penh durch die Massenmörder Pol Pots. Im Januar 1978 erklärte diese KPD ihre »bedingungslose Unterstützung« für Pol Pot.[172]

Auch wenn die meisten wesentlich früher zur Einsicht gelangten als die KPD-Maoisten, so gilt für die frühen Jahre der Revolte doch: Wir radikalen Linken wollten die Tatsachen lange Zeit nicht sehen. Sie störten die gemeinschaftliche Einbildung, die Lust, das in der Ferne gelegene ganz Große zu adorieren. Das allzu genaue Wissen hätte den Konsens gestört, demgemäß beim Hobeln für revolutionäre Ziele eben auch Späne fallen und Opfer in Kauf genommen werden müssen. Deshalb stempelten wir den Boten Domes zum abgefeimten »Rechten«. Ende April 1968 wies Bundesforschungsminister Stoltenberg in einer Fernsehdiskussion auf die »Grausamkeiten« der chinesischen Kulturrevolution hin. Sein Gesprächspartner Rabehl entgegnete: »Das ist eine zynische Unterstellung jetzt von Ihnen.«[173] Zur selben Zeit publizierte Günter Amendt (SDS) die durch und durch gegenaufklärerische Voltaire Flugschrift Nr. 13 »China. Der deutschen Presse Märchenland«. Freilich enthält sie viele, damals als verzerrte Darstellungen der bürgerlichen Presse denunzierte Wahrheiten.

Lese ich die Schriften von Jürgen Domes (1932–2001) heute, erkenne ich mit der selbstverschuldeten Verspätung von 40 Jahren einen Wissenschaftler, der empirisch sorgfältig arbeitete und umsichtig urteilte. Keinesfalls trübte schäumender Antikommunismus seinen Blick. Doch die Kinder der Nazis tanzten um einen kultigen Massenmörder, bewunderten einen großen Führer, der in der von Albert Speer und Joseph Goebbels bevorzugten Bildsprache den angeblich glücklichen Massen zuwinkte und gelegentlich zu ihnen sprach.

Liberales Kokettieren mit den Linksradikalen

Die Jugendrevolte pflegte die Liebe zur Gewalt und die Blindheit gegenüber aktuellen und vergangenen Tatsachen. In seinem Revolutionscredo »Die Widersprüche des Spätkapitalismus« bemerkte Dutschke, die Studenten hätten nach dem Todesschuss auf einen der ihren »dem Gegner die Initiative« überlassen und damit »die erste Regel, die wir von Mao Tsetung, von Guevara und von Fanon aus der Dritten Welt gelernt hatten«, missachtet. Da es den aufgebrachten Studenten zunächst tatsächlich an Gewaltbereitschaft fehlte, verbreitete sich nach Ansicht Dutschkes in den Wochen nach dem 2. Juni 1967 das Gefühl »der eigenen Ohnmacht, man machte sich zum Juden [und] rationalisierte damit die eigene Unfähigkeit, sich an die Massen zu wenden«.[174]

Wie ist das seinerzeit gängige, in allen möglichen SDS-Flugblättern und Reden vertretene Argument zu verstehen? Mussten die von den Deutschen verfolgten Juden deshalb sterben, weil sie vergessen hatten, sich rechtzeitig an die Massen zu wenden? Vielleicht an die deutschen Massen? Man stelle sich vor, der Bürgermeister einer brandenburgischen Kleinstadt würde heute erklären, gegen eine geplante Müllverbrennungsanlage oder gegen ein Aussiedlerheim gelte es, Widerstand zu leisten, weil man sich sonst »zum Juden« mache. Gleichgültig, welcher Partei der Mann angehörte, er verschwände am nächsten Tag im politischen Orkus. Rudi Dutschke und seine vielen Zehntausend Zuhörer und Leser störten sich daran nicht. Könnte es sein, dass sie die fehlende Gewaltbereitschaft der Juden verachteten?

Der mit diesem Dutschke-Text bestückte Rowohlt-aktuell-Band erschien im Mai 1968, wenige Wochen nach dem 11. April, dem Tag des Attentats. Noch im selben Monat erreichte das Buch eine Auflage von 110 000 Exemplaren. Dutschke verstand vom Mord an den europäischen Juden wenig oder nichts, er wollte, wie noch gezeigt wird, davon nichts wissen. Insofern repräsentierte er viele der damaligen Linksradikalen in Deutschland. Als ein Bekannter von Raul Hilberg dem Rowohlt Verlag 1967 vorschlug, dessen Buch »The Destruction of the European Jews« zu übersetzen, antwortete ihm der für die Dutschke-Betreuung zuständige Lektor Fritz J. Raddatz: Der Verlag sei schon zu sehr mit Aktuellem »belastet« und beabsichtige nicht, für Hilbergs grundlegende Studie andere »Projekte zu opfern«.[175]

Zu den möglichen »Opfern« des Wiener Emigranten Hilberg hätten munter produzierte Rowohlt-aktuell-Bände wie diese gehört: »Ernesto Che Guevara, Brandstiftung oder neuer Friede?«; »Mao Tse-tung, Theorie des Guerillakrieges oder Strategie der Dritten Welt«; »Gabriel und Daniel Cohn-Bendit, Linksradikalismus – Gewaltkur gegen die Alterskrankheiten des Kommunismus«. Vielleicht hätte der Verlag zugunsten der Aufklärung über das deutsche Morden noch auf einige der im Programm reich vertretenen Titel zur Rüstungs- und Rassenpolitik der USA verzichten müssen, um wenigstens ein Buch über die deutschen Rassenkrieger zu drucken. Jedenfalls erschien Hilbergs Monumentalwerk erst 1982 auf Deutsch, und zwar in dem linksradikalen Kleinverlag Olle & Wolter. Das Datum markiert die Rückkehr der Neuen Linken auf den Boden der geschichtlichen Tatsachen.

Erst 1990 nahm der Fischer Taschenbuchverlag »Die Vernichtung der europäischen Juden« in der mittlerweile erweiterten Version ins Programm. Auch dieser Verlag hatte 1967 mit anderen Titeln geglänzt, zum Beispiel: »Das Rote Buch. Worte des Vorsitzenden Mao Tse-tung«. Es erschien bis 1977 in einer Gesamtauflage von 140 000 Stück, beworben mit dem Text: »Dieses Buch ist die Grundlage der ›proletarischen Kulturrevolution‹ in China; es hat die politischen Entwicklungen im Osten und Westen tiefgreifend beeinflusst. ›Sobald die Gedanken Mao Tse-tungs von der breiten Masse ergriffen worden sind, werden sie zu einem unversiegbaren Kraftquell und zu einer geistigen Atombombe werden, deren Macht unvergleichlich ist.‹ (Lin Piao).«

Wie vom Teufel geritten trennten die neuen Linken in Schwarz und Weiß. Sie behaupteten, den archimedischen Punkt zu kennen, an dem der Hebel zur Wende der Weltgeschichte anzusetzen sei. Sie meinten genau zu wissen, wo die Haupt- und wo die Nebenwidersprüche lägen. Der humanen Dimension des Kompromisses begegneten sie mit Blindheit und wurden dabei von vielen liberalen Sympathisanten und Salonbolschewisten gestützt wie Raddatz, Enzensberger oder Sebastian Haffner. Letzterer warb im Frühjahr 1967 für die chinesische Kulturrevolution mit dem Hinweis, sie eröffne »menschheitsgeschichliches Neuland«. Sie knüpfe dort an, wo »der Bolschewismus seinerzeit in Russland ernüchtert haltgemacht hat«. Haffner lobte, wie neben Mao auch Guevara die Gefahren postrevolutionärer Selbstzufriedenheit »mit unheimlicher Treffsicherheit« bloßlege. Ebenso bejubelte Haffner 1968 das Traktat von Johannes Agnoli und Peter Brückner über die Notwendigkeit einer revolutionären »Transformation der Demokratie« als »kleines Meisterwerk«.[176] Ernst Fraenkel warf den Vertretern dieses Geistes vor, sie kokettierten »mit einem Kaffeehaus-Radikalismus«.[177]

Die Direktorin des Allensbacher Instituts, Elisabeth Noelle-Neumann, deren Expertise zum politischen Denken der Studenten schon dargestellt wurde, untersuchte an ihrem Mainzer Lehrstuhl für Publizistik auch die Frage, wie die westdeutschen Tageszeitungen auf die Studentendemonstrationen beim Schahbesuch und den Tod des Demonstranten Ohnesorg reagiert hatten. Die Ergebnisse lieferte sie im Dezember 1967 ab. Benno Ohnesorg war an einem Freitagabend nach 20 Uhr erschossen worden, folglich erschienen die meisten Artikel am Montag, dem 5. Juni. 64 Prozent der Zeitungen berichteten in neutral-sachlicher, 28 Prozent in politisch abstempelnder Weise (»Linksradikale«) und 15 Prozent mit eindeutig herabsetzender Tendenz (»Krawallbrüder«, »halbstarke Wirrköpfe«). Aus den drei Unterscheidungskriterien ergibt sich die Summe von 107 Prozent; das liegt an den gelegentlich unterschiedlichen Wertungen innerhalb einer Zeitung.

Betrachtet man die eindeutig diskriminierenden Nachrichten näher, dann bevorzugten die Blätter des Springer Verlags diese Form zu 83 Prozent. Ohne sie ergab sich für die restlichen Zeitungen ein Anteil von nur sechs Prozent an herabsetzenden Berichten. In den Kommentaren hielten sich diejenigen fast die Waage, die hauptsächlich die staatlichen Autoritäten und, etwas häufiger, die Studenten für das tragische Ende der Berliner Demonstration vom 2. Juni verantwortlich machten.[178] Nur in Berlin, wo mehr als 70 Prozent der täglich gedruckten Zeitungen aus dem Springer Verlag stammten, konnte von einer systematischen Kampagne gegen die protestierenden Studenten gesprochen werden. Insgesamt reagierten die Medien neutral oder verständnisvoll auf die Revolte.

Die Ideen des SDS fanden weit über die Studentenschaft hinaus Anklang, nicht wegen der genauen Inhalte, sondern wegen der aufrüttelnden Wirkung. Im Auftrag der Bundesregierung führte Emnid Anfang 1968 eine geheime Umfrage zur »Einstellung der Bevölkerung gegenüber Dutschke« durch. Die Studie differenzierte nicht nach Altersgruppen, sondern nach sozialer Schichtzugehörigkeit und nach den Prioritäten der Befragten für bestimmte Parteien. Sie kam zu dem Ergebnis: »Vor allem aber bringen die gebildeteren Schichten der Bevölkerung den Forderungen Dutschkes ein sehr weitgehendes Verständnis entgegen. Das gilt bereits für Personen mit Mittlerer Reife, in ganz besonders hohem Ausmaße aber für diejenigen mit Gymnasial- oder Hochschulbildung.«

Die Sympathie für die als Anstoß wahrgenommenen Reformgedanken reichte bis in die Burschenschaften und schlagenden Verbindungen hinein. Am 18. Januar 1968 forderte der Vorsitzende eines Festkommerses zum Reichsgründungstag – angetan mit Stulpen, Stiefeln und Säbel – die Drittelparität an deutschen Hochschulen. Insbesondere die Anhänger der FDP, die sich unter Walter Scheels Regie vom Ritterkreuzträger-Verein zur liberalen Reformpartei gewandelt und ihren so bezeichneten Gauleiterflügel kaltgestellt hatte, stuften den Veränderungsimpetus Dutschkes ganz überwiegend als »zum Teil berechtigt« ein.[179] Offenbar formierte sich im Schutz der wild tobenden Studentenbewegung die neue gesellschaftliche

Mehrheit, die im Herbst 1969 mit knappem Vorsprung die sozialliberale Koalition unter Willy Brandt und Walter Scheel ins Amt wählte. Die Liberalen in der Bundesrepublik betrachteten das Aufbegehren überwiegend als Chance, endlich mehr Demokratie zu wagen. Angesichts solcher Berichte verzichtete Bundesinnenminister Benda Ende 1968 auf das Verbot des SDS. Er befürchtete, die Zwangsmaßnahme werde »erhebliche« öffentliche Kritik und »ganz überwiegend nachteilige Reaktionen in der Studentenschaft auslösen«.[180]

Unverhüllt verfassungsfeindlich

Der Zweck heiligt die Mittel

Nach den Schüssen auf Rudi Dutschke ging die Mobilisierung weiter. Am 1. Mai brachte die Neue Linke in Westberlin sensationelle 30 000 Demonstranten auf die Beine. Sie zogen durch den Arbeiterbezirk Neukölln, während die klassische DGB-Kundgebung vor dem Reichstag, trotz des Redners Willy Brandt, stark an Attraktivität verlor. Zehn Tage später gingen in Paris 30 000 Studenten auf die Straße und kämpften nächtelang im Schutz von 60 Barrikaden gegen die kasernierte Bereitschaftspolizei. Gleichzeitig demonstrierten im Bonner Hofgarten 50 000 überwiegend junge Deutsche gegen die Notstandsgesetze. Den friedlichen Verlauf kritisierten SDS-Funktionäre »als Rückschritt in die ›Zeit vor Ostern‹«.[181] Am 13. Mai forderten 800 000 Franzosen mit einer von kommunistischen und linksradikalen Organisationen initiierten Manifestation den Rücktritt des Staatspräsidenten General de Gaulle, der für kurze Zeit in die französische Garnison nach Baden-Baden floh. Am 28. Mai rief Hans Magnus Enzensberger aus: »Schaffen wir endlich auch in Deutschland französische Zustände.«[182]

Das Bundeskanzleramt zählte nach den dramatischen österlichen Straßenschlachten die Polizisten: Insgesamt verfügte die Bundesrepublik damals über 20 300 Beamte der Bereitschafts- und über 121 000 der Schutz- und Landespolizei.¹⁸³ Nach Auffassung des zuständigen Referenten im Innenministerium empfahl es sich nicht, den Bundesgrenzschutz gegen Demonstranten einzusetzen, da dieser an der innerdeutschen Grenze dringend gebraucht werde; schließlich müsse »damit gerechnet werden, dass die DDR bei inneren Unruhen« versuchen könne, »subversive Kräfte ins Bundesgebiet einzuschleusen, die hier die Unruhe ›anheizen‹« würden.¹⁸⁴

Aus Berlin wurde Bundeskanzler Kiesinger Ende Mai 1968 berichtet: »Die im Grunde weitgehend apolitischen Germanisten und Romanisten sind in hellen Scharen ins Lager der Radikalen übergewechselt«; »auch in Bayern sind die Studentenunruhen bedrohlicher als bisher«; in Baden-Württemberg mischten sich »unbeschränkte Revolutionsattitüde und puerile Anwandlung«; »die Rektoren sind demoralisiert und hilflos«; »nichts ist gefährlicher als das Erscheinen des Polizeiknüppels«.¹⁸⁵ Allerdings kam auch die Gegenbewegung in Gang: Im Sommer 1968 weigerte sich jeder zweite Berliner Student, die 9,50 DM Pflichtbeitrag für die politische Arbeit des vom SDS beherrschten AStA zu bezahlen.¹⁸⁶

Mittlerweile hatten die Kundschafter vom Kölner Bundesamt für Verfassungsschutz Tritt gefasst. Ihre Informationen wurden wirklichkeitsnah. Über den SDS berichteten sie, der Verein sei hoffnungslos überschuldet, da die Bundesregierung die Zuschüsse gestrichen habe, und zeige Anzeichen einer schweren Krise: »Möglicherweise wird er die ›Flucht in die Aktion‹ antreten, um diese Schwierigkeiten zu überspielen und einer rationalen Prüfung der verworrenen Vorstellungen auszuweichen.« So geschah es. Der SDS sprach selbst von einer Phase der Depression.¹⁸⁷

Das wichtigste Aktionsfeld bildete die »Justizkampagne«. Immerhin waren damals rund 2500 Ermittlungs- und Strafverfahren gegen so bezeichnete Krawalltäter anhängig. Die Statistik deutet auf die unterschiedlichen Protestpegel und auf die erheblichen Differenzen in der Strafverfolgungspraxis hin:

In Baden-Württemberg waren 112 Fälle anhängig, in Bayern 272, in Bremen 36, in Hamburg 934, in Berlin 491, in Hessen 214, in Niedersachen 82, in Nordrhein-Westfalen 261, in Rheinland-Pfalz 6, in Schleswig-Holstein 98, im Saarland 0.[188]

Nach dem Bericht des Verfassungsschutzes vom 6. November 1968 schlug Horst Mahler während einer Sitzung am 1. Oktober 1968 in Berlin vor, ein »Syndikat« zu bilden. Er verstand darunter einen SDS-internen Nachrichtendienst, der »Belastungsmaterial gegen amtierende Richter sowie interessant erscheinende Einzelheiten aus deren Intimsphäre zusammentragen« solle. Die im November folgende SDS-Delegierten-Konferenz nahm den Mahler-Vorschlag auf. Sie beschloss »die Bildung von ›Recherchiergruppen‹ zur ›Durchleuchtung‹ des Privatlebens und der Vergangenheit von Richtern und Staatsanwälten«. Was konnte die intime Schnüffelei anderes heißen als Sexualerpressung in den damals noch gängigen Formen? In Frankfurt hatten Studenten bereits ein Flugblatt über die Tätigkeit des Landgerichtsdirektors Hans-Werner Giesecke verbreitet, der, dem DDR-Braunbuch zufolge, während des Kriegs Oberfeldrichter in Griechenland gewesen war.

Nachdem der SDS vorübergehend nur kommissarisch geleitet worden war, wählten die Delegierten im November keinen Vorstand, sondern ein sehr viriles »Führungskollektiv«, darunter Reinhard Wolff und Udo Knapp. Die Pläne zur Hochschulreform spielten keine Rolle mehr, vielmehr brach man, wie der Verfassungsschutz mitteilte, zu neuen Ufern auf: »Dr. Wolff bezeichnete in seinem Schlusswort folgende Aufgaben als Schwerpunkte der künftigen Arbeit: Koordinierung der Justizkampagne, Hochschulrevolte (2. Phase der Hochschulpolitik) und Vorbereitung der ›Arbeiter-Projekt-Gruppen‹ in ›Basis-Gruppen‹, vor allem im Ruhrgebiet. Wolff sagte, das Führungskollektiv wolle die ›Zentrale im Kampf gegen den Staatsapparat‹ sein. Basen dieses Kampfes seien nach wie vor die Hochschulen.«

Am 4. November 1968 fand in dem Berliner Gerichtsgebäude am Tegeler Weg ein Ehrengerichtsverfahren gegen Horst Mahler statt. Der Vorwurf lautete, er habe sich als Rechtsanwalt standeswidrig verhalten, da er nach dem Attentat auf Dutschke an dem Marsch zum Springer-Hochhaus teilgenommen habe. Außerdem wurde er verklagt, die damals entstandenen Schäden in Höhe von 506 696,70 Mark zu bezahlen. Dazu zählten nicht zuletzt die von dem Verfassungsschutzagenten Peter Urbach angesteckten Lieferwagen des Springer-Konzerns. Für den Angeklagten Mahler demonstrierten etwa tausend Studenten, darunter einige Rocker, und lieferten sich mit den kaum bewehrten, nur mit blechernen Tschakos und schlichten Mänteln ausgestatteten Polizisten eine Straßenschlacht. Das Ergebnis: 130 verletzte Polizeibeamte und 21 blessierte Studenten; 46 Demonstranten wurden festgenommen.[189] Nach amtlichen Angaben hatten die Demonstranten 2371 Steine aus dem Pflaster gerissen. Wie gesagt, es studierten damals fast ausschließlich Bürgerkinder an deutschen Universitäten. Im Hinblick auf vergleichbare Zustände in Italien bemerkte Pier Paolo Pasolini 1968: »Die Söhne der Bourgeoisie bewerfen die Söhne der armen Leute, die Polizisten, mit Steinen.«[190]

Christian Semler, dessen Vater Johannes unter anderem dem Aufsichtsrat von BMW vorgesessen hatte, gehörte zu den Lenkern der Schlacht. Er rechtfertigte die Aktion am Abend: »Wenn wir überhaupt ernsthaft an so etwas wie die Verwirklichung der Justizkampagne glauben, dann müssen wir ein abgestuftes System von Gewaltanwendung ins Auge fassen.«[191] Die Teilnahme von Rockern sah er »als ›Beweis‹ für die Mobilisierung junger Arbeiter« an und befand: »Jede Form der Aktion, auch der individuelle Terror gegen den Justizapparat, [ist] gerechtfertigt.«[192] Kurz darauf erklärte der Chef der Polizeigewerkschaft auf dem Bundeskongress seiner Organisation in Berlin, Polizisten dürften »nicht in die Situation eines Prellbocks zwischen rebellierender Jugend und dem von dieser Jugend attackierten Establishment geraten«. Der Konflikt lasse sich nur mit politischen und nicht mit polizeilichen Mitteln aus der Welt schaffen.[193]

Ein nicht näher vorgestelltes Berliner »Autorenkollektiv AStA und SDS« hatte schon im Herbst 1968 zur hochschulpolitischen Perspektive geschrieben: »Ist die Massenbasis erst wieder hergestellt, muss zu militanten Aktionen geschritten werden. Einzelaktionen, Propaganda der Tat, Brandschatzungen usw. werden hier wieder sinnvoll.«[194] Nach der Schlacht am Tegeler Weg lobte ein gleichfalls anonymes SDS-Autorenkollektiv in der Studentenzeitung *FUSpiegel* den »massiven Steinhagel« gegen die Polizei und rief dazu auf, »einen reaktionären Richter so lange zu terrorisieren, bis er psychisch zusammenbricht«. Unter der Zwischenüberschrift »Psychoterror als Lernprozess« bemerkten die namenlosen SDS-Autoren, dass »Psychoterror gegen Richter und Staatsanwälte nur ein Mittel unter anderen innerhalb der Justizkampagne sein« könne.[195] Dem schloss sich der gerade neu gewählte SDS-Bundesvorstand in sprachlich leicht gemäßigter Form an. Unter der Schlagzeile »Neue Radikalität« forderte er dazu auf, an den Hochschulen »befreite Gebiete zu schaffen«, sodann sei »die Destruktion der Bundeswehr« ins Auge zu fassen, »eine neue Militanz« zu kreieren, gegen die »westdeutsche Klassenjustiz« vorzugehen und der »Kampf gegen Institutionen der imperialistischen Allianz« aufzunehmen, und zwar »von den Amerika-Häusern bis hin zu den diplomatischen Agenturen in der Bundesrepublik«.[196]

Nach den Erkenntnissen des Verfassungsschutzes wurden während der SDS-Delegiertenkonferenz Flugblätter verteilt, die praktische Hinweise zur Herstellung von Sprengmitteln enthielten. Angefügt war die Lageskizze eines Munitionsdepots der Bundeswehr in Lüneburg. Der knappe Text lautete: »Was macht ein revolutionärer Haufen ohne Waffen???

Alles liegt zur Bescherung bereit. Nieder mit der Bundeswehr!«[197]

Wie der Verfassungsschutz dokumentierte, zeigte die seit Oktober entwickelte Justizkampagne über Nacht erste Früchte: Am 1. November flogen drei selbstgebastelte Brandbomben gegen das Frankfurter Justizgebäude und verursachten ein Feuer. Am 2. November wurde ein mit einer brennbaren Flüssigkeit getränkter Lappen in den Hausbriefkasten des Kriminalgerichts Moabit gesteckt und entzündet. Am 4. November schleuderten Unbekannte Molotowcocktails und Benzinkanister gegen die Stallung der Reiterstaffel der Berliner Schutzpolizei. Am 24. November warfen unbekannte Täter Fensterscheiben der Wohnungen von Amtsgerichtsrat Drygalla und Oberstaatsanwalt Horst Severin ein. (Drygalla hatte Beate Klarsfeld, nachdem sie Kurt Georg Kiesinger eine Ohrfeige versetzt hatte, im Schnellverfahren zu einem Jahr Gefängnis verurteilt.) Unbekannte warfen Steine in die Fensterscheiben der Wohnung von Landgerichtsdirektor Pahl, Vorsitzender des Berufungsprozesses gegen die Kommunarden Teufel, Langhans u. a. Die Gewalt wirkte ansteckend, vor allem auf die Jüngeren. Bald verwies einer von ihnen, der zwanzigjährige Reinhard Kahl, der im Aktionszentrum unabhängiger und sozialistischer Schüler politisiert worden war, auf die »beweglichen ›Stadtkommandos‹« in Spanien: »Mit Molotow-Cocktails, Steinen und Ähnlichem greifen sie Banken, Regierungsgebäude usw. an, lösen sich in kleine Gruppen auf und treffen sich am nächsten Objekt.«[198]

Am 19. Dezember 1968 veröffentlichte das SDS-Führerkollektiv eine Empfehlung zu der im Herbst 1969 vorgesehenen Bundestagswahl. Zitiert sei daraus ein Satz, der nichts über die damalige Bundesrepublik und viel über den Geisteszustand seiner Verfasser aussagt: »Im autoritären System des Spätkapitalismus, in dem das Parlament in zunehmendem Maße zur reinen Veröffentlichungsinstanz vorweggefasster Beschlüsse geworden ist, hat der parlamentarische Wahlzirkus die objektive Funktion, die Selbsttätigkeit und die Mitwirkung der Massen an den politischen Entscheidungsprozessen zu verhindern, indem er den Massen weismacht, sie hätten als Wähler tatsächlich eingelöst, was Volksherrschaft genannt werden könnte.«[199] In anderen Texten wurden die Parlamente als »Schwatzbuden« oder »formalisierte Akklamationsmaschinen« gekennzeichnet.

Die neuen SDS-Führer sahen ihre Aufgabe einerseits in der Übernahme des Verbands Deutscher Studentenschaften, andererseits in der Dezentralisierung der Revolte. Dazu richteten sie verschiedene Arbeitsgruppen ein: Justizkampagne, Hochschulrevolte, Bundeswehrkampagne, Betriebsarbeit, Technologie, Internationalismus, Schülerrevolte und Antiautoritäre Kinderläden. Gut 300 Delegierte der Gruppen trafen sich vom 8. bis 11. April 1969 im Studentenhaus Frankfurt, um eine gemeinsame Strategie zu erarbeiten. Unter dem Motto »Auf den Frühling folgt ein heißer Sommer« endete das Treffen ohne konkrete Beschlüsse. Die Arbeitsgruppe Technologie hatte ihr Thesenpapier mit einer Anleitung zum Basteln von Molotowcocktails aufgemacht.

Im Bundeskanzleramt vermerkte Staatssekretär Karl Carstens entsetzt, »der individuelle Terror nimmt zu«, und riet seinem Chef Kiesinger: »Überhaupt ist es falsch, unter dem Druck des gegenwärtigen Terrors irgendwelche Reformen vorzunehmen. Zunächst muss der Terror aufhören, dann kann man über Reformen reden.« Carlo Schmid drang darauf, gegen diejenigen »durchzugreifen«, die offen erklärten, »die Universität sei ein Schonraum, in dem der Bürgerkrieg geprobt werden könne«.[200] Seit Dezember 1968 galt der SDS dem Bundesinnenministerium als »eindeutig und unverhüllt verfassungsfeindlich«.[201]

Ende Mai 1969 gelang es dem SDS, den Vorstand des Verbands Deutscher Studentenschaften mit den eigenen Kandidaten zu besetzen, verbunden mit dem angeblichen Ziel, daraus einen »sozialistischen Kampfverband« zu machen.[202] Das Verbandsblatt *input* des VDS erhielt den Namen *VDS militant*. Der SDS-Bundesvorstand erklärte: »Der VDS wird nur noch ein halbes Jahr bestehen. Bis dahin werden wir versuchen, ihn auszuschlachten.« Bald bezahlte der VDS dem SDS eine Reise nach Japan und die Reise einer zwanzigköpfigen Gruppe nach Amman. Laut Verfassungsschutz folgte Christian Semler einer Einladung des japanischen »Internationalen Büros der Kommunistischen Liga (Red Army Fraction)« und wollte an antiimperialistischen Konferenzen in Tokio und Osaka teilnehmen.[203] Rechtsanwalt Horst Mahler wurden 25 000 Mark für Prozesskosten überwiesen, die dieser später »wegen rechtlicher Bedenken« zurücküberwies. Im November 1969 trat der SDS-Vorstand des VDS zurück, da er nicht bereit sei, vor dem »Funktionärspack« des Sozialdemokratischen Hochschulbunds Rechenschaft abzulegen. Die wegen ihrer finanziellen Machenschaften kritisch befragten Vorständler verließen die Versammlung ohne Diskussion. Nach Angaben der Gegner des SDS-geführten VDS-Vorstands hatte dieser in dem halben Jahr seiner Tätigkeit »›finanzielle Verschiebungen‹ vorgenommen«, die dazu geführt hätten, »dass mindestens ein Rest von ca. 240 000 DM z. Z. buchungs- und bilanzmäßig […] untergegangen« sei. Nach ersten Feststellungen der nicht vom SDS beeinflussten Studentenvertreter hatte »der zurückgetretene Vorstand den VDS organisatorisch und finanziell ruiniert, Akten sowie Mobiliar der VDS-Geschäftsstelle veräußert«.[204] Die Akten des VDS hatten zwei SDS-Leute des Vorstands, Frank Wolff und Michel Wolf, am 13. November 1969 »für DM 12 000 (plus DM 2250 Transportkosten)« an das Bundesarchiv verkauft.[205]

Am 21. März 1970 löste sich der SDS auf. Nach der »Auspowerung« des VDS verlor er im Januar 1970 selbst den Zugriff auf die Gelder des AStA in Frankfurt, da die SDS-Mehrheit im dortigen Studentenparlament abgewählt worden war. Nun überwogen die Schulden. Schadenersatzforderungen standen ins Haus, zum Beispiel von der Frankfurter Societätsdruckerei. Das Unternehmen verlangte 72000 Mark für die während der Osterkrawalle 1968 angerichteten Schäden. Die Forderung lief ins Leere, da der beklagte SDS verschwunden war und, wie das Gericht feststellte, »seine Prozessfähigkeit verloren« hatte.[206] Es handelte sich um einen revolutionär verbrämten Konkurs. Revolutionen schließen stets die Umverteilung materieller Güter und damit Korruption ein. Zum Beispiel wurden die Spenden, die Rudolf Augstein und die Firma Gruner & Jahr 1968 für die Anti-Springer Kampagne gegeben hatten, »mehr oder weniger privat verpulvert«.[207] Nach demselben Prinzip wurde, wie Eingeweihte wissen, mit den Einnahmen aus nicht wenigen Spendenkampagnen verfahren.

Zu diesem Zeitpunkt spalteten sich die Älteren unter den Studentenbewegten in zwei Gruppen. Die einen bildeten verschiedene, meist doktrinäre Organisationen, um das Projekt »Revolution« weiterzutreiben, die anderen besannen sich auf ihre Karriere. Im Verein mit den gemäßigten Reformkräften hatten die Revoltierenden dabei geholfen, die traditionellen Strukturen der Universitäten zu zerschlagen. Kaum war das geschehen und gleichzeitig mit dem massiven Ausbau der Universitäten begonnen worden, kreierte ein Teil der ursprünglich Fundamentaloppositionellen regelrechte Postenjagdvereine. Einer davon hieß Sozialistische Assistentenzelle (SAZ) am Otto-Suhr-Institut, gegründet am 3. Dezember 1969. Die dort organisierten Postgraduierten, Promovierten und Assistenten hatten erkannt: »Assistenten üben einen Beruf aus, sie verkaufen ihre Arbeitskraft«, und schon redeten sie einer »von Institut zu Institut […] unterschiedlichen Taktik und Bewertung« das Wort.[208] Die radikalisierten Studenten dienten als Fußvolk. Damit das Ganze besser lief, machten die marxistischen Anwärter mit den Reformkräften an der Universität halbe-halbe.

Beispielsweise begann im Sommer 1970 die von mir mit angeführte Kampagne »Auf Eynerns Lehrstuhl ein Marxist« am Otto-Suhr-Institut (OSI). Wir forderten einen Weltanschauungslehrstuhl. Schließlich erlangte Elmar Altvater den Posten. Allerdings erhielt er nur die niedriger dotierte Professur für politische Didaktik, während die besser bezahlte Stelle an den bewährten, wissenschaftlich unprofilierten Sozialdemokraten Werner Skuhr ging, der sich mit engelsgleicher Geduld in den Reformkämpfen aufgerieben hatte. Emeritus Ernst Fraenkel sah das von Anfang an nüchtern: »Und so wird ein Heidenlärm um die Nachfolge Eynern gemacht werden, jedermann wird bewundern, wenn ein Kompromiss zustande kommt, auf Grund dessen der gute Skuhr das Eynern'sche Ordinariat bekommt, und keine Katze wird miauen, wenn Altvater die Nachfolge Grossers übernehmen wird.«[209] So geschah es.

Planstellen gab es plötzlich im Überfluss. An vielen neu gegründeten Universitäten erlangte man Assistenzprofessuren ohne Promotion, Leute wurden zu Lehrstuhlinhabern, die noch nie ein Buch oder einen bedeutenden Aufsatz verfasst hatten. Man sprach von Discount-Professuren. Zum Beispiel ergatterte eine relativ spät zum Marxismus bekehrte junge Wissenschaftlerin, Jahrgang 1944, im Jahr 1970 auf der Basis ihrer Diplomarbeit eine gut dotierte Stelle an der neu gegründeten Universität Bremen. In den Neunzigerjahren äußerte sie sich über ihre kollektiv gestützten Kampf-Auftritte: »In den Formen der Hochschulpolitik waren wir unheimlich brutal. Diese Selbstgerechtigkeit und Selbstgewissheit, das war schon hart. [...] Da gab es zum Beispiel einen Kollegen, ein lieber, weicher Mensch, der ist übrigens vor zwei Jahren aus dem Fenster gesprungen, den haben wir so alle gemacht, der hat immer eine integre, liberale Position, linksliberale Position versucht zu retten, und wir haben ihn immer entlarvt, weil er nicht Marxist ist.«[210]

Ernst Fraenkels zweite innere Emigration

Der antifaschistische Anspruch der Achtundsechziger legt es nahe, deren Radikalismus durch die Brille der jüdischen Flüchtlinge zu betrachten, die nach 1945 zumeist aus den angelsächsischen Ländern zurückgekehrt waren. Sie liebten ihre Muttersprache und kamen mit dem festen Vorsatz, den Neuaufbau und die republikanische Prinzipienfestigkeit zu fördern. Zu ihnen zählten beispielsweise Max Horkheimer, Ernst Fraenkel, Eric Voegelin, Theodor W. Adorno und Richard Löwenthal. Sie analysierten fortgesetzt, woran es ihrer Meinung nach in der neuen Bundesrepublik haperte. In der Bundestagswahl von 1965 sah Fraenkel »ein missmutiges Bekenntnis zur Wohlfahrtsdemokratie«. Mit Skepsis beobachtete er die »Parlamentsverdrossenheit« und das damit verbundene antidemokratische Schwanken zwischen Apathie und Radikalismus: »Solange in der deutschen Umgangssprache bei der Verwendung des Substantivs ›Kompromiss‹ sich automatisch die Assoziation mit dem Adjektiv ›faul‹ einstellt, ist etwas faul im Staate Bundesrepublik.«[211]

Fraenkel wurde 1967 emeritiert, wollte aber ursprünglich an seiner seit 16 Jahren vertrauten und geliebten Arbeitsstätte weiterarbeiten: dem Otto-Suhr-Institut. Schon 1966 betrachtete er das beginnende linksradikale Treiben am OSI mit Misstrauen. Eine der linken Leitfiguren am Institut, den kurzweiligen, dabei merkwürdig statisch denkenden Johannes Agnoli, kennzeichnete er 1967 als »demagogischen Clown«, dessen Vorlesung eine »rein parteipolitische Propagandarede« darstelle. Als Ossip K. Flechtheim im selben Jahr eine Übung zum Thema »Institutionen des zivilen Widerstands« anbieten wollte, veranstaltete Fraenkel einen »Heidenkrach«, und das mit Erfolg. Von 1968 an betrat er das Institut nicht mehr, abgesehen von Stippvisiten in der Bibliothek, die, wie er feststellte, kaum noch benutzt wurde. Doch wohnte er in unmittelbarer Nachbarschaft und korrespondierte mit Kollegen in Deutschland, mit Freunden und Schicksalsgenossen in aller Welt. Zwischen Wut und Resignation schwankend, berichtete er ihnen, was sich vor seiner Haustüre abspielte.

Er war, das muss mit Respekt gesagt werden, ein glänzend informierter Beobachter mit einem ausprägten Hang zum klaren Urteil. »Innerhalb des Tollhauses FU«, so teilte er 1969 Gerhard A. Ritter mit, bilde das OSI »eine Sonderabteilung für die unheilbaren Fälle«. Wenig später schrieb er die FU als »illusion perdue« ab, blieb ihr jedoch verfangen und trat 1970 der Notgemeinschaft für eine freie Universität bei.[212] Sein Kollege Richard Löwenthal stand noch mitten im international weitgespannten Wissenschaftsbetrieb, engagierte sich täglich, sah aber klare Grenzen der Einflussnahme: 1970 diagnostizierte er eine »Verfallskrise« der bundesdeutschen Universitäten, deren Ende es »abzuwarten« gelte.[213]

Fraenkel war 1898 in Köln geboren worden. Von 1916 bis 1918 hatte er im kaiserlichen Feldheer gedient. Anschließend studierte er Rechtswissenschaften, insbesondere das neue, unter klassischen Juristen gering geschätzte Fach Arbeitsrecht bei Hugo Sinzheimer und Geschichte in Frankfurt; er trat 1922 der SPD bei, veranstaltete Arbeiterbildungskurse und promovierte. Bis 1933 arbeitete er als Syndikus des Deutschen Metallarbeiterverbands, von 1926 bis zu seiner Emigration 1938 auch als Rechtsanwalt am Kammergericht Berlin. In den USA studierte er in Chicago amerikanisches Recht, wurde 1944 Lehrbeauftragter an der New School for Social Research und wissenschaftlicher Mitarbeiter der Carnegie Endowment for International Peace. 1944 bis 1950 war Fraenkel bei der

Foreign Economic Administration des US State Department tätig, zeitweise als Rechtsberater der amerikanischen Besatzungsbehörden und der Marshallplan-Kommission in Korea. 1951 kehrten er und seine Frau Hanna nach Berlin zurück. Als begeisterter und begeisternder Lehrer unterrichtete er zunächst an der Deutschen Hochschule für Politik und dann bis zu seiner Emeritierung 1967 als Ordinarius für Theorie und vergleichende Geschichte der politischen Herrschaftssysteme an der Freien Universität. Allerdings weigerte er sich, als deutscher Beamter auf die Verfassung des Landes Berlin zu schwören. Er sah darin einen Widerspruch zu seiner US-Staatsbürgerschaft und erklärte, dass er »die deutsche Staatsbürgerschaft nicht erwerben wolle« und seine »Lehrtätigkeit als Jude in Deutschland nur auszuüben bereit sei«, wenn er sich »von spezifisch deutschen politischen Entscheidungen und Vorgängen distanzieren könne«. Auch lehnte er es aus prinzipiellen Gründen ab, in eine Partei einzutreten, weil »ein deutscher Jude nicht noch einmal aktiv in die deutsche Politik eingreifen solle«.[214]

Man muss sich Fraenkel als Professor alter Schule vorstellen. Vorlesungskritiken hielt er für unerhört, straffes disziplinarrechtliches und polizeiliches Vorgehen gegen die Störer für geboten. In seinen Augen handelte es sich um Studenten, die ihre Freiheitsrechte missbrauchten, um »permanente Erregung zu stiften«. Die (anfängliche) Diskussionsbereitschaft jüngerer Kollegen, etwa Kurt Sontheimers und Alexander Schwans, lehnte er ab. Die Rezension einer seiner Arbeiten durch Hans-Ulrich Wehler fand er derart kalkuliert »lobhudelnd«, dass »es geradezu peinlich« wirke.[215]

Die Studentenrevolte erlebte Fraenkel als »Zerstörung seines Werkes«. Dazu zählte er mit Recht das Otto-Suhr-Institut und das John-F.-Kennedy-Institut der Freien Universität. Die Lehrtätigkeit wurde ihm vergällt, den »neo-anarchistischen« Zuständen stand er »geradezu fassungslos« gegenüber, später erfüllten sie ihn mit »Kummer« und »Verzweiflung«. Vielen Kollegen und politisch Verantwortlichen hielt er »mangelnden Willen zum Widerstand« vor: »Sollte dies ›reaktionär‹ sein, dann besteht aller Anlass, stolz darauf zu sein, als ›Reaktionär‹ verschrien zu werden.« Wegen der fortgesetzten Skandale und Misshelligkeiten an der Freien Universität erwog er schon Ende 1966, den Lebensabend wieder in den USA zu verbringen.[216]

Nach einem Herzinfarkt, den sich der passionierte Raucher im Herbst 1968 »angeärgert« hatte, stellte Fraenkel fest: »Mit der FU und dem Otto-Suhr-Institut bin ich ›fertig‹. Die Ärzte haben mir verboten, mich um diesen Narrenstall noch weiter zu kümmern und aufzuregen.« So ganz fertig wurde er nie. 1970 versuchte er, seinen Freund Carl Anton zum Professor am John-F.-Kennedy-Institut zu machen. Immerhin gehörte Anton zu den amerikanischen Mitbegründern der Freien Universität. Doch schätzte Fraenkel »die Aussichten gleich null ein«, »da Sie«, wie er Anton schrieb, »(zu Ihrer Ehre sei das gesagt!) in den Augen der Institutsvertreter aus Assistenten- und Studentenkreisen entweder ein Reaktionär oder ein Krypto-Faschist oder etwas ähnliches sind. Wo der Irrsinn regiert, sind Differenzierungen überflüssig.«[217] Hinweise auf eine angebliche Beruhigung der Lage kommentierte Fraenkel trocken: »Wenn die Festung erobert ist, schweigen die Kanonen.« 1972 beklagte er, wie Assistenten ihre Sinekuren errichteten und das von den Amerikanern der deutschen Studentenschaft geschenkte OSI-Gebäude derart verschmiert sei, »dass ein Saustall noch ein galanter und eleganter Unterkunftsplatz im Vergleich hierzu« sei.[218]

Berühmt wurde Fraenkel für sein 1938 noch in Deutschland verfasstes Buch »Der Doppelstaat«, das er 1941 als »The Dual State« in den USA veröffentlichte. Auf Deutsch erschien der politikwissenschaftliche Klassiker zum Nationalsozialismus erst 1974. Plötzlich, 1969, hatten gleich vier Verlage bei ihm angefragt, ob sie das Werk herausbringen dürften.[219] Für den Autor verbanden sich mit dem Buch zwei lebensgeschichtliche Tragödien: Er hatte den »Doppelstaat« in der inneren Emigration in Deutschland geschrieben und das Manuskript schon vor der erzwungenen Auswanderung hinausschmuggeln lassen. Als das Buch dann ein Vierteljahrhundert später endlich in deutscher Fassung vorlag, hatte sich der Autor abermals in die innere Emigration zurückziehen müssen. Die mehrfach beabsichtigte Rückkehr in seine zweite Heimat, die USA, konnte er aus gesundheitlichen Gründen nicht mehr verwirklichen. Ernst Fraenkel starb 1975.

Hochschulkampf in Berlin

Als ich im November 1968 an der FU zu studieren begann, richtete sich der Kampf gegen die Professoren, die im vorangegangenen Semester Disziplinarverfahren gegen Studenten veranlasst hatten. Der *FUSpiegel* veröffentlichte eine »Denunziantenliste« mit insgesamt 32 Namen, allen voran einer der damaligen Hauptfeinde: Roman Herzog. Am 3. Dezember wurde einem Kamerateam des Senders Freies Berlin, das eine studentische Vollversammlung im Audimax filmte, die komplette Ausrüstung entrissen. Am folgenden Tag schoben die offiziellen Studentenvertretungen der Technischen und der Freien Universität die Begründung nach: Das technische Gerät des SFB sei »vergesellschaftet« worden, weil sich der Sender »seit langem als wirksames Propagandainstrument der bürgerlichen Klasse entlarvt hat«.[220] Die Demonstration für Rosa (Luxemburg) und Karl (Liebknecht) am 18. Januar 1969 führte zu schweren Sachbeschädigungen an Kaufhäusern.

Zunächst belegte ich die Veranstaltungen von Alexander Schwan »Marxismus und Freiheit« und Georg Kotowski »Staat und Nation in der deutschen Geschichte seit 1806«, bald landete ich bei Johannes Agnoli.[221] Die erste kleine Demonstration, an der ich teilnahm, führte am 29. Januar 1969 auf das Messegelände, zur Grünen Woche. Wir, ungefähr 20 Leute, wollten vor dem griechischen Stand gegen die Militärdiktatur protestieren. Wir sickerten ein und riefen irgendetwas, doch schon hatten uns zivil gekleidete Polizisten zu Boden gestoßen und am Wickel. Bis tief in die Nacht hockten wir in einer Sammelzelle der Polizeikaserne in der Friesenstraße.

Anfang 1969 gab es am OSI eine linke Ad-hoc-Gruppe. Dort lernte man sich näher kennen. Im Januar wurde gegen die Relegation von drei Studenten an der Juristischen Fakultät gestreikt. Auch das half, die Schüchternheit des Neulings zu überwinden. Als besonders integrativ erwies sich die Vorlesung von Josef Rattner »Von der Psychoanalyse zur Sozial- und Politischen Psychologie«. Bewundernswert eloquente Kommilitonen diskutierten Rattner in Grund und Boden. Die Zahl der Hörer und Hörerinnen vermehrte sich von Mal zu Mal. Der wild geführte Streit mit dem offenkundig linksliberalen Österreicher Rattner entwickelte sich zum sozialen Höhepunkt der Woche. Angeblich verstand er zu wenig von Marx, gewiss jedoch mehr als ich. So landete man im Marx-Kurs. Dort wurden wir von einer Assistentin, die aus der DDR stammte, streng geführt. Sie unterhielt sich mit uns darüber, mit welchem Kapitel die »Kapital«-Lektüre zu beginnen sei, während schon gefestigte Marx-Kenner darauf »verwiesen«, dass ohne die genaue Kenntnis der Marxschen Grundrisse überhaupt kein Durchblick zu erringen sei. Daneben tobten Vollversammlungen und öffentliche Institutsratssitzungen. Das OSI verstand sich als Vorreiter und Modell der Hochschuldemokratie. Geschäftsordnungsanträge und Abstimmungsfinessen, das alles konnte man dort lernen. Bald wurden aus Kommilitonen Genossen, diejenigen, die sich von diesem Ehrenkreis fernhielten, wurden zu Luft, zu Dummköpfen oder Feinden.

Blickte man über den Institutsrand, dann fingen die Ingenieurstudenten an zu streiken und sich linksradikal zu organisieren. Ich rannte mit einem Unterstützerkommando los und lernte meine späteren Wohngemeinschaftsgenossen kennen. In der Republik wurde gestört, was sich gerade stören ließ. In Göttingen ergaben sich Krawalle anlässlich einer Festveranstaltung der Max-Planck-Gesellschaft, zu der Bundespräsident Lübke nebst Gattin angereist war; an der Technischen Hochschule Darmstadt wurde Staatssekretär Barth vom Bundesfamilienministerium niedergeschrien und mit Eiern traktiert; zur Eröffnung der Kieler Woche lief eine kleine Straßenschlacht vom Stapel, nebenbei belagerten Kieler Studenten den Landtag, weil dort über die Hochschulreform beraten wurde. In ihrer Streikausgabe hatte die örtliche Studentenzeitung *Skizze* dazu aufgerufen, die »Funktionsträger dieses faschistoiden Staates die systemsprengende Kraft unserer Befreiung« spüren zu lassen. Ebenfalls im Juni 1969 kam es in Hannover, Heidelberg und Saarbrücken zu massiven, tagelang andauernden Protesten gegen höhere Fahrpreise im Nahverkehr. In Hannover und Heidelberg nahmen die städtischen Verkehrsbetriebe die Preiserhöhungen zurück. Im September 1969 kam es zu spontanen Streiks in der Metallindustrie.[222]

Wie die Revolte funktionierte, das lehrt ein Blick in die Kleinanzeigen-Plantage der Berliner Zeitung *Agit 883*. Sie erschien seit Januar 1969 in einer Auflage von rund 15 000 Stück und wurde für einige Monate das Kultblatt der Berliner Szene. Freunde aus jener Zeit verdrehen noch heute gern meine Telefonnummer (sie beginnt mit 833) und wählen 883. In der Rubrik »Fundgrube« fanden sich in der ersten Nummer diese Angebote: »Brauche billigen GEHA-Vervielfältiger, manuell oder elekt. // Suche Genossen(in) in Wilmersdorf oder so, wo ich ab und zu meine Wäsche in der Waschmaschine waschen kann. RC Bescheid sagen. // Studentin sittet bis 17 h Baby. // Wer arbeitet mit an der Demokratisierung der Religionen und der Bekämpfung der autoritären Strukturen des religiösen Establishments durch vergleichende Religionswissenschaft im ›Arbeitskreis für ostasiatische Philosophie‹ // Foto-Apparate, Schmalfilmkameras Super 8, ca. 40-50 % unter Listenpreis (fabrikneu), Knut B., 1 Berlin 20, postlagernd. // Suche linksradikale Studentin zwecks späterer Heirat. Bin mehrmals vorbestraft. Rolf Ficker, 1–19, Reichstr. 58. // Vom 11.–14. März Bussonderfahrt nach Paris zu einer Großveranstaltung gegen Faschismus (Schirmherrschaft Beate Klarsfeld). Unterbringung privat. Preis insges. ca. 50,- DM. Visagebühren werden von der DDR nicht erhoben. Melden bei JAK [Justizarbeitskreis] // Wer hat Fotos von Demonstrationsschildträgern ›Gebt die Gefangenen frei‹ am 14. 4. 68 (Ostersonntag) auf dem Ku'damm um 16 Uhr. // Original J.-Hendrix-Album, Electric Ladyland, neu, nur 50,- DM.«

Die Redaktion der *883* lud zur Mitarbeit ein: »Genossen! Schickt Beiträge, Nachrichten aus den Schulen, Betrieben, Ämtern; Pol. Karikaturen, Bilder, Erfahrungsberichte aus Gefängnissen, Gerichten, Polizeistationen; schickt Ideen, Vorschläge, Infos, Agit-Prop, Kritik, Anregungen.« Die Gaststätte »tina-puff« empfahl sich als Brutstätte für Farbeier, die Kneipe »Go-In: Ein Forum für Aktive« warb mit einem Freigetränk für jeden Besucher. Die Mitfahrgelegenheiten führten im Februar 1969 nach Toulouse, Karlsruhe, Karatschi oder Bratislava.

Im Herbst 1969 gründeten einige OSI-Aktivisten und ich die Betriebsgruppe »Spinne«, um uns dem Proletariat anzunähern. In den Ferien arbeiteten wir in der Spinnstoff-Fabrik Berlin-Zehlendorf, druckten schöne Flugblätter, zweifarbig, mit deren Hilfe der Funken unserer Kampfbegeisterung auf die Arbeiter überspringen sollte. Im Sommersemester 1970 wurde ich als studentischer Vertreter in den Fachbereichsrat gewählt, und zwar als Kandidat der Sozialistischen Arbeitskollektive am OSI, eine der Roten Zellen, die es bereits an vielen Instituten gab. Niemals hätte ich mich an den Text unseres

Wahlaufrufs erinnern können, nicht einmal an die Tatsache, dass wir überhaupt einen geschrieben hatten, wenn ihn nicht unsere politischen Gegner als Beweis für die grassierende Verfassungsfeindlichkeit zu den Akten genommen hätten. Wir müssen an diesen gequälten Sätzen stundenlang gedrechselt haben: »Die Bestimmung der Hochschulpolitik der SAKO bedeutet auch eine Bestimmung des Verhältnisses von Instanzen- und Massenpolitik an der Universität. Wir begreifen den Parlamentarismus als Herrschaftsform der Bourgeoisie zur Entsozialisierung gesellschaftlicher Konflikte. Daher ist es eine Illusion zu glauben, man könne dieses bürgerliche System mit seinen eigenen Mitteln aus den Angeln heben. […] Der Parlamentarismus wird nicht dadurch obsolet, dass man ihn negiert, sondern indem man bei den Massen das Bewusstsein ihrer eigenen Möglichkeit weckt, das sich nicht mehr durch formale Spielregeln kanalisieren lässt. Das heißt, man schafft Bedingungen, die den Parlamentarismus nicht nur überflüssig, sondern unmöglich machen.« Immerhin mündeten diese verrückten Sätze in die Frage: »Inwieweit kann Mitarbeit in universitären Gremien diesen Aufgaben dienlich sein, ohne als implizite Anerkennung der bürgerlichen Herrschaftsform denunziert zu werden?«[223]

Im Januar 1971 gehörte ich zu den Mitbegründern und Redakteuren der Zeitung »Hochschulkampf. Kampfblatt des Initiativkomitees der Roten Zellen in West-Berlin«. Wir kämpften für den politischen Massenstreik an den Hochschulen, gegen die Justiz und feierten die »Erfolge der Proletarischen Kulturrevolution in China«. Wir schrieben gegen ein »faschistisches Ausländergesetz« an, verlangten Geld für die Tutoren, die den Roten Zellen angehörten, und ermahnten angesichts der heftigen Streitereien um die richtige revolutionäre Organisation uns selbst: »Bei der Liniensuche nicht die Konterrevolution vergessen!!«

Dieser Satz in der Ausgabe vom 3. April 1971 stand unter

einem faksimilierten Text von Alexander Schwan, der in der SPD-Zeitung *Berliner Stimme* unseren wilden Aktionismus beklagte. Schwan forderte, »die Auseinandersetzung in aller Schärfe und mit ganzer Kraft zu führen«, weil »die Sache der Wissenschaft und der Freiheit selbst auf dem Spiel« stehe. Im redaktionellen Vorspann fragten wir – vermutlich fragte ich –, warum dieser »Pleitegeier des Systems« am Otto-Suhr-Institut noch »geduldet« und »ihm offensichtlich ›Naturschutz‹ gewährt« werde.

Dieser Artikel führte unmittelbar zur Schwan-Aktion, später auch als Legende vom Schwanschen Fenstersturz bekannt. Mit etwa 40 zum erheblichen Teil institutsfremden Aktivisten der Roten Zellen besetzten wir am 24. Juni 1971 den Seminarraum A des OSI, in dem eine relativ kleine Gruppe von Professoren, Assistenten und Studenten ein Seminar zur Theorie des Pluralismus veranstaltete. Der Raum lag im Erdgeschoss. Die Fenster blieben zu. Hinausgeworfen wurde niemand, allerdings wurden einige der Eingeschlossenen auf ihren Stühlen hin- und hergetragen und Parolen an die Wand gesprüht. Am Ende kam es irgendwo im Treppenhaus noch zu einer kleinen Schlägerei. Schließlich traf die Polizei ein. Zunächst stand meine Diplomprüfung infrage, weil sich die vorgesehenen Professoren weigerten, einen Gewalttäter zu prüfen. In dieser Lage half Georg Kotowski, damals Bundestagsabgeordneter der CDU. »Herr Aly«, murmelte er, »solange Sie nicht rechtskräftig verurteilt sind, sind Sie für mich ein Student wie jeder andere.« Zwei Jahre darauf wurde ich wegen Hausfriedensbruch, Nötigung, Sachbeschädigung und Freiheitsberaubung zu einer milden Geldstrafe von 1200 Mark verurteilt. Später empfand ich das Strafurteil als hilfreich: Es stellte den Rechtsfrieden her und bildete die Grundlage dafür, dass Täter und Opfer nach einigen Jahren wieder miteinander reden und sich aussöhnen konnten.

Eine solche gewalttätige Aktion war seinerzeit an deutschen Universitäten nicht ungewöhnlich; von hervorstechender Ekelhaftigkeit jedoch der Aufruf zur Tat. Es kostet mich erhebliche Überwindung, den Text heute zu lesen; daran hatte ich mitgearbeitet. Es handelt sich um ein Din-A2-Flugblatt. Auf der einen Seite steht ein Sündenregister, das die damals aktuellen Äußerungen Schwans zur Hochschulrevolte dokumentiert, etwa den Satz: »Die Anfangssemester kommen schon richtig geil, gierig und brünstig nach [marxistischen] Schulungskursen zu uns.« Auf der anderen Seite sieht man ein ins agentenhafte stilisiertes Fahndungsbild Schwans (»Wanted«), einen Obelix mit Hinkelstein, der Maoix-Sprüche rezitiert, und den Titel des Flugblatts: »Jagt die Schweine raus.« In der linken oberen Ecke sticht das riesenhafte »Impressum« hervor: »Zeitung der sozialistischen Schweinejagdlehr- und – lern-einheiten – Kampfgruppen der GSO«. Die Abkürzung steht für Grundsemesterorganisation, die sich von den marxistisch-gemütlich gewordenen Sozialistischen Arbeitskollektiven abgespalten hatte und eine neue, radikale Frontorganisation bildete.

In dem Text wimmelt es von Schweinemetaphern. Wir hatten den universell einsetzbaren Begriff »pig« der amerikanischen Black-Power-Bewegung abgeschaut. Eine Karikatur zeigt zwei stämmige Gesellen. Der eine wirft – glücklich grinsend und mit einem saftigen »Hepp!!« – ein Schwein namens Schwan ins Abseits und wendet sich zwölf weiteren namentlich bezeichneten Schweinen zu, im Vordergrund: Arnulf Baring und Jürgen Domes. In der Sprechblase des zweiten Gesellen steht: »Mein Beruf? Schweinebergabbauer bei der GSO.« Er packt gerade ein besonders großes Schwein an den Beinen. Es trägt den Namen Löwenthal.[224]

Von Anfang 1972 bis 1973 war ich Mitglied der Roten Hilfe Westberlin, die »gefangene Genossen« wie Horst Mahler oder Andreas Baader unterstützte, Solidaritätsbroschüren produzierte und »Knastarbeit« mit normalen Kriminellen betrieb. Im November 1972 gab die Rote Hilfe die Dokumentation heraus »Vorbereitung der RAF-Prozesse durch Presse, Polizei und Justiz«, an der ich mitarbeitete. Auf der Rückseite stand ein Ausschnitt aus einem Interview mit Wolf Biermann. Auf die Frage, ob er nicht befürchte, dass die 10 000 Mark, die er als Fontane-Literaturpreis erhalten und Rechtsanwalt Horst Mahler zur Verteidigung von Westberliner Studenten gespendet habe, sich mit dem Untertauchen Mahlers in Waffen verwandelt haben könnten, antwortete Biermann: »Die Kommunisten in der Baader-Meinhof-Gruppe« setzten »ihr Leben für die These aufs Spiel«, dass, »wenn nicht endlich der erste Schuss losgeht, die Revolution verschlafen und verfressen wird. [...] Und solche Erfahrungen werden nicht in Wortgefechten gemacht, sondern in praktischen Kämpfen. Billiger sind neue politische Erkenntnisse nicht zu haben.«

Die Broschüre dokumentierte die juristischen Auseinandersetzungen zwischen dem Generalbundesanwalt und den linken Strafverteidigern Hans-Christian Ströbele, Klaus Croissant und Otto Schily. Ströbele, der damals noch der SPD angehörte, betrachteten wir als Reformisten in dem von Mahler geschaffenen Sozialistischen Anwaltskollektiv, der nicht so recht in die revolutionären Schuhe des nunmehr inhaftierten Gründers passe. Wir bildeten das »Solidaritätskomitee für Rechtsanwalt Schily«, der von der Verteidigung Gudrun Ensslins ausgeschlossen werden sollte, sammelten Geld für medizinisches Gerät, das an die angolanische Befreiungsbewegung Unita gehen sollte, die sich später – ob es wirklich erst später war? – zur Mörderbande entwickelte, und erarbeiteten noch eine Broschüre, die sich gegen eine neurologische Zwangsuntersuchung von Ulrike Meinhof richtete.

In der Roten Hilfe hielt ich die Verbindung zur Mutter von Andreas Baader, einer Kriegerwitwe, die meine Eltern kannten. Wir überwiesen ihr monatlich Geld, damit sie ihren Sohn in der Haftanstalt besuchen konnte. Im Sommer 1972 schrieb ich ihr, es sei der Roten Hilfe daran gelegen, »gegen die geistige Aushungerung der Inhaftierten« anzugehen: »Es ist wichtig, dass die politischen Häftlinge nicht völlig von den Diskussionen und praktischen Fortschritten der Linken losgerissen werden. Schließlich fühlen sich die Inhaftierten der Linken zugehörig. Die Rote Hilfe ist der Meinung, dass sie ihr auch tatsächlich angehören. […] Wenn ich Ihnen das schreibe, meine ich nicht, dass etwa die Rote Hilfe Konzeption und Praxis der Roten-Armee-Fraktion billigt. Im Gegenteil: Soweit wir uns im Gestrüpp der widerlichsten polizeilichen Lügenmärchen und den möglichen Tatsachen überhaupt ein Bild machen können, müssen wir die gesamte Politik der RAF kritisieren. Aber auch die schärfste Kritik kann für die Rote Hilfe nicht bedeuten, dass sie die weitere Behandlung der RAF-Mitglieder den Herren Martin und Genscher, den Polizeischarfschützen, den Schlägern im Gefängnis und den schreibenden Hexenjagdmeistern überlässt.«[225]

So dachte ich damals. 1974 ging der dezidiert linksradikale Teil meiner Biographie zu Ende. Das verdanke ich dem Praxisschock, zu dem mir der noch zu beschreibende Klub »Trinkdich-Frisch« verhalf, und meinen 1970 und 1972 geborenen Kindern. Denn im Sommer 1971 endete ein sogenanntes Kandidaten-Gespräch zur Aufnahme in die kurzlebige Kaderorganisation PL/PI mit dem berühmten Satz des für die »Hochschulfront« zuständigen Genossen Reinhard Wolff: »Leute mit Kindern können wir für die Revolution nicht brauchen.«

Besinnungslos deutsch: USA – SA – SS

Enttäuschte Amerikaliebe

Die demoskopischen Untersuchungen bestätigten die Distanz der deutschen Nachkriegsjugend zur nazistisch verklebten Gedankenwelt der Eltern. Allerdings erbrachte die im Juli 1967 veranstaltete Allensbacher Umfrage ein merkwürdiges, noch nicht erörtertes Ergebnis: 81 Prozent der befragten Studenten stimmten ganz oder teilweise der These zu, »dass die deutsche Politik sich von westlicher Bevormundung freimachen sollte«. Nur 17 Prozent lehnten diese Meinung ab, die öffentlich ausschließlich von rechtsradikalen Parteien vertreten wurde.[226] Während die Allensbacher Demoskopen »keinen inneren Zusammenhang« zu den anderen Resultaten erkennen mochten, sehe ich darin ein Indiz: Im Antiamerikanismus überschnitten sich die Gedankenwelten der von Goebbels verformten Eltern und ihrer zum harten Contra aufgelegten Kinder.

Von den Eltern hatte man gelernt, dass sich »der Ami« nicht benehmen könne: Er lege seine Beine auf den Tisch und kaue unentwegt Kaugummi. Außerdem sei er kulturlos, weil er sich an Schlammringkämpfen von Frauen belustige. Und diese Mickymausheftchen! Das deutsche Kind lauschte den humorfreien Horrormärchen der Brüder Grimm. Amerikanerinnen trugen Hosen und rauchten. Das tat die deutsche Frau nicht. Als Gymnasiasten hatten sich die pubertierenden Achtundsechziger gegen solche Ressentiments energisch gewehrt. So musste 1960 am Kölner Apostelgymnasium gegen den mit lockerer Schlaghand regierenden Direktor Dr. Otto Leggewie das Tragen von Bluejeans in der Schule erstritten werden. Dr. Fischer, seines Zeichens Studienrat für Biologie und Hauptmann der Reserve, untersagte am Leonberger Albert-Schweitzer-Gymnasium 1962 das Twist-Tanzen mit der knappen Ansage: »Ich dulde keine amerikanischen Begattungstänze!« Dafür durften die Jungs im Schullandheim mit hölzernen Handgranaten üben, wie sie die Stellung des roten Feindes im Nahkampf zu knacken hätten.

Die Vorbehalte der Altvorderen gegen Amerika ließen die Jugendliebe zur kulturellen Moderne der USA endemisch werden. Sie kulminierte am 22. November 1963, als John F. Kennedy erschossen und dann auf dem Arlington-Friedhof zu Grabe getragen wurde. Die späteren Vietnamdemonstranten zeigten damals tiefes Mitgefühl. Nicht wenige brachen in Tränen aus. Zur Trauerfeier im Hofgarten trafen sich 8000 Studenten der Bonner Universität – mehr als die Hälfte aller Immatrikulierten.

Zufällig tagten zum Zeitpunkt des Mordes die studentischen Vertreter aller Berliner Hochschulen. Sie unterbrachen ihre Sitzung und beschlossen »nach kurzem Überlegen, die Studenten sofort zu einem Fackelzug für den Ermordeten aufzurufen«. Am Abend zogen an die 20000 Studenten und Schüler vom Steinplatz zum Schöneberger Rathaus und wurden dort von 30000 anderen, nicht studierenden Berlinern in einmütiger Trauer erwartet. Unmittelbar nach Willy Brandt trat der Studentenvertreter Heinrich Kerlen ans Podium und sagte: »Wir nehmen Anteil an der tiefen Trauer des amerikanischen Volkes. Präsident Kennedy ist für uns zum Symbol des Freiheitswillens nicht nur Berlins, sondern der gesamten freien Welt geworden. Sein Vorbild verpflichtet uns.« Bei dem vom Studentenparlament einberufenen Gedenkzeremoniell im Auditorium maximum der FU berichtete der AStA-Vorsitzende Werner Gebauer von der »völligen Fassungslosigkeit« der Studentenschaft. Gebauer war nach dem Sturz Eberhard Diepgens von einer linken Mehrheit inthronisiert worden.[227]

In Frankfurt machte sich am Abend des 22. November ein vergleichsweise kleiner vom SDS, vom Club Voltaire und dem Kabarett Die Maininger initiierter Trauerzug auf die Beine. Die vor dem Amerikanischen Generalkonsulat verlesene Kondolenzadresse lautete: »Die Schüsse gegen Kennedy waren Schüsse gegen die Menschlichkeit – Schüsse gegen eine Politik der Vernunft. In Deutschland hat Kennedy nicht nur als Persönlichkeit, sondern auch als Repräsentant einer neuen Strategie des Friedens Freunde und Mitstreiter gewonnen.«[228] Die Kennedys, Elvis Presley, Marilyn Monroe, der Jazz und erst recht Rock'n'Roll repräsentierten das Gegenbild zur Adenauer-Welt, die zwischen Kirche, Kaffeetafel und Kulturfilm, zwischen Italienreise, Nyltesthemd und himmelblauem Opel Rekord vor sich hin dünstete.

Die von Kennedys Nachfolger Lyndon B. Johnson (LBJ) rasch vorangetriebene, offen militärische Intervention der USA in Vietnam und die massive Bombardierung nordvietnamesischer Städte verwandelten die deutsche Solidarität mit den USA zur wenig glaubhaften Staatsangelegenheit. Schon das musste die jugendliche Amerikabegeisterung abtöten. Zudem trat die jähe Abkehr der Studenten deshalb »in so drastischer Form in Erscheinung, weil die Hoffnungen so hoch gespannt waren«, wie Ernst Fraenkel mit Recht bemerkte.[229] Sie folgte dem Erschrecken, der aufwühlenden und abstoßenden Wirkung des Vietnamkriegs. Die Wende zum Antiamerikanismus verlief als unkontrollierte, emotionalisierte, erst langsame, dann stark beschleunigte Rückwärtsfahrt. Sie geriet in die von der Elterngeneration eingefahrenen Spurrillen.

Am 1. Dezember 1965 forderten sämtliche Westberliner Zeitungen dazu auf, für amerikanische Familien zu spenden, »die um einen in Vietnam gefallenen Mann oder Vater, Sohn oder Bruder trauern«. Aus der Kollekte sollte jeder dieser Familien eine »Nachbildung der Freiheitsglocke mit einer besonderen Widmung«, hergestellt von der Königlichen Porzellan-Manufaktur, zugeschickt werden. Die wenigen damals politisch aktiven Linksradikalen reagierten gewitzt. Noch richteten sie ihren Stachel gegen das eigene Land: Sie forderten eine Spendenaktion zugunsten der Hinterbliebenen jener US-Soldaten, die im Kampf gegen Hitler-Deutschland gefallen waren. Drei Monate darauf, im Februar 1966, demonstrierten 500 junge Leute vor dem seinerzeit unbewachten Westberliner Amerika-Haus. Ihren Protest gegen den Vietnamkrieg äußerten sie in sanfter, rührender Weise: Als Zeichen der Trauer um das beschädigte Vorbild setzten sie die US-Fahne auf Halbmast, einige Frischeier wurden gegen das Gebäude geworfen. Prompt zeterte die Frontstadtpresse: Skandal! Der Regierende Bürgermeister Willy Brandt bat beim US-Stadtkommandanten in aller Form um Entschuldigung.[230]

Flucht vor der Nazi-Vergangenheit

Nur ein Jahr später berichtete *konkret* unter der teilweise in Runen gehaltenen Überschrift »SS in Vietnam« von einer amerikanischen »Killertruppe, die den Sondereinheiten der SS in nichts nachsteht«, wie es im redaktionellen Vorspann hieß. Die geschichtsblinden Redakteure sprachen von »amerikanischen SS-Männern« und bewirkten damit eines: Weder sie noch ihre Leser mussten sich länger vergegenwärtigen, dass Himmlers Einsatzgruppen im Sommer und Herbst 1941, also binnen weniger Monate, mehr als eine Million wehrloser Menschen, vorwiegend Juden, darunter Hunderttausende Kinder, erschossen hatten.[231] Das Ressentiment gewann die Oberhand. Beim Zeitunglesen hatten die Wehrmachtväter gerne gemault: »Wir sind nichts weiter als eine amerikanische

Kolonie!« Da die Achtundsechziger als Kinder in diesem Geiste erzogen worden waren, eröffneten sich ihnen die Übergänge zu der bald von Bernd Rabehl gebrauchten Formel, Deutschland sei ein »Sklave der NATO«. Die SDS-Forderungen nach »Zerschlagung« der NATO und nach »Abzug der US-Besatzungsmacht« folgten.[232]

Später erschien beispielsweise eine Karikatur, auf der knuffig-pummelig gezeichnete deutsche Arbeiter und Bauern einen dürren Yankee in die Nordsee, genauer gesagt: in die Deutsche Bucht treiben. Während die deutsche Urhorde mit Keulen, Mistgabeln, Vorderlader und aufgestecktem Bajonett bewaffnet ist und eine rote Fahne mit Hammer, Sichel und Gewehr schwingt, wird der zu vertreibende amerikanische Plutokrat sehr hakennasig gezeichnet.[233] Max Horkheimer sah sich bereits im Februar 1967, also einen Monat nach dem Erscheinen des zitierten *konkret*-Artikels vom »bedenklichen Antiamerikanismus« unter den neuen Linken abgestoßen. Aufgrund seiner Lebenserfahrung befürchtete er, dass eine derartige politische Haltung rasch »mit dem Pro-Totalitarismus« zusammengehe.[234]

Die Ende 1967 im Handumdrehen populäre, gegen den Vietnamkrieg gerichtete Parole »USA-SA-SS« enthielt zweierlei: Momente von Identifikation und Distanzierung, die jeden Generationskonflikt kennzeichnen. Der neue Zauberspruch ließ die jungen Deutschen frei werden. Zwar deutete er die Verbrechen der Vätergeneration noch an, verlagerte sie jedoch auf andere, von anderen begangene Schreckenstaten, verallgemeinerte die NS-Verbrechen zur Unkenntlichkeit und schob sie aus der Mitte der eigenen Gesellschaft heraus – weit weg nach Übersee. Die Revoltierenden versanken in gegenaufklärerischem Ersatzprotest. Sie projizierten das zentrale Problem ihres Landes auf Washington. Sie vernebelten Auschwitz hinter dem Massaker von My Lai, das 503 Männer, Frauen, Kinder und Greise das Leben gekostet hatte, und brüllten: »LBJ – how many kids did you kill today?« Ihr Interesse an den Einzelheiten der Naziherrschaft erlosch schlagartig. Stattdessen entstanden massenweise Flugblätter, in denen einzelne Personen oder komplette politische Systeme als »faschistisch« verunglimpft wurden, aber keines, das sich mit den damals vor zahlreichen deutschen Gerichten laufenden Strafverfahren gegen NS-Verbrecher auseinandersetzte und zum Besuch eines solchen Prozesses aufforderte. Diese Abstinenz hielt bis zum Ende der Siebzigerjahre an, in hartnäckigen Fällen noch länger. Die einzige Ausnahme bildete eine Demonstration im Dezember 1968 anlässlich des Freispruchs von Hans-Joachim Rehse, der als Richter am Volksgerichtshof mindestens 231 Todesurteile mitverantwortet hatte. Doch diente diese Demonstration, als Teil der Justizkampagne, allein der Delegitimierung der bundesdeutschen Gerichte.

Wie wenig sich die einstigen Vordenker der Studentenrebellion später darüber Rechenschaft ablegten, zeigen die Äußerungen von Wolfgang Lefèvre während eines Podiumsgesprächs zur »Bedeutung der Faschismusdiskussion in den 60er Jahren«, die im Jahr 1988 an der FU veranstaltet wurde. Er vermied in seinen beiden gewiss 30 Minuten langen Statements, den Begriff »nationalsozialistische Verbrechen« auch nur einmal auszusprechen. Er flüchtete weiterhin vor den bedrückenden Tatsachen, sprach von den Notstandsgesetzen, von der Großen Koalition, von der Spiegel-Affäre, vom Vietnamkrieg und vom Tod Benno Ohnesorgs in fortgesetzter Geschichtsfeigheit und chronifizierter Amnesie. Lefèvre unterschied sich darin nicht von Rudi Dutschke, der 1978, ein Jahr vor seinem Tod, wissen ließ: »Meine christliche Scham über das Geschehene war so groß, dass ich es ablehnte, weitere Beweisdokumente zu lesen, und mich mit einer allgemeinen Erkenntnis zufriedengab: Der Sieg und die Macht der NSDAP, das Entstehen des Zweiten Weltkriegs ist von dem Bündnis zwischen NSDAP und den Reichen (Monopolkapital) nicht zu trennen.«[235]

Nicht selten wird behauptet, die Revolte sei deshalb so heftig verlaufen, weil die Nazivergangenheit in der westdeutschen Öffentlichkeit einvernehmlich beschwiegen worden sei. Das Gegenteil ist richtig. In ihrer spezifischen Abkehr von der Wirklichkeit müssen die schweren gesellschaftlichen Turbulenzen von 1968 vielmehr als Flucht vor den zunehmend thematisierten, in immer deutlicheren Konturen sichtbaren deutschen Verbrechen gedeutet werden. Der Studentenprotest irrte auch deshalb ins Besinnungslose ab, weil in der Öffentlichkeit und von Staats wegen in den Schulen immer intensiver über den Mord an den Juden geredet und informiert wurde, weil von 1963 bis 1965 der große Auschwitz-Prozess in Frankfurt und Hunderte weiterer NS-Verfahren in Gang gesetzt worden waren. Einmal thematisiert, ließen sich die deutschen Gewaltverbrechen der NS-Jahre nicht auf dem Weg eines kurzen generationellen Ablösungskonflikts überwinden.

Tatsächlich war das Interesse an der jüngsten deutschen Vergangenheit Anfang und erst recht Mitte der Sechzigerjahre erwacht. Im Alter von 14 erfuhr ich 1961 während einer nächtlichen Lesung bei den Christlichen Pfadfindern von der Erschießung von 33 000 Juden am Rand der Schlucht von Babi Jar bei Kiew. Der Stammesführer verlas am Lagerfeuer die Zeugenaussagen von Überlebenden. Später förderten engagierte jüngere, in meinem Fall CSU-nahe Lehrer die Aufklärung nach Kräften. Wir lasen als Schüler die »Anatomie des SS-Staates«, Ernst Wiecherts »Totenwald« und wurden in der Oberstufe mit den Filmen von Erwin Leiser über Hitlers Herrschaft, über das Warschauer Ghetto und die Vernichtungslager systematisch unterrichtet. Wir besuchten das Auschwitz-Oratorium »Die Ermittlung« von Peter Weiss und erlebten, wie der eine Lehrer mit uns dort hinging und der andere fuchtelte: »So etwas gehört nicht auf die Bühne!«

In jenen Jahren ereignete sich in ungezählten deutschen Familien dieselbe Urszene: »Ihr habt das gewusst! Ihr müsst das gewusst haben!« Heute wird manchmal behauptet, die drei Staatsgewalten Parlament, Regierung und Justiz hätten zu wenig für die Aufklärung der NS-Zeit getan. Tatsächlich taten sie mehr, als die deutsche Gesellschaft ertragen konnte. Zum Crash kam es in den Familien, beim Abendessen. Was immer die Eltern gewusst, wie immer sie sich verhalten hatten, sie reagierten hilflos. Sie schwiegen verstört, wütend, suchten nach Ausflüchten. Im schönen Wohlleben der Bundesrepublik erwischte sie die Konfrontation ungewappnet. Sie waren aus einst begeisterten jungen Nazis zu Demokraten geworden, zu Neodemokraten, wie Löwenthal sie bezeichnete: nicht besonders gefestigt, aber immerhin. Mit der NPD sympathisierten sie nicht.

1968, das Jahr der Prozesse gegen NS-Mörder

Seit 1960 mühten sich in der Bundesrepublik Hunderte Staatsanwälte, Kriminalbeamte und Richter um die Aufklärung von NS-Verbrechen. Allein im Jahr 1968 leiteten bundesdeutsche Staatsanwaltschaften 2307 Ermittlungsverfahren gegen mutmaßliche NS-Mörder ein. Im selben Jahr schlossen deutsche Schwurgerichte 30 einschlägige Prozesse mit erstinstanzlichen Urteilen ab: Angeklagt waren 118 Männer und Frauen; in 23 Fällen verhängten die Kammern lebenslange Haft. Nimmt man das Jahr 1954 als Ausgangspunkt[236], dann wurden 1968 mehr NS-Prozesse geführt als in jedem anderen Jahr davor oder danach.

Im Jahr 1968 wurden in ununterbrochener Folge, an jedem Werktag und vielfach gleichzeitig die folgenden Tatkomplexe öffentlich verhandelt und abgeurteilt: Chelmno, Belzec, Sobibor, Treblinka, Mauthausen, Gusen, Ghetto Warschau, Ghetto Grodno, Zwangsarbeitslager Drohobycz; Dienststellen des Sicherheitsdienstes in Sofia und Skopje, Saloniki, Belgrad, Lemberg, Tarnopol, Stanislau, Kolomea, Przemysl, Tarnow,

Hubrieszow, Skarszysko-Kamienna, Bad Rabka, Zakopane, Krakau, Neusandez, Mielec, Rzeszow, Cholm, Gorlice, Bialystok, Mogilew, Den Haag; gleichzeitig wurden Angehörige der Polizeibataillone 101 (Lublin), 306 (Lublin) und 309 (Bialystok) angeklagt und verurteilt, ebenso Gendarmerie-Männer, die in Mogilew, Tschenstochau und Komarow eingesetzt gewesen waren; Beamte der Gebietskommissariate Lida und Kowel; Angehörige des Stabs des SS- und Polizeiführers in Krakau; Mitglieder des Volksdeutschen Selbstschutzes in Danzig-Westpreußen; Beamte des Reichskriminalpolizeiamts und des Sicherheitsdienstes wegen des Einsatzes von Gaswagen; »Euthanasie«-Ärzte und Kriegsgefangenenmörder; parallel verhandelten die Gerichte fünf Sachsenhausen-Prozesse, das mörderische Nebenlager Lieberose eingeschlossen, und konfrontierten die deutsche Gesellschaft in drei weiteren Hauptverhandlungen mit dem Vernichtungslager Auschwitz. Tag für Tag wurde ihr gezeigt, wie durchschnittlich, deutsch-normal und ansonsten unbescholten die Mörder waren. In der Presse wurde darüber ausführlich berichtet. Längst hatte der *stern* eine große Reportage mit der Überschrift gedruckt »Die Mörder sind wie du und ich«.[237]

Befragt man Achtundsechziger heute, erinnern sie sich nicht an einen dieser Prozesse. Stattdessen ist ihnen der Kitzel präsent geblieben, den sie beim allseits beliebten, damals noch einfachen Klamottenklauen erlebten oder beim Coming-out als Steinewerfer. Zu gut bewahrtem Sündenstolz fügt sich die Erinnerung an das erhebende Gefühl, wenn man eine selbst erstellte, frisch gedruckte Zeitung zum Kampf gegen das ferne Böse oder den nahen »Zwischenprüfungsterror« in Händen hielt.

Gemessen an den deutschen Verbrechen arbeiteten die deutschen Ermittlungsbehörden und Gerichte viel zu langsam, doch für die damals in der Bundesrepublik lebenden Deutschen – die akademische Jugend eingeschlossen – deckten sie unerträglich viel auf.

Die Staatsanwälte, die in NS-Sachen ermittelten, waren jung, in aller Regel gehörten sie zur Zwischengeneration von Helmut Kohl, zu den heute rund Achtzigjährigen. Ihnen fehlte nicht der Verfolgungswille, sondern der gesellschaftliche Beistand, das öffentliche Echo gerade unter den jungen Deutschen. Das ergibt jedes Gespräch mit einem der seinerzeit aktiven Anklagevertreter. Als ich 1981 begann, mich mit der NS-Geschichte zu beschäftigen, wandte ich mich an Staatsanwalt Dietrich Kuhlbrodt in Hamburg. Ich interessierte mich für ein »Euthanasie«-Verfahren, das sich gegen den Hamburger Staatssekretär Kurt Struve (SPD, zuvor NSDAP) und den Leiter der evangelischen Alsterdorfer Anstalten, Pastor Friedrich Lensch, gerichtet hatte. Im Fall Lensch hatte das Gericht die Eröffnung des Hauptverfahrens abgelehnt, im Fall Struve schon nach wenigen Tagen die angeblich dauerhafte Verhandlungsunfähigkeit des Angeklagten festgestellt und den Prozess abgebrochen.

Kuhlbrodt gab mir einen kopierten Aktensatz, mehr als einen Kubikmeter Papier, der gerade zur Papiermühle gefahren werden sollte, mit dem Bemerken: »Ich habe fünf Jahre daran gearbeitet. Sie sind der Erste, der danach fragt.« Als der Deutsche Bundestag im Sommer 1969 die Verjährungsfrist für Mord und Völkermord von 20 auf 30 Jahre verlängerte, damit die NS-Verbrechen weiter verfolgt werden konnten, fand das in keiner der Zeitungen der »antifaschistischen« Neuen Linken irgendeinen Niederschlag. Historiker können sich die Augen nach solchen Texten ausgucken, sie werden nichts finden. Das *Kursbuch* und die theoretische Zeitschrift des SDS, die *neue kritik*, mieden solche Themen wie der Teufel das Weihwasser. Je mehr die westdeutsche Jugend revoltierte, desto mehr einte sie die stillschweigende Übereinkunft: Davon wollen wir nichts wissen.

Heute behaupten viele der altersgrauen Achtundsechziger, sie hätten die »Aufarbeitung der NS-Verbrechen« in Gang gesetzt, und klopfen sich dabei gegenseitig auf die Schultern. Richtig ist vielmehr, dass sie beziehungsweise wir den Prozess der deutschen Selbstaufklärung empfindlich behindert haben, und zwar genau in dem Moment, als sich viele der überlebenden Verfolgten und die Intellektuellen der um 1927 geborenen Zwischengeneration sagten: Wann, wenn nicht jetzt; wer, wenn nicht wir.

Helmut Heiber dokumentierte 1958 den Generalplan Ost, eines der schauerlichsten Vernichtungsprojekte Hitlers und seiner intellektuellen Berater, in den *Vierteljahrsheften für Zeitgeschichte* auf 44 eng bedruckten Seiten. Martin Broszat veröffentlichte sein Buch zur nationalsozialistischen Polenpolitik 1961, 1963 die Aufzeichnungen des Kommandanten von Auschwitz, Rudolf Höss. 1962 stand Kurt Sontheimers Studie über antidemokratisches Denken in der Weimarer Republik in den Buchhandlungen. 1964 erschien Reinhard Henkys' Großwerk »Die nationalsozialistischen Gewaltverbrechen. Geschichte und Gericht«, eingeleitet vom Ratsvorsitzenden der Evangelischen Kirche in Deutschland Kurt Scharf. Alexander Schwan lieferte 1965 die Kritik der Blut-und-Boden-Philosophie Heideggers. Im selben Jahr erschien das zweibändige Werk »Anatomie des SS-Staates« mit den zeitgeschichtlichen Gutachten zum Frankfurter Auschwitz-Prozess, die Hans Buchheim, Martin Broszat, Hans-Adolf Jacobsen und Helmut Krausnick erarbeitet hatten. Im Wintersemester 1965/66 veranstaltete die Universität München auf der Grundlage einer klaren Entscheidung des Akademischen Senats, eingeleitet vom Rektor, für die Studenten aller Fakultäten die Ringvorlesung »Die deutsche Universität im Dritten Reich«; die Ergebnisse wurden noch 1966 im Piper Verlag gedruckt;[238] das später vergessene, höchst informative Buch von Hans Peter Bleuel und Ernst Klinnert »Deutsche Studenten auf dem Weg ins Dritte Reich« erschien 1967. Der Stuttgarter Uni-Rektor und Brückenbauingenieur Fritz Leonhardt fragte

1968 unumwunden: »Wie kann man z. B. jahrelang von Rechtsansprüchen gegenüber Polen sprechen, nachdem im letzten Krieg rund sechs Millionen Polen umgekommen sind und wir die polnische Hauptstadt Warschau, den Stolz der Polen, total zerstörten?«[239] Solche Stellungnahmen und Bücher forderten in den Sechzigerjahren wesentlich mehr Mut und Standfestigkeit als 20 Jahre später.

Im Mai 1967 tagte in Frankfurt ein Kreis von Wissenschaftlern, um weitere Forschungen zur »kollektiven Psychopathologie« während der NS-Zeit in Gang zu setzen. Richard Löwenthal regte an, die »bürokratische Seite« der Massenvernichtung zu untersuchen, eine Befragung von Nazitätern zu fördern und interdisziplinär »über Probleme des Nationalsozialismus« zu arbeiten.[240] An all das hätte sich zusammen mit den jungen Staatsanwälten leicht anknüpfen lassen. Nichts hätte näher gelegen. Doch zum Kernbestand der Revolte gehörte die Strategie der Verweigerung. Sie richtete sich mit aller Kraft gegen die zentrale Frage der deutschen Geschichte: das Reden, Forschen und Nachdenken über Auschwitz.

Ähnlich wie im Fall Amerika trat auch hinsichtlich des Vergangenheitsinteresses die Wende nicht plötzlich ein. Noch 1965 waren SDS-Delegierte, darunter Jürgen Horlemann, in die Sowjetunion gereist, um sich über die deutschen Verbrechen während des Zweiten Weltkriegs zu informieren. Damit machten sie sich aus der Sicht bundesdeutscher Amtspersonen fast des Landesverrats schuldig. Erst zehn Jahre zuvor waren die letzten Kriegsgefangenen von Konrad Adenauer zurückgeholt, erst vier Jahre zuvor die Berliner Mauer errichtet worden. Die SDS-Delegation brach in einer Zeit auf, als die meisten deutschen Archive die NS-Akten so strikt wie nur möglich unter Verschluss hielten. Der Baden-Württembergische Landtag hatte ein Gesetz beschlossen, dem zufolge die Entnazifizierungsakten niemals geöffnet werden dürften.

In Moskau trafen sich die SDS-ler mit dem Vorsitzenden der Staatlichen Archivverwaltung und diskutierten »die Verwendung der in sowjetischen Archiven lagernden Dokumente über NS-Verbrechen im Hinblick auf die Prozesse in der Bundesrepublik«. Die russischen Verhandlungspartner erklärten sich bereit, »auf konkrete Aktenanforderungen seitens des SDS-Referenten für NS-Justiz die entsprechenden Unterlagen zur Verfügung zu stellen«. Die deutschen Gäste interessierten sich besonders für Unterlagen über Höhere SS- und Polizeiführer und »über den gesamten Komplex der Einsatzgruppen«.[241] Die Ergebnisse derartiger Anstrengungen finden sich in den Arbeiten von Reinhard Strecker, der an der Moskau-Reise teilnahm.[242] Auf Initiative des Verbands deutscher Studentenschaften wurde 1966 in Berlin das Seminar »Deutsche Wissenschaft und nationalsozialistische Herrschaft« veranstaltet. Ernst Fraenkel hielt eines der Referate.[243]

Im Sommer 1965 begann an der Universität Bonn der zunächst leise Protest gegen den Direktor des Instituts für Flugmedizin, Professor Dr. Siegfried Ruff. Der Mann zählte zu den fachlich glänzend qualifizierten Gelehrten seines Faches. Seine Kenntnisse hatte er nicht zuletzt mit Hilfe mörderischer Menschenexperimente im KZ Dachau erworben. Die Gefangenen waren dort in Unterdruckkammern gesteckt worden, um die Belastbarkeit des menschlichen Körpers in großer Höhe zu erproben; sie wurden Kälteexperimenten ausgesetzt, um die Rettung abgestürzter, aus eisigen Gewässern geborgener Flieger zu optimieren. Viele Gefangene starben während des Experiments. Anschließend wurden ihre Organe im Dienst dieser Wissenschaft seziert. In seiner Eigenschaft als Direktor des Fliegermedizinischen Instituts der Deutschen Versuchsanstalt für Luftfahrt hatte Ruff die Befunde ausgewertet und vermutlich die Experimente mit angeregt. Bekannt war das seit 1947, seit dem Urteil im Nürnberger Ärzteprozess. Da er als wissenschaftlicher Nutznießer solcher Forschungen mit einem Freispruch davongekommen war, erklärte sich Ruff für unschuldig. Worte des Bedauerns oder der Reue fand er nicht. Im Dezember 1965 veröffentlichte die Bonner Studentenzeitung *akut* den Bericht »Unterdruckexperimente in Dachau. Zu den Angriffen gegen Professor Ruff«. Fünf Monate später trat Ruff »im Interesse der Universität« ab.[244]

1967/68 wandte sich die Protestjugend von den familiengeschichtlich noch verstörend nahen NS-Verbrechen ab und verhüllte sie hinter einer dafür geeigneten »Faschismustheorie«. In ihrem marxistischen Ansatz bettete sie das ungeheuerliche Verbrechen in die größeren, nicht spezifisch deutschen Komplexe bürgerlicher Staat, Imperialismus und Monopolkapital ein. Die konkrete Tatbeteiligung einzelner Deutscher – und damit auch die Opfer – verschwanden hinter dem Schirm von Pseudoerklärungen. Mochten die Achtundsechziger die DDR noch so spießig finden, an diesem Punkt pflegten sie die Geistesnähe: »Kapitalismus führt zum Faschismus, Kapitalismus muss weg!« Soweit innerhalb der Neuen Linken in den folgenden Jahren von konkreten NS-Verbrechern gesprochen wurde, geschah das zur Denunziation einzelner, als unpassend empfundener Personen oder zur Delegitimierung der bundesdeutschen Staatsgewalt. Eine der Ausnahmen war der Arbeitskreis »Medizin und Verbrechen« in Heidelberg im Wintersemester 1968/69. Umgehend intervenierte der SDS- und spätere KBW-Funktionär Burkhard von Braunbehrens und kanzelte den Arbeitskreis als »kleinbürgerlichen Haufen« ab.[245]

Die mit Kapital- und Imperialismuskritik aufgeladene Faschismus-Analyse erlaubte die Internationalisierung eines schwerwiegenden innerdeutschen Problems: Statt der Völkermörder von Auschwitz standen die »US-Völkermörder« am Pranger. Wobei sich der amerikanische Bombenkrieg gegen Nordvietnam in schönster nationaler Harmonie als »Luftterror« verurteilen ließ – jenseits der anstrengenden Streitigkeiten zwischen den Generationen. Am 19. August 1967 verteilten einige studentische Aktivisten anlässlich der amerikanischen Militärparade in Berlin-Neukölln ein Flugblatt gegen den Vietnamkrieg. Mit aller Vehemenz wollten sie die Traumata der »lieben Neuköllner Mitbürger« aus den Bombennächten der Jahre 1942 bis 1945 reaktivieren und fragten zumindest zweideutig: »Aber müssen wir dulden, dass unsere Befreier von gestern nach und nach ein anderes Volk ausrotten?«[246] Am 9. Januar 1968 wandte sich der örtliche SDS »an die Tübinger Bürger«. Die Verfasser des Flugblatts analysierten den Zusammenhang zwischen »reichen Konzernherren« und »schmutzigem Vietnamkrieg«. Daraus folgerten sie: »Die gleichen Herren haben schon einmal die Wahrheit ihrer Geschäfte wegen verschwiegen und uns in einen schmutzigen Krieg gestürzt.«[247] Als Zeugin der Verteidigung im Prozess gegen Horst Mahler ging Ulrike Meinhof im Dezember 1972 noch weiter: »Der Antisemitismus war seinem Wesen nach antikapitalistisch. [...] Ohne dass wir das deutsche Volk vom Faschismus freisprechen – denn die Leute haben ja wirklich nicht gewusst, was in den Konzentrationslagern vorging –, können wir es nicht für unseren revolutionären Kampf mobilisieren.«[248] Damit war die Flucht aus der historischen Verantwortung vollzogen.

Vergangenheitsfurcht und »Judenknacks«

Linker Schuldabwehr-Antisemitismus

Da sich die Neue Linke auf diese Weise von den nationalsozialistischen Verbrechen abwandte, hatte sie es nicht weit, um aus denselben Gründen der Schuldabwehr die Distanz zu Israel und zu den jüdischen Deutschen zu suchen. Auch das geschah nicht ohne Übergänge, konnte sich als Desinteresse äußern oder militante Formen annehmen. Wie die Umfragen im Sommer 1967 zeigen, waren die Studenten noch mehrheitlich proisraelisch eingestellt. Seit 1959 gab die Deutsch-Israelische Studiengruppe an der Freien Universität die Zeitschrift *DISkussion* heraus, getragen von vielen SDS-Mitgliedern.

Am Abend des 6. Juni, unmittelbar nach dem Beginn des Sechstagekriegs und mitten in der Erregung um den Tod Ohnesorgs, demonstrierten 1000 Berliner Schüler und Studenten auf dem Berliner Kurfürstendamm unter der Parole »Unser Herz schlägt für Israel«; an die 300 meldeten sich bei der Jüdischen Gemeinde spontan für den zivilen Einsatz in Israel. Ähnliches geschah in Frankfurt.[249] Am selben Tag sprach Professor Weischedel verständnisvoll zu den Studenten. Er klagte die Staatsgewalt an und beklagte die Leisetreterei seiner Kollegen. Mitten in der Rede kam er auf den Krieg im Nahen Osten zu sprechen. Sicherlich, so führte er aus, sei es schwierig, Recht und Unrecht in diesem Konflikt genau zu unterscheiden, doch ergreife er dennoch Partei; er umriss einen noch bestehenden Konsens: »Ich habe es selber erlebt, wie schon einmal eine Vernichtungsaktion gegen die Juden unternommen wurde. Viele meiner Freunde sind damals umgekommen. Ich kann den Gedanken nicht ertragen, dass nun ein weiteres Mal an diesem Volk das Verbrechen des Völkermordes verübt werden soll. [...] Ich kann nicht anders, als meine volle Sympathie diesem kleinen Volk in seinem Kampf um seine Existenz zuzuwenden.«[250] In demselben Ton kommentierte Ulrike Meinhof in *konkret*: »Vorbehaltlos« beschwor sie die Sympathie der europäischen Linken für Israel, »die nicht vergessen wird, dass ihre jüdischen Mitbürger verfolgt wurden«, gerade die Linke müsse den Arabern »den Verzicht auf Israel, die Bereitschaft zur Koexistenz mit Israel abverlangen«. Meinhof mahnte ihre Gesinnungsfreunde, nicht dem »pro- und antiisraelischen Freund-Feind-Denken« zu erliegen und ähnlich wie im Hinblick auf Polen alles für die Aussöhnung mit Israel zu tun.[251]

Diese gemeinsame Überzeugung der Linken zerfiel in den folgenden Wochen und Monaten zusehends. Anfang Juli 1967 veranstaltete der Frankfurter SDS ein Wochenendseminar zum Thema »Israel«. Noch differenzierten die Beteiligten in ihrer Resolution »zwischen unseren Gefühlen zu Israel« und der »rationalen Analyse der Position des Staates Israel«. Allerdings verwandten die Autoren den Begriff »Philosemitismus« bereits in diffamierender Weise und begannen unter tätiger Beihilfe von Wolfgang Abendroth Ägypten als »im Wesentlichen progressive republikanische Militärdiktatur« anzusehen.[252]

Die Vordenker des revolutionären SDS wussten schon 1967 eines genau: Israel verdankte seine Existenz angeblich dem »amerikanischen Imperialismus und jüdischen Kapitalisten«; der Sechstagekrieg im Juni 1967 »beseitigte« für sie »den letzten Zweifel« am »reaktionären Charakter« seiner führenden Politiker. Anerkennung verdiente demnach das »Existenzrecht der in Palästina lebenden Juden«, nicht jedoch das »zionistische Staatsgebilde«. Zur deutschen Judenfeindschaft, Gewalt- und Vernichtungspolitik fiel den SDS-Strategen 1967 ein, die Juden seien nicht von Deutschen, sondern »durch den Faschismus aus Europa vertrieben und von vielen westlichen Ländern abgewiesen« worden und dann in Palästina »eingedrungen«.[253] Der Frankfurter Literaturwissenschaftler Martin Stern sah sich im Sommersemester 1968 »als ›Fachidiot‹, als Schweizer Staatsbürger und Träger eines jüdischen Namens [...] systematisch diffamiert«. Die Studenten sprengten sein Seminar zur expressionistischen Dichtung mit der Begründung, Stern betreibe »metaphysische Literaturmauschelei« und sei »von keinem Furz sozialer Wirklichkeit je erreicht« worden.[254]

Am 9. November 1969 tickte im Westberliner Jüdischen Gemeindehaus eine Brandbombe mit erheblicher Sprengkraft. Sie versagte, weil die Drahtverbindung zwischen Wecker, Batterie und Zünder nicht funktionierte. Eingestellt war der Wecker genau auf den Zeitpunkt der Gedenkveranstaltung zum Judenpogrom von 1938. Am folgenden Morgen fand eine Putzfrau die Höllenmaschine. Lange blieb unklar, wer den Anschlag ausgeheckt hatte. 35 Jahre später klärte Wolfgang Kraushaar den Fall auf.[255] Er sichtete die Urkunden der Ermittlungsbehörden, die zeitgenössischen linken Flugschriften und die einschlägigen Erkenntnisse des Staatssicherheitsdienstes der DDR. Vor allem aber gelang es ihm, wichtige Beteiligte zum Sprechen zu bewegen, insbesondere den Bombenleger selbst: den 1947 geborenen Albert Fichter. Er stammt aus einer schwäbischen Arztfamilie und schloss sich 1968/69 der Gruppe um Dieter Kunzelmann in Berlin an, die sich bald Tupamaros West-Berlin nannte. Fichter gehörte also zu einer derjenigen hyperradikalen Frontorganisationen, die sich nach dem Attentat auf Rudi Dutschke in immer rascherer Folge aus der Mitte der Achtundsechziger-Bewegung bildeten. Fichter blieb lange verschwunden; dank Kraushaars Energie bat er im Sommer 2004 die »Berliner Jüdische Gemeinde für diese üble Tat um Vergebung«.[256]

Er beging sie unter der geistigen Anleitung von Kunzelmann, von dem er sagt, er habe schon damals immer »auf die ›Scheißjuden‹ geflucht«. Kunzelmann hatte im Oktober 1969 ein Ausbildungslager palästinensischer Terroristen besucht, dort nach eigenem Bekunden »genau gelernt, wie man Zeitbomben herstellt«, und war Anfang November nach Berlin zurückgekehrt. Der misslungene Anschlag fügte sich in die unter den Achtundsechziger-Aktivisten und -Mitläufern rasch verfestigte Logik vom »antiimperialistischen Befreiungskampf der Völker«.

Wohin diese Logik schon geführt hatte, zeigte sich genau sechs Monate vor dem Anschlagsversuch, als der erste, gerade eben akkreditierte israelische Botschafter in der Bundesrepublik, Asher Ben-Natan, am 9. Juni 1969 an der Universität Frankfurt zum Thema »Frieden in Nahost« sprechen sollte. Eingeladen hatte ihn der Bundesverband Jüdischer Studenten in Deutschland. Der phonstarke, linksradikale Teil der Zuhörer begrüßte den Botschafter mit der Parole »Ha, ha, ha – Al Fatah ist da«. Als Ben-Natan begann, den Staat Israel und dessen Politik zu verteidigen, wurde das Mikrophonkabel durchschnitten, und es ertönte der Ruf »Zionisten raus aus Deutschland«.

Zwei Tage nach dem Frankfurter Krawall sollte Ben-Natan in Hamburg sprechen. Dort kündigte der AStA an: »Der Herrenmensch Asher Ben-Natan wird in Hamburg nicht reden.« Der anonyme Verfasser des Aufrufs zeigte sich als einer jener autoritär-antiautoritären Rechthaber, die sich für damalige Verhältnisse gründlich mit der NS-Zeit beschäftigten und die so gewonnenen Erkenntnisse dann mit einem kleinen Trick ins Antisemitische verkehrten: Demnach verstand es Ben-Natan »virtuos«, den »ins ›Positive‹ verbogenen Antisemitismus« der Bonner Politiker »für die herrschende Klasse Israels auszunutzen«. Als Begründung führte der Hamburger Großinterpret an: »Die Blitzsieger von 1940 können sich ohne Schwierigkeiten mit den Blitzsiegern von 1967 identifizieren; die Herrenmenschen des Dritten Reiches betrachten mit Genugtuung die rassistische Politik der Dayan-Meir-Clique gegen arabische ›Untermenschen‹.«[257] In seiner Presseerklärung nahm der SDS-Bundesvorstand am 18. Juni zu den Vorfällen Stellung. Er bezeichnete die Al Fatah als »berechtigte sozialrevolutionäre Organisation« und den »Zionisten Ben-Natan« als Vertreter einer »rassistischen« und »autoritären« Ideologie. Von dieser »weichen« Linie grenzte sich die SDS-Gruppe Heidelberg scharf ab: Nach Meinung der dortigen Revolutionäre galt es, statt der kompromisslerischen Fatah die Demokratische Volksfront zur Befreiung Palästinas zu unterstützen, weil nur sie eine wirklich »revolutionäre Politik zur Organisation des Volkskrieges in Palästina« betreibe.[258] Zum linken Ressentiment gegen Israel fügte sich die Schwärmerei für die militante Black-Power-Bewegung in den USA. Stokely Charmichael vertrat im Hinblick auf Israel die Auffassung: »Wir müssen auf der Seite der Araber stehen. Punkt. Punkt. Punkt.«[259]

Für das bemerkenswert abweisende Selbstverständnis der Neuen Linken gegenüber Israel spricht ein Detail: Der Republikanische Club in Westberlin, dem vorzugsweise ältere Intellektuelle unterschiedlicher Couleur angehörten, hatte den 9. November 1969 als Tag für die Podiumsdiskussion zum Thema »Palästina – ein neues Vietnam?« ausgesucht. Selbst wer diese Frage mit Ja beantwortete oder nur für berechtigt hielt, musste sie nicht ausgerechnet am Jahrestag der Pogromnacht von 1938 als die einzige diskutable Frage aufwerfen. Erklärbar wird das nur, wenn man den linken Antisemitismus in Deutschland, und in diesem Fall kann die DDR einbezogen werden, als Form der Schuldübertragung auf die Opfer der deutschen Rassen- und Vernichtungspolitik interpretiert.

Während dieser Veranstaltung verteilte eine Angehörige der linken Szene im Republikanischen Club das Bekenner-Flugblatt zu dem misslungenen, aber noch nicht bekannten Anschlag auf das Jüdische Gemeindehaus.[260] Die Überschrift lautete »Shalom – Napalm«. Auch darin zeigte sich die auf Schuldabwehr und Schuldübertragung gerichtete Tendenz des linken Antisemitismus. Der Begriff Napalm stand für das Verbrennen wehrloser Frauen, Kinder und Greise.

Alles für die palästinensische Revolution

Nach dem fehlgeschlagenen Attentat vom 9. November 1969 veröffentlichte das Palästina-Komitee des Frankfurter SDS eine Erklärung. Sie analysierte den zionistischen Staatsgedanken so: »Die endgültige Etablierung dieses Staates konnte allerdings erst auf dem Hintergrund der Erfahrung des Faschismus (der Erhöhung der Zahl der Einwanderer und der politischen Scheinlegitimierung eines Judenstaates) erfolgen.« Israel sei »selber ein rassistischer Staat«, und die Zionisten dort würden »die durch die Barbarei des Faschismus erzeugten Schuldgefühle, die in der BRD in einen positiven Rassismus in Gestalt des Philosemitismus umgeschlagen« seien, für ihre Zwecke nutzen. Im Übrigen verurteilten die Verfasser den Anschlag, weil ihn die in Deutschland lebenden Juden nur »vor dem Hintergrund ihrer Verfolgung und Vernichtung als Juden« begreifen könnten.[261] Der Koordinierungsrat der Gesellschaften für christlich-jüdische Zusammenarbeit beobachtete »eine zunehmende Aggressivität einzelner rechts- und linksradikaler Gruppen gegenüber den in der Bundesrepublik lebenden jüdischen Mitbürgern und Israelis«.[262]

Am 27./28. Dezember 1969 tagte der »Erste Internationale Solidaritätskongress mit dem palästinensischen Volk« in Algier. Der SDS schickte eine fünfköpfige Delegation, darunter

Udo Knapp, Wolfgang Schwiedrzik, Inge Presser und offenbar nur zufällig Joschka Fischer. 34 Jahre später, 2001, machte die Reise dem damaligen Außenminister Fischer zu schaffen. Knapp und Schwiedrzik meldeten sich öffentlich zu Wort, und Knapp behauptete, sie hätten sich seinerzeit von den martialischen Auftritten und dem »blanken Hass auf alle Israelis« angewidert gefühlt und »die Konferenz so oft wie möglich verlassen«. Der zeitgenössische Bericht des Verfassungsschutzes lautet anders. Demzufolge kritisierten die SDS-Delegierten in Algier die offizielle propalästinensische Resolution des Kongresses als »revisionistisch«. Alternativ dazu brachten sie eine Gegenresolution ein. Nachdem diese abgelehnt worden war, verließen sie die Versammlung »unter Protest«.[763]

Offensichtlich basierte der Verfassungsschutzbericht auf einer Darstellung des Mitreisenden Schwiedrzik, veröffentlicht in der *Roten Presse Korrespondenz*. Seinen Artikel versah Schwierdrzik mit der Überschrift »Zwei Beispiele revisionistischer Praxis. Der Palästina-Kongress in Algier«. Demnach hatte die Generalunion Palästinensischer Studenten den Bundesvorstand des SDS im Namen der Al Fatah eingeladen, aber keine genauen Auskünfte über den geplanten Verlauf gegeben. Schwiedrzik beklagte sich über den hermetischen Charakter der »Kongresszeremonien« und teilte mit: »Der Versuch der westdeutschen und der Westberliner Delegation, mit einer Gegenresolution gegen die zur Akklamation vorgelegten Resolutionen die politische Diskussion im Plenum zu erzwingen, wurde vom Tagungspräsidium ohne Diskussion souverän hinwegmanipuliert.« Deshalb »zog die westdeutsche Delegation aus dem Plenum aus« und verließ das »prinzipienlose Spektakel«. Solange die Alternativresolution der SDS-Delegierten nicht vorliegt oder von den Algier-Reisenden herausgegeben wird, gibt es keinen Grund, den Beteuerungen zum Schutz Fischers zu glauben. Nach dem Schwiedrzik-Bericht hatten sich die deutschen Delegierten gegen »revisionistische Phrasen«

gewandt, weil sie befürchteten, die benachbarten arabischen Staaten Israels könnten »durch Umarmungstaktiken [...] die palästinensische Revolution unter Kontrolle bringen«.[264]

In einem in der Berliner Untergrundzeitschrift *Agit 883* im April 1970 veröffentlichten »Brief aus Amman« kommentierte Kunzelmann den am 12. Februar 1970 gescheiterten palästinensischen Versuch zur Entführung einer El-Al-Maschine auf dem Flughafen München-Riem.[265] Dabei war der Holocaust-Überlebende Arie Katzenstein aus Lübeck tödlich und die Schauspielerin Hanna Maron lebensgefährlich verletzt worden. Kunzelmann schrieb dazu: Solche »verzweifelten Todeskommandos« seien »durch besser organisierte, zielgerichtetere Kommandos zu ersetzen, die von uns selbst durchgeführt werden und damit besser vermittelt werden können«.[266] Was immer Kunzelmann damit meinte. Jedenfalls hatte sich einen Tag nach der gescheiterten Flugzeugentführung ein Brandanschlag auf das jüdische Alters- und Fremdenheim in München ereignet. Sieben Menschen erstickten und verbrannten in den Flammen. Aufgeklärt wurde das schwere Verbrechen bis heute nicht.

In diesem Zusammenhang erscheint eine Presseerklärung, die der SDS in Frankfurt drei Tage nach der Münchner Mordtat herausgab, von Interesse. Darin werden der Brandanschlag »und alle ähnlichen terroristischen Anschläge auf die jüdische Gemeinde und ihre Institutionen« verurteilt. Entsetzt über die Folgen der eigenen Agitation und offenbar von der Vorstellung geleitet, dass Angehörige der Neuen Linken in das Verbrechen verwickelt sein könnten, stellte der SDS klar: »Derartige antisemitische Aktionen sind kein Mittel im Kampf gegen den Zionismus.« Der SDS kämpfe gegen den Zionismus »und seinen politischen Ausdruck Israel, nicht gegen die Juden«. Die geplante Demonstration zum Besuch des israelischen Außenministers Abba Eban sagte der SDS ab.[267]

Auch wer damals, wie zum Beispiel ich, niemals ein Fatah-

Tuch trug oder an einer anti-israelischen Demonstration teilgenommen hat, las die Untergrundzeitung *Agit 883* doch sehr gern und verdrängte wesentliche Teile des Gelesenen später. Bis zur Lektüre des aufklärenden Buchs von Wolfgang Kraushaar über die Bombe im Jüdischen Gemeindehaus im Jahr 2005 hatte ich alle Details vergessen, selbst die Tatsache, dass es überhaupt einen solchen Bombenanschlag gegeben hatte. Der Spiritus Rector der Aktion, Dieter Kunzelmann, galt innerhalb der Berliner Linken, dann auch als Abgeordneter der Alternativen Liste im Berliner Abgeordnetenhaus, lange Zeit als ein zwar übergeschnappter Subversiver, aber in seiner Authentizität akzeptabler, in seiner entschlossenen Antibürgerlichkeit bewundernswerter Kampfgenosse. Seine Texte las ich 1969 bestimmt, hatte aber aus meinem Gedächtnis getilgt, wie er damals zum »Kampf gegen die heilige Kuh Israel« aufrief, wie er die erste Nachkriegsgeneration immer wieder dazu aufforderte, zugunsten propalästinensischer Solidarität endlich den »Judenknacks« zu überwinden.[268]

Im Juni 1969 berichtete Theodor W. Adorno in »äußerster Depression« seinem Freund Herbert Marcuse, wie »man in Frankfurt den israelischen Botschafter niedergebrüllt hat«, und fügte für den Protestmentor Marcuse an: »Du müsstest nur einmal in die manisch erstarrten Augen derer sehen, die, womöglich unter Berufung auf uns selbst, ihre Wut gegen uns kehren.«[269] Ernst Fraenkel bemerkte zur Judengegnerschaft in der Bundesrepublik, auf der rechten politischen Seite trete sie nicht in Erscheinung, wohl aber auf der linken, und es sei erschütternd, »mit welcher Inbrunst die ahnungslosen Jünglinge und Jungfrauen […] ihre proarabischen Sprüche herunterleiern«.[270]

Am 7. Dezember 1970 kniete Willy Brandt vor dem Warschauer Ghettodenkmal; 1973 reiste er als erster deutscher Bundeskanzler nach Israel. Das markierte entscheidende Veränderungen in der deutschen Außenpolitik. Die neuen Linken interessierten sich dafür nicht. Die beiden in Berlin damals bestehenden linksradikalen Blätter, die *Rote Presse Korrespondenz* und *Agit 883* erwähnten den Kniefall Brandts nicht. Einerseits prognostizierten sie in den Ausgaben jener Tage für die nahe Zukunft »eine faschistische Diktatur« in den USA, andererseits gaben sie die für die unmittelbare Gegenwart nützliche Parole aus, »Lernt vom Nikolaus, räumt das Kaufhaus aus«.[271]

Noch in den Achtzigerjahren war die *taz*-Redaktion im Hinblick auf Israel tief gespalten. 1991, während des ersten Irakkriegs, hielt der grüne Bundestagsabgeordnete Hans-Christian Ströbele die irakischen Raketenangriffe auf Israel für »die logische, fast zwingende Konsequenz der Politik Israels«.[272] 1995 rechnete die Grüne Antje Vollmer mit Marcel Reich-Ranicki ab – nicht mit dessen Urteil über einzelne Bücher, sondern mit dessen Art, wie er »seine Ansicht hinaustrompetet«. Sie bezeichnete den Literaturkritiker als »eine der sieben Plagen, die wir vermutlich verdient haben«, warf ihm »medialen Kannibalismus« vor, kennzeichnete ihn als »Enthemmten« und »Hysteriker«. Wo man vor 1945 vom Zersetzer gesprochen hätte, sprach Vollmer 1992 vom »neuen Barbaren«, der »dunkle Kräfte« mobilisiere, statt diese zu bannen. Sie empfahl, »den Großmogul« Reich-Ranicki endlich der Lächerlichkeit preiszugeben: »Dann kann und wird er keine Bücher mehr zerreißen, dann macht er es wahrscheinlich wie Rumpelstilzchen und zerreißt am Ende vor Wut sich selber.«[273] Die Überschrift lautete »Das Ende der Unschuld«. Die Ausdrucksformen des Schuldabwehr-Antisemitismus sind vielfältig.

Dreiunddreißiger und Achtundsechziger

Wir hassen den Spießer

Ohne im angeblich aufklärerischen Eifer eine Sekunde lang daran zu denken, knüpften die deutschen Achtundsechziger an den Aktionismus ihrer Dreiunddreißiger-Väter an. Oft wird eingewendet, der studentische Aufruhr habe die Universitäten vieler Länder erfasst und sei deshalb kein deutsches Phänomen. Der Einwand ist bedenkenswert. Weit überwiegend können die Proteste als Luxusveranstaltungen des in der Ruhe des Kalten Kriegs befriedeten, wohlhabend-steril gewordenen Westens gedeutet werden. Die für den Adrenalinhaushalt anregenden Revolutionär-und-Gendarm-Spiele tobten in den Puddingbergen des Schlaraffenlands. Nicht umsonst nannte Erwin K. Scheuch seinen noch im Herbst 1968 erschienenen Sammelband zu der neuartigen Generation von Rechthabern, Krawallfreunden und Verweigerern »Die Wiedertäufer der Wohlstandsgesellschaft«. Das Buch erwies sich als prognostisches Meisterwerk. Den darin Beschriebenen galt es seinerzeit als konterrevolutionär.[274]

Scheuch lenkte den Blick auf »die böse historische Kontinuität der Vergewaltigung des Mitmenschen aus Gesinnung«, um aus der nationalen Vorgeschichte zu erklären, warum die protestierenden deutschen Studenten im Auftreten und in ihren Zielsetzungen antidemokratischer seien als ihre ebenfalls unruhigen Kommilitonen in anderen Ländern. Er bezeichnete sie als »unverhältnismäßig autoritär und totalitär im Denken«. Überraschend fand er das nicht, erschreckend allerdings, wie schwach entwickelt das Sensorium der Deutschen für freiheitsfeindliche Bewegungen sei.[275]

Die nationalsozialistische Studentenrebellion nannte sich ebenfalls Studentenbewegung. Das lässt sich in jeder Nummer des *Akademischen Beobachters* nachlesen, dem 1929 gegründeten »Kampfblatt des Nationalsozialistischen Deutschen Studentenbundes«. Im Mai 1930 wurde die Zeitung umbenannt. Fortan erschien sie unter dem Titel *Die Bewegung*. In dem Begriff verdichtet sich die untergehakt vorwärts und aufwärts strebende Masse, die gegen das Alte und Überkommene anrennt. Der Begriff wurde 1967 von den rebellischen Studenten wieder aufgenommen und blieb der Bundesrepublik bis heute erhalten. Am Ende verästelte sich *die* Bewegung von 1968 in Frauen-, Anti-AKW-, Schwulen-, Kinderladen- oder Friedensbewegung, Solidaritäts- und Internationalismusgruppen, kurz gesagt, in die sogenannten sozialen Bewegungen.

Die Achtundsechziger wärmten sich an dem Vers »Macht kaputt, was euch kaputt macht«. Ihre Kultband nannte sich »Ton, Steine, Scherben«. Die braunen Garden von 1933 erhoben sich über die »morschen Knochen« der Alten (»lasst sie nur toben und schrei'n«), über die Bedenkenträgerei des »Friedhofgemüses«, der alten Knacker. Ihnen sagten sie nach: »Denen rieselt der Kalk aus den Hosenbeinen.« Leider zu Recht meinten die Nazistudenten, »mit uns zieht die neue Zeit«, und schmetterten den im Jahr 1932 von Hans Baumann geschaffenen Barrikaden- und Großversammlungsschlager: »Wir werden weiter marschieren / Wenn alles in Scherben fällt.«

Der Blick auf die Schnittmenge zielt nicht auf die Gleichsetzung von Rot und Braun. Vielmehr geht es darum, die Ähnlichkeiten der Mobilisierungstechnik, des politischen Utopismus und des antibürgerlichen Impetus herauszuarbeiten. Das

Ergebnis legt eine spezifische, über die Elterngeneration vermittelte deutsche Kontinuität nahe, derer sich die Kinder 1968 bedienten. Der Hauptunterschied liegt auf der Hand: Die eine Bewegung gelangte rasch zur Macht, begründete eine mörderische Jugenddiktatur, produzierte furchterregende Karrieren und Konsequenzen; die andere führte zur Niederlage, die daran Beteiligten verzichteten auf einen Teil ihrer beruflichen Chancen und passten sich nach einer mehr oder weniger langen Pause wieder an die Mehrheitsgesellschaft an.

Der Reichsführer des NS-Studentenbundes, der Germanistikstudent Baldur von Schirach, pries im Mai 1930, gerade 23 Jahre alt, im ersten Editorial der nun wöchentlich erscheinenden Studentenzeitung *Die Bewegung* »den Gedanken des in Reih-und-Glied-Stehens mit dem deutschen Arbeiter« und endete mit voluntaristischer Emphase: »Jeder wahrhaft Wollende wird hier den Aufbruch fühlen.«[276] Neben den hohen Fernzielen hatte er bereits in der Vorgängerzeitung, dem *Akademischen Beobachter*, Kampfansagen an die bürgerliche Welt in den Mittelpunkt seiner Propaganda gestellt und dafür eine, wie er sie nannte, »Hass-Ecke« eingerichtet: »Wir hassen den Feigling. Ob er ein großer Spießer oder ein kleiner Minister ist, ob er sich national gebärdet oder republikanisch: Wir hassen den Feigling.«[277]

Auf dem Weg von der Ich- zur Wir-Zeit

Wenig später publizierte Schirach folgenden antiautoritären Bocksgesang: »Wir hassen den Spießer. Sein geliebtestes Wort ist ›Ruhe und Ordnung‹. Wenn er eine Festrede hält, wird er patriotisch und schwenkt begeistert seinen Bierkrug. Im Übrigen ist er für ›friedliche Entwicklung‹ und angenehmen Dauerschlaf auf der Ofenbank. Er trägt – körperlich wie seelisch –

Filzpantoffeln. [...] Während der Revolution sitzt er im Keller seines Hauses, ist sie vorüber, steht er auf dem Boden der Tatsachen.«[278] Das erinnert sofort an Schirachs Nachfahren von 1968, etwa an das Gedicht »Mitläufer« von Friedrich Christian Delius, abgedruckt 1968 im *Kursbuch 15*: »Er entwickelt eine Art Frömmigkeit, / Die hockt und horcht auf irgendeine Gelegenheit / Zur braven Tat, um dann ganz hingerissen / Sich auszuruhn auf schon bekannten Kompromissen. / Keiner spuckt ihm ins Bier, drum fühlt er sich stark. / Kein Wasserwerfer traf ihn, und sonntags im Park / Machten nichtsnutzige Rentner ihn immer sensibler, / Machten Zeitungen die Umwälzung täglich plausibler.«[279]

In den Jahren 1931/32 gab der bayerische NS-Studentenbund die *Deutsche Revolution* als sein Kampfblatt heraus. Der Zeitungskopf war in flammender Schrift gehalten, die Pseudonyme lauteten Argos oder Klaus Störtebeker. Geworben wurde in dem Blättchen für die wohlbekömmliche Zigarette »Alarm Gold« der Dresdener Sturm Zigaretten GmbH, einer alternativen Tabakmanufaktur, die sich laut Packungsaufdruck »Gegen Trust und Konzern« behauptete. Beim Verlag der *Deutschen Revolution* konnte man »Karikatur-Kampfpostkarten« bestellen, mit deren Hilfe Professoren mundtot gemacht werden sollten, die den Friedensvertrag von Versailles verteidigten, gegen den nationalen Dünkel anpredigten, Juden oder Republikaner – am besten beides – waren. Die Kneipen, die in diesem Blättchen inserierten und zu Treffpunkten der neuen Subkultur wurden, hießen »Kaffee National« oder »Osteria Bavaria«. Das berühmte Motto von 1968 »Trau keinem über dreißig« war so neu nicht gewesen: Mit nationalrevolutionärem Schwung hatten sich schon die Nazistudenten »über die Erbärmlichkeit alter ergrauter, erfahrener Männer« erhoben.

Die bayerischen Nazistudenten feierten den Abschied vom bürgerlichen Individualismus und sahen sich an der Zeitenwende, »die das Wir, die Societas, in den Vordergrund stellt«: »Dieser Übergang von der Ich-Zeit zur Wir-Zeit ist das Wesen der großen Revolution des 20. Jahrhunderts.« Eben deshalb sei »die letzte Lebensfrist des Liberalismus abgelaufen«; nun komme es darauf an, diesem unklaren, antiutopischen Denken »endgültig den Garaus zu machen«.[280] Wir Achtundsechziger hatten es ebenfalls auf die »Scheiß-Liberalen« abgesehen. Die Dreiunddreißiger denunzierten die vorsichtigen, differenziert argumentierenden Pragmatiker als »zerstreute Kompromissmenschen«, die sich stets auf die relativierende Formel herausredeten »bis zu einem gewissen Grade«, die dazu neigten, die »Welt in Millionen kleinster Teile« aufzulösen, und folglich jedes bedeutsame Ziel aus den Augen verlören.[281]

Die NS-Studenten »mussten«, so forderten sie von sich selbst, »wieder loskommen von der Verherrlichung und Verpäppelung des Individuums«. Erreichen könne man das durch »eine nur politische Revolution niemals«, vielmehr müsse parallel dazu das Leben selbst grundlegend verändert, »eine gesellschaftliche und kulturelle Revolution« vollzogen werden. Auf dem Weg dorthin brauche »das neue Deutschland Kämpfer, keine Bierphilister«. Nicht so sehr die Kommunisten, die als Kämpfernaturen respektiert wurden, sondern die Spießbürger wurden zu den angeblich gefühlsrohen, jeder Empathie unfähigen Lieblingsfeinden der NS-Studentenbewegung: »Diese schwammigen, fettgepolsterten und kahlköpfigen Rundbäuche, die nichts verlangen als ihre Ruhe und ein Gläschen Wein, die es nichts angeht, wenn zwei Straßenecken weiter eine Witwe den Gashahn öffnet, weil sie nicht mehr weiß, womit sie ihre Kinder ernähren soll.«

Selbstverständlich beherrschen die NS-Studentenfunktionäre den geschmeidigen, damals völlig neuen Gender-Ton. Anders als der männerfixierte Rudi Dutschke pflegte Schirach seine Reden mit einem verbindlichen »Meine deutschen Studenten und Studentinnen! Volksgenossen und Volksgenossinnen!« zu beginnen. Wie die Achtundsechziger drängten ihre Vorgänger nach gesellschaftlicher Relevanz der Studiengegenstände und nach einer Hochschulreform. Beide Studentenbewegungen protestierten gegen den Muff von tausend Jahren. Die Forderungen der universitären Nazis für »eine durchgreifende Hochschulreform« zum Abbau der professoralen Alleinherrschaft lauteten 1932: »Errichtung rassenkundlicher Lehrstühle, Berechtigung der Studentenschaft, zu Berufungen Stellung zu nehmen, Änderung der Prüfungs- und Studienordnung, Staffelung der Hörgelder nach dem Einkommen der Eltern und den Numerus clausus. Wir fordern den Ausbau der Selbstverwaltung der Studentenschaft und stärkere Einflussnahme auf die Studentenhilfe.«[282]

Wohlgemerkt richtete sich dieser Numerus clausus nicht gegen leistungsschwache Bewerber, sondern gegen die Überrepräsentanz jüdischer Studierender. Im Sinne der nationalistisch formulierten Idee der Chancengleichheit sollte der Zugang für Christen und Juden entsprechend dem Bevölkerungsanteil, der für Juden bei 0,5 Prozent lag, quotiert werden. Für die Immatrikulationsbüros waren, wie man heute sagen würde, Gleichstellungsbeauftragte vorgesehen, die für eine »gerechte« Judenquote zu sorgen hätten. Ein solches Gesetz wurde im April 1933 tatsächlich erlassen und für einige Monate – bis zum endgültigen Ausschluss jüdischer Studenten – wirksam. Es folgte dem Vorbild des antisemitischen Numerus clausus, den die ungarische Regierung 1920 auf Druck der christlich-magyarischen Studenten verfügt hatte.[283]

Ebenso wie ihre Nachfahren von 1968 wollten die NS-Studenten Standesunterschiede zwischen den Akademikern und den Absolventen von Fachhochschulen und Pädagogischen Akademien nivellieren. Die Fachhochschulstudenten stammten überwiegend »aus den Kreisen der Arbeiterschaft und des Mittelstandes«. Im Gegensatz zu den hochnäsigen Universitätsstudiosi, denen »nur der Geldbeutel des Vaters das Studium ermöglichte«, galten sie als »wertvoller«. Da die Fachhochschüler ein tiefes Verständnis für »die Not des Volkes« auszeichne, sollten sie nicht länger als Schmalspurabsolventen diskriminiert werden. Folglich wurden die Fach- und Fachhochschüler einschließlich der angehenden Volksschulpädagogen am 7. Februar 1934 erstmals in der deutschen Bildungsgeschichte gleichberechtigte Mitglieder der Deutschen Studentenschaft, damals als »Reichsschaft der Studierenden« bezeichnet.[284] Man/frau achte auf den feministisch inspirierten Begriff Studierende.

Die NS-Studenten zählten zu den ersten, die den akademischen Dünkel hinter sich ließen. Sie forderten die Verbindung von Theorie und Praxis, den Verzicht auf die bürgerlich-feudale Etikette der Fakultäten und auf das Sich-Verkriechen im Elfenbeinturm der reinen Wissenschaft. Anstatt »rein abstrakter Erkenntnisse« verlangten sie beispielsweise Lehrstühle für Wehrwissenschaft, weil anderenfalls »der Glaube an die sittliche Notwendigkeit des Kampfes verloren« gehen und die Menschen »individualistisch« werden könnten.«[285] Auf einer Besprechung, die Georg Plötner, Amtsleiter für Hochschulreform der Deutschen Studentenschaft, einberufen hatte, drängten die Versammelten im März 1933 auf ein neues Theorie-Praxis-Verständnis. Sie wetterten gegen »die ›objektive‹ Atmosphäre des Hörsaals« und verlangten nach »einer grundstürzenden Reform«.

Gegen das kapitalistische Bildungsmonopol

Statt der bisherigen »unwirklichen« und »zu nichts verpflichtenden« Wissenschaftlichkeit gelte es, nicht länger »passiv-beschaulich, sondern aktiv-politisch« zu wirken: »Der Privatmann als Wissenschaftler und Student hat keinen Platz mehr an einer politischen Hochschule.«[286] Die Nazi-Studenten der Filmhochschulen forderten die »Sprengung der Ateliers«, das »Unter-das-Volk-gehen« und einen neuen cinematographischen Realismus: »Das Thema: Kapitalistischer Erfolgsmensch, Sonntagskind, Glückspilz, Tausendsassa ist reaktionär. Die Verherrlichung des Glückskindes und des sonny boy ist bestenfalls geeignet, durch Schaffung illusionistischer Romantik über die Notwendigkeit des Lebenskampfes hinwegzutäuschen [...] Schluss mit dem Atelierfilm alter Fasson! Der Operateur gehört nach draußen, aufs Land, in die Dörfer, zum Arbeiter, zum Volk!« Es komme darauf an, reale »Menschen bei der Arbeit vollkommen unbeobachtet zu fotografieren«, sie böten »alle Möglichkeiten einer dramatischen Figur«.[287]

In ihrer Kampfzeit empfahlen die NS-Studenten Schriften, zu denen sich »Professoren abfällig oder zweifelnd« äußerten. Sie lehnten »das Wanken von einem vorgeschriebenen Examen ins andere« ab, weil der andauernde Prüfungsdruck »bloß nützliche Arbeitstiere« schaffe und verhindere, den Studenten heranzubilden, der bereit sei, an der »deutschen Gesamterneuerung« mitzuwirken.[288] Ohne Fachidioten zu werden, wollten sie zum Nutzen des Volkes arbeiten, den vom Studium ferngehaltenen Schichten den Aufstieg öffnen. Sie begriffen sich als junge Garde »einer geschichtlichen Aufgabe« und beabsichtigten die Befreiung der Technik aus »dem Banne« des Kapitalismus.[289]

Selbstverständlich pflegten die akademischen Jungnazis einen sarkastischen Ton. Beispielsweise witzelte ein Rostocker Student im Frühjahr 1929, man möge rechtzeitig Bescheid sagen, wenn die Juden vom Hamburger Auswandererkai aus nach Madagaskar abreisen würden: »Die Hamburger SA-Kapelle ist gern bereit, den Kehraus zu spielen.«[290] Schirach machte sich in aller »Heiterkeit« über die »Mätzchen« deutscher Universitätsrektoren lustig, die danach trachteten, den Einfluss der neuen »Freiheitsbewegung« zu stoppen. Er verhöhnte sie als »gelehrte Exponenten der Reaktion«. Am Ende stellte er mit antiautoritärer Verve fest: »Die deutsche Revolution marschiert. Daran werden selbst die Magnifizenzen nichts mehr ändern können.«[291] 1930 setzte der Rektor der Universität Jena all seine Kraft ein, um die von politisierten Studenten gewollte Berufung des Freiburger Rassentheoretikers Hans F. K. Günther, später als Rasse-Günther bekannt, zu stoppen. Die Antwort der Nazistudenten lautete: »Triumph des Zopfes: der kleine Rektor gegen den großen Forscher.«[292]

Bei den AStA-Wahlen errangen die NS-Studenten seit 1929 klare Siege. Verglichen mit den allgemeinen Wahlerfolgen der NSDAP bildeten sie die Vorhut der Bewegung. Die jungen Rechtsintellektuellen beklagten, dass der universelle Anspruch »vom krassesten Fachstudium verdrängt worden« sei. Stattdessen gelte es, eine »neue universitas« zu erkämpfen, nämlich die »der politischen Kenntnis«: »Heute sieht man überall harmlose Fachleute, die auf politische Übersicht verzichtet haben. Trotz all ihres angesammelten abstrakten Wissens sind sie als bloße Individuen, die den Zusammenhang mit ihrem Volke verloren haben, machtlos.«[293]

Im Herbst 1932 forderte der österreichische Ableger des großdeutsch operierenden NS-Studentenbundes in seinem Aufruf »Achtung! Studiengelderhöhung!«: »Das Studium muss allen Deutschen offenstehen; Parolen wie: ›Es studiert nur der, welcher das Geld dazu hat!‹ werden wir niemals anerkennen.«[294] Tatsächlich wurde aus der sozialen Öffnung der Hochschulen während der NS-Zeit wenig. Die absolute Zahl der Studenten ging deutlich zurück.[295] Im Kontext dieser Betrachtung kommt es darauf nicht an. Hier stehen die ideologisch-utopischen Impulse zur Debatte, die den Nationalsozialismus innerhalb der deutschen Studentenschaft in den vier Jahren vor 1933 mehrheitsfähig werden ließen: Es war das Versprechen von mehr sozialer Gleichheit und Mobilität für alle Arier. In ihrer Denkschrift zur Hochschulreform bemängelte die Reichsstudentenführung 1937/38 an der Hochschulreform, dass sich die Studierenden nach wie vor aus bürgerlichen Kreisen rekrutierten. Trotz gegenteiliger Zielsetzung des NS-Staates sei »das ›Bildungsmonopol‹ noch nicht gebrochen«. Um den Weg zu diesem Ziel zu ebnen, gelte es, die Hochschulen mit einem wirksamen Mittel sozial zu öffnen: »Die absolut erforderliche breitestmögliche Auslesebasis für den Nachwuchs wird allein gewährleistet durch das gebührenfreie Studium.«[296]

Mit großem Schwung bekämpfte der 25-jährige Student Fritz Hippler, der bald zur zentralen Figur in Goebbels' Propagandaministerium aufstieg, 1934 »das *kapitalistische Bildungsmonopol*«. Er forderte die »Auffüllung der hohen und der Hochschulen mit fähigen und tüchtigen Kräften *aus allen Schichten des Volkes*«. Deshalb sollten junge Arbeiter »*im abgekürzten Verfahren von der Bewegung her zur Hochschule stoßen*«. Eine Art Arbeiter- und Bauernfakultät sollte ihnen den Weg zu den höheren Bildungsweihen erleichtern: »Von Seiten der Hochschule könnte daran gedacht werden, neben den anderen Fakultäten eine solche der Arbeiterjugend (zu der selbstverständlich auch die Kinder von Angestellten, Bauern usw. Zutritt hätten) zu begründen.«[297]

Schon die Schlagzeilen der mit sichtlichem Macherstolz rasch entwickelten studentischen Kampfpresse lassen die formale Ähnlichkeit zu der 35 Jahre später entstandenen Bewegung erkennen. »Deutsche Rektoren bekämpfen die Freiheitsbewegung. Terror an der Universität Gießen«, so konnte man im Jahr 1930 lesen. Der Gießener Rektor hatte ein Uniformverbot erlassen. Neben diesem Bericht fanden die agitierten Kommilitonen das Lob des antinapoleonischen Volksbewaffners, des »Kriegsphilosophen Carl von Clausewitz«. Unter beiden Artikeln prangte die fett gedruckte Aufforderung: »Deutscher Student! Brich mit der sterbenden Vergangenheit, brich mit dem alten Klassenbegriff: Tritt ein in die nationalsozialistischen Kampforganisationen SA und SS!«[298]

»Der Student darf sich nicht ziehen lassen, er muss ziehen«, forderte Joseph Goebbels 1929 und fügte hinzu: »Studenten und Arbeiter werden das Deutschland der Zukunft aus der Taufe heben.« Den Ton hatte der spätere Propagandaminister seinem Führer abgelauscht, der schon 1923 im Münchner Löwenbräukeller zum Thema »Deutscher Student und deutscher Arbeiter als die Träger der deutschen Zukunft« gesprochen hatte.[299] Statt der verweichlichten Bürgersöhnchen wünschte sich Hitler Studenten, »die in die Masse hineinzugehen verstehen und lebendigen Anteil nehmen am Massenkampf«. Selbstverständlich geißelte er die »Entpolitisierung der Studentenschaft« und forderte einen »neuen Typ«, den »Nüchternheit«, »Widerstandsfähigkeit« und »Angriffsfanatismus« auszeichnen sollten. Den Angriff bezeichnete Hitler als »Freiheitskampf der jungen Generation«.[300]

Goebbels zog die wissenschaftliche Arbeit der Professoren als Produktion von »Buch- und Afterweisheit« ins Lächerliche, warf ihnen vor, sie würden ihre der Zukunft zugewandten Studenten am Ende als »streng thronende Prüfer gelassen und hochmütig« am »aufgehäuften Paragraphenstaub messen«. Der spätere Propagandaminister giftete gegen das Versinken in »Wissenschaft, Statistik, Beruf, Strebertum, Fachsimpelei« und die »flegelhafte Arroganz des ›Gebildeten‹ dem ›Volk‹ gegenüber«. »Erst der Werkstudent«, der in die Bergwerke hinuntersteige und neben dem Kumpel in harter Handarbeit um die Rohstoffgrundlagen der Nation kämpfe, weise »neue Wege«, nur er könne »die Fäden zwischen Hörsaal und Grube« knüpfen. Um solchem Fortschritt den Weg zu bahnen, gab Goebbels die Parole aus: »Unendliches muss bis dahin zertrümmert und vernichtet sein«, dann aber sei ein Zustand erreicht, in dem es »eine Lust ist zu leben«. Ähnlich wie später Dutschke forderte Goebbels sein akademisches Publikum zur Bildung revolutionärer Bewusstseinsgruppen auf, zur Agitation in der Aktion: »Einer muss anfangen! Stürzen Sie die alten Altäre um! Rotten Sie den alten Menschen in Ihrem Hirn und Herzen aus! Nehmen Sie die Axt in die Hand und zertrümmern Sie die Lüge einer alten falschen Welt! Machen Sie Revolution in sich! Das Ende wird der neue Mensch sein!«[301]

Dabei interessierte die NS-Bewegung nicht »der Streber, dem nichts über die Bücher geht und über die Ehre, dem Professor, bei dem er geprüft werden wird, die Aktentasche tragen zu dürfen. Wir sind mit diesen Gestalten in ebenso enger Gemeinschaft verbunden wie mit irgendeinem Karnickel auf dem Felde. Unsagbar stolz aber sind wir darauf, das Vertrauen eines Schlossers in unserem SA-Sturm zu genießen, der ein tüchtiger Kerl ist.«[302] Es entsprach purer ahistorischer Einbildung, als Dutschke im Februar 1968 in der Evangelischen Akademie Bad Boll verkündete: »Dass Bürgersöhnchen und elitäre Gruppen der Gesellschaft anfangen, ihr Elitedasein und die verinnerlichten Mechanismen der elitären Haltung zu beseitigen, ist etwas historisch Neues in Deutschland, und das sollte gesehen werden.«[303] Wie die Achtundsechziger experimentierten schon die Dreiunddreißiger mit Wohngemeinschaften. Für die neue »volksoffene« Hochschule erging im Mai 1933 der Aufruf: »Die politische Erziehung des Studenten werde sich in Zukunft ganz auf dem Kameradschaftshaus und der Wohngemeinschaft aufbauen.«[304]

»Freiheitsbewegung« unterm Gummiknüppel

Wer den neuen Menschen schaffen will, legt sich mit der Staatsgewalt an. Auch die NS-Studenten erinnerten ihre Kampfzeit später als Lebensabschnitt, in dem sie »Polizisten mit gezücktem Gummiknüppel« trotzten, es beispielsweise ertrugen, wie sie der Polizeipräsident wegen antisemitischer Umtriebe im November 1930 aus der Berliner Universität jagte. Er »wütete mit seiner Prügelgarde unter Studenten und Studentinnen schlimmer als Iwan der Schreckliche«. Schließlich schritt der Rektor ein, vermittelte und erreichte den Rückzug der Polizei vom Campus. Die braunen Studenten sangen den abziehenden, der Republik verpflichteten Polizisten hinterher: »Muss i' denn, muss i' denn zum Städtele hinaus.« Schon bald wurden im Zeichen des staatlichen Appeasements »drei der verhafteten Nationalsozialisten freigelassen«. Kaum war das erreicht, schmetterte *Die Bewegung*, wie der Kampf gegen »das heutige System« weiterzuführen sei: »Die maßgebenden Männer des korrupten Systems […] können sich aber nach derartigen Vorfällen mit Bombensicherheit darauf gefasst machen, dass noch kräftigere und lauter schallende Maulschellen folgen werden.«

Zur Militanz gehörte der »rechtsstaatliche« Aufschrei im passenden Moment: »44 Stunden Haft! Unerhörte Polizeischikanen gegen deutsche Studenten«, titelte *Die Bewegung* Ende Januar 1931. Im Innenteil folgt die Empörungsreportage »Der Gummiknüppel wütet«. Sie handelte von den Versuchen der braunen Studenten in Heidelberg, Professor Emil Julius Gumbel als unerwünschten Juden, Sozialdemokraten und aktiven Pazifisten vom Campus zu treiben. Die Nazistudenten, die auch den AStA beherrschten, hatten eine verbotene Demonstration auf dem Universitätsplatz organisiert, Verstärkung aus dem Umland herangeholt und sich mit Stahlruten und Knüppeln bewaffnet. Sie fühlten sich »von einem sterbenden System in ihrer freien Meinungsäußerung terrorisiert«. Die städtische Polizei schritt massiv ein. Sie räumte den Platz. Die Studenten zogen sich in das Unigebäude zurück, trieben jüdische und sozialistische Studenten hinaus und begannen sich zu verbarrikadieren.[305] Es kam zu massiven Auseinandersetzungen. Der Rektor vermittelte und

erreichte den freien Abzug der braunen Studenten. Da diese die Justiz für einen Teil des herrschenden Systems hielten, richteten sie einen eigenen Untersuchungsausschuss ein. Dessen Bericht ähnelt den Dokumentationen, die die Untersuchungsausschüsse der Achtundsechziger später lieferten, in frappierender Weise und stützte sich auf Zeugenaussagen wie diese:
- »Bürger und Studenten wurden von Polizeibeamten gewaltsam in die Universität hineingetrieben und dort hinter abgesperrten Türen verprügelt.«
- »Ich sah, wie zirka 15–20 Polizisten hinter einer Anzahl 8–14-jähriger Jungens hinterherjagten und wie ein Schupo wie ein Wahnsinniger mit dem Gummiknüppel von hinten auf die Köpfe der Jungens losschlug.«
- »In der Universität wurden Damen wahllos von der Polizei geprügelt.«
- »Die Polizei weigerte sich, Namen oder Dienstnummer von besonders brutal vorgehenden Beamten anzugeben.«
- »Der mehr als berüchtigte Kriminalkommissar Stoll sagte zu den Polizisten: ›Haut doch druff, für was habt ihr denn eure Gummiknüppel – und wenn sie liegen bleiben.‹«
- »Polizist Mahner hat blankgezogen (Zeugen vorhanden).«

Am Ende des Berichts heißt es: »Zahlreiche weitere Protokolle, die das unerhörte, brutale und sinnlose Verhalten der provozierenden Polizei beweisen, sind vorhanden. Im Augenblick der Ausgabe dieses Berichtes (22 Uhr) herrschte im großen Ganzen Ruhe. Lediglich Gruppen erregter Bürger und Studenten unterhalten sich auf allen Straßen und Plätzen Heidelbergs über das tolle Vorgehen der Polizei.«

Auf die zunehmenden Umtriebe zum Sturz des demokratischen Staates reagierten die Verantwortlichen auch mit Berufsverboten. Prompt klagte die NS-Studentenzeitung: »Studienassessor Dr. Joachim Haupt aus dem Staatsdienst entlassen«. Er hatte im schleswigschen Plön einen öffentlichen »wissenschaftlichen« Vortrag über die geistigen Grundlagen des Nationalsozialismus gehalten. Damit hatte er offensichtlich gegen die Weimarer Verfassung und gegen das Beamtenrecht verstoßen. Doch die Solidaritätskampagne klappte vorbildlich: »Die gesamte Schülerschaft begleitete Dr. Haupt zum Bahnhof und zeigte dabei, auf welcher Seite die junge Generation steht.« Parallel zu dem Gejammer über die Staatsmacht erging der Aufruf »Fertigmachen zum Vorstoß!«[306] Wer derart verfolgt wurde und angriff, brauchte eine Vaterländische Gefangenenhilfe (Berlin, Friedrichstr. 100, Postscheckkonto 147730) für die Kameraden im Knast.[307] Schließlich verstanden die studentischen Rebellen ihre gewalttätigen Aktionen als Notwehr, als legitime Regelverletzungen. Wie und mit welcher längst eingespielten Routine sich dergleichen unmittelbar nach der in diesem Fall gelungenen Machtergreifung vollzog, zeigt ein Bericht der *Deutschen Allgemeinen Zeitung*:

Am 17. Februar 1933, gegen 18.30 Uhr, sprengten nationalsozialistische Studenten eine Prüfung an der Staatlichen Kunstschule in Berlin-Schöneberg. Erklärend ließen sie wissen, diese preußische Ausbildungsstätte für Zeichenlehrer sei während der vorangegangenen Jahre »marxistisch-kommunistisch durchsetzt worden«. Infolge einer Streitigkeit zwischen den Professoren und einem nationalsozialistischen Assistenten habe der studentische SA-Sturm das Gebäude »in spontaner Erregung« besetzt und eine Prüfung »zwangsweise unterbrochen«. Die als Andersdenkende bekannten Professoren »wurden aus den Prüfungsräumen entfernt«, die Türen »mit eisernen Krampen und schmiedeeisernen Nägeln verrammelt« und die mit den Professoren sympathisierenden Studenten »gewaltsam zurückgedrängt«. Im Zuge des Go-ins hissten die Akteure auf dem Gebäude »eine etwa vier Meter lange Hakenkreuzfahne« und verlangten ultimativ die »völlige Neubesetzung der Lehrstühle«.[308]

Bald bildeten die akademischen Jungnazis »Waffenstudentische Kampfgruppen«. Entsetzt beklagte der Wortführer mit dem Kürzel H., dass sich viele Studenten anpassten: »Die Revolutionäre werden durch Evolutionäre verdrängt«, wohingegen die entschlossenen Revolutionäre an den staatlichen »Unterdrückungsmaßnahmen ständig gewachsen« seien. Sie würden, so kündigte der Autor Ende Februar 1932 an, weiter wachsen, bis es ihnen gelänge, »die Träger des Systems und damit das System selbst hinwegzufegen«. Der Aufruf endete mit einem gewaltigen Donnern: »Reaktionär ist, wer die zukunftsgestaltenden Kräfte künstlich festzuhalten sucht [...]. Reaktionär ist auch der, der dem Moloch Kapitalismus opfert und verblendet die westeuropäisch-liberale Demokratie als alleinseligmachend dem deutschen Volk aufschwätzt.«[309]

So viel zu den Ideen, Verhaltensweisen und Praktiken, mit denen viele Väter der Achtundsechziger ihren politischen Aufbruch bewerkstelligten.[310] Bedenkt man, in welche Katastrophe sie die Welt anschließend stürzten, folgt daraus der Schluss: Gott sei Dank scheiterten ihre Kinder an der Festigkeit der zweiten deutschen Republik.

Das glückliche Scheitern der Revolte

Deutsche Wildheit und Besessenheit

Die nationalgeschichtlichen Parallelen zwischen den Dreiunddreißigern und Achtundsechzigern wurden bereits in der Hochzeit der Studentenbewegung thematisiert. Doch die Angesprochenen überhörten die Mahnungen. Mehr als einmal insistierte Richard Löwenthal, dass seine nationalistisch gesonnenen Alters- und Studiengenossen am Ende der Weimarer Republik »von einem ähnlich wirren, aber ehrlichen Gemisch von Verzweiflung und idealistischer Hoffnung beseelt waren wie die ›revolutionären‹ Studenten von heute«. Ende 1967 fühlte sich Löwenthal »sehr stark« an seine Erfahrungen mit der »aktiven politischen Studentenschaft« der Jahre 1928 bis 1932 erinnert, »die nämlich nationalsozialistisch war, bevor Deutschland nationalsozialistisch war«.[311]

Ernst Fraenkel, der in den letzten Jahren der Weimarer Republik häufig als SPD-Redner aufgetreten war, hatte erlebt, wie die Rollkommandos der NSDAP, gelegentlich auch der KPD, versucht hatten, seine Veranstaltungen »zu übernehmen«. Vor dem Hintergrund dieser Lebenserfahrung fand er, das »Umfunktionieren« und die systematische Störung von Vorlesungen und Diskussionsveranstaltungen entspreche »haargenau den Methoden, die die SA in den Jahren vor 1933 angewandt habe«. Nachdem Frankfurter Studenten die Vorlesung von Carlo Schmid gesprengt hatten, sprach der Rektor Walter

Rüegg von der »Einübung faschistischer Gewaltmethoden«. Der SDS sah sich verunglimpft, forderte »unverzüglich« eine öffentliche Entschuldigung und drohte mit einer Strafanzeige. Sofort bot Fraenkel seinem Kollegen Rüegg an, den Faschismusvorwurf gegen die SDS-Leute »als sachverständiger Zeuge vor Gericht« zu bestätigen.[312] Mit ähnlichen Grunderfahrungen ausgestattet, hielt der 1938 aus Fürth vertriebene US-Außenminister Henry Kissinger die studentischen Rebellen in Deutschland für »nazistischer als etwa die NPD«.[313]

Im Herbst 1968 konstatierte der sozialdemokratische Bundestagsabgeordnete Ulrich Lohmar die beängstigende Nähe der Neuen Linken zum »faschistischen Korporationsdenken und der Einparteienvorstellung«. Mit sarkastischem Realismus fügte er hinzu: »Es fehlt nur noch das Führerprinzip oder das des ›demokratischen Zentralismus‹.«[314] Es dauerte nicht lang, bis viele tatsächlich solchen Ideen folgten.

Ebenfalls 1968 arbeitete der Freiburger Politikwissenschaftler Wilhelm Hennis die Parallelen zum Nationalsozialismus heraus. In einem Rundfunkvortrag zur »Unruhe in der Jugend«, der wegen seiner Prägnanz ausführlich ins Gedächtnis gerufen werden muss, sagte er: »Ich kenne eigentlich niemanden, der die Nazis aus eigener Anschauung gefürchtet hat, den am Nazismus reaktionäre, obrigkeitsstaatliche oder antidemokratische Tendenzen besonders bedrückt hätten, sondern: das Tyrannische, Zwingende, Unfreie, alles in Marsch Setzende, das Totalitäre im wirklich privat-existentiell erfahrenen Sinne, die Herstellung einer unentrinnbaren Wir-Atmosphäre, das Gefühl, dass ständig etwas geschieht, Aktionen bevorstehen – dies war es doch, was die Menschen fürchten ließ. Der Stahlhelm war reaktionär, die SS wohl kaum. Herr von Papen war für den Obrigkeitsstaat, Hitler sicher eher für die levée en masse, genannt ›Bewegung‹. Im Nationalsozialismus nur das Autoritäre, Obrigkeitsstaatliche zu sehen, aber das Element der Bewegung nicht sehen zu wollen, heißt, ihn so gut wie nicht zu erkennen. […] Vor der deutschen Zipfelmütze hat sich noch nie jemand gefürchtet, wohl aber vor dem Furor teutonicus, der deutschen Wildheit und Besessenheit, unserer Radikalität und Unfähigkeit zum Kompromiss.«[315] All das hätte ich, hätten wir lesen oder hören können.

In der Gemeinschaftsideologie der Achtundsechziger äußerte sich die alte deutsche Angst vor den Unwägbarkeiten der Freiheit. Die offensichtliche Bodenlosigkeit der Elterngeneration ließ die Sehnsucht nach Stationärem gedeihen. Auch insofern folgte die Protestjugend von 1968 älteren Mustern; im Übrigen sind die Parallelen zur Staatsideologie der DDR nicht zu übersehen. Gemeinschaft und gläubiger Kollektivismus bedeuteten den Rückzug in eine sorgfältig abgegrenzte Zone von Gleichen unter Gleichen. Komplementär dazu äußerte sich in der Versessenheit auf Kampf und klare Fronten die Flucht aus einer komplexen Welt in die elementar vereinfachende Situation des Schützengrabens. Ein solcher Rückzug kann sich in primär rassistischen, klassenkämpferischen oder antimodernistisch-konservativen Formen vollziehen. Die Grenzen bleiben fließend. Landkommunen, Ordensburgen und verschworene Guerillagruppen erfüllen insofern ähnliche Funktionen: Sie bieten geistige Schutzräume, die rasch zu Gefängnissen werden können, in denen sich Schwache stark fühlen. Einen Finger kann man brechen, fünf Finger sind eine Faust – für das Binnenverhältnis einer weltanschaulich exponierten Kleingruppe besagt dieser Satz nichts anderes als: Unsere Ehre heißt Treue. In einem ihrer letzten Texte schrieb die Gefangene Ulrike Meinhof, die bis 1967 ganz auf sich gestellte, bis dahin dem Gruppenkonformismus ferne Kolumnistin: Dem auf »Vereinzelung« gerichteten Herrschaftsapparat sei das »kämpfende Kollektiv« entgegenzusetzen – »das Kollektiv ist die Gruppe, die als Gruppe denkt, fühlt und handelt«.[316] An diesem unmenschlichen Ziel scheiterte sie und nahm sich in der Nacht vom 8. zum 9. Mai 1976 das Leben.

Das Temperaturgefälle zwischen der moralisch aufgeladenen Generation Ho-Ho-Ho-Chi-Minh und der moralisch entleerten, ihres ideologischen Korsetts seit 1945 beraubten Generation Heil-Hitler führte 1967/68 zu massiven Spannungen, die sich über einem nur am Rande Beteiligten, dem angeblich »faschistoiden« Staat, entluden. Dessen Repräsentanten konnten den fehlgesteuerten Angriff nicht begreifen und folglich nicht angemessen reagieren. Fest steht jedoch, dass sie es mit erheblichem Aufwand versuchten. Die Fragen, Selbstzweifel und Überlegungen, die beispielsweise Kurt Georg Kiesinger in dieser Zeit umtrieben, heben sich im Ton und im Inhalt von den zeitgenössischen Dutschke- oder *Kursbuch*-Texten höchst angenehm ab.

Wie aus den zitierten demoskopischen Umfragen ersichtlich und jedem Zeitgenossen in Erinnerung, wüteten in den Rebellen selbst die Kräfte des Alten und des Neuen gegeneinander. Die zerstörerischen Energien, die zur Krise führten, beherrschten die Familien, die gesellschaftliche Sphäre. Der Staat diente als Ersatzfeind. Im Jahr 1997 sprach die Grünen-Abgeordnete Christa Nickels während der Bundestagsdebatte über die Verbrechen der Wehrmacht von ihrem 1908 geborenen, noch nicht lange verstorbenen Vater: Der hart arbeitende Bauer hatte in den Fünfzigerjahren »jede Nacht furchtbar von Feuer und Kindern geschrien«. Dann kam die Abgeordnete dankbar auf die Versöhnungsgeste zwischen »unserem Bundeskanzler« Helmut Kohl und Ronald Reagan auf dem Soldatenfriedhof von Bitburg im Jahr 1985 zu sprechen, die wegen einiger dort bestatteter SS-Soldaten höchst umstritten gewesen war: »Dabei ist mir zum ersten Mal aufgefallen, dass mein Vater auf dem einzigen Foto, das es aus dieser Zeit gibt, eine Uniform trägt, die schwarz ist und auf der Totenköpfe sind. Damals war ich schon für die Grünen im Bundestag und habe es nicht gewagt, meinen Vater zu fragen, denn es fiel mir unendlich schwer.«[317] Es hatte 30 Jahre gedauert, bis im Deutschen Bundestag das zentrale Problem der 15- bis 25-Jährigen von 1968 ausgesprochen werden konnte. Für sie bildete die Protestbewegung, wie es die 1951 geborene Journalistin Tissy Bruns 2007 sagte, »die Chance, das individuelle, das familiäre Drama in einer allgemeineren Atmosphäre der Abrechnung aufzuheben«. Das erkläre, warum diese Bewegung »so anschwoll«.[318]

Die Nichtschwimmer bekämpfen das Wasser

Von den Zeitgenossen erkannten das nur wenige. Für sie loderte das revolutionäre Blendfeuer »plötzlich und unvermutet« in der westdeutschen Universitätslandschaft: »Ein Funke glühte auf und setzte in Brand, was sich lange schon als explosives Material gesammelt hatte.«[319] (Wapnewski) Der ebenfalls liberale Politikwissenschaftler Kurt Sontheimer wunderte sich, wie die Revolte »aus heiterem Himmel kommend, über die Bundesrepublik hereinbrach«.[320] Erwin K. Scheuch sprach von einem massenhaften, sozusagen »religiösen Konversionserlebnis«, das allen Prognosen und Zustandsbeschreibungen einer angeblich apathischen und konformistischen akademischen Jugend spottete.[321] Der ursprünglich liberal gesonnene Professor für katholische Dogmatik, Joseph Ratzinger, erlebte 1968 in Tübingen, wie »die marxistische Revolution zündete«. Entsetzt stand er vor dem Massenphänomen einer »atheistischen Anbetung, die ihrem falschen Gott alles Menschliche zu opfern bereit ist«. Mit ihm sonst fremder Härte fährt Ratzinger in seiner 1997 gezogenen Lebensbilanz fort: »Ich habe das grausame Antlitz dieser atheistischen Frömmigkeit unverhüllt gesehen, den Psychoterror, die Hemmungslosigkeit, mit der man jede moralische Überlegung als bürgerlichen Rest preisgeben konnte, wo es um das ideologische Ziel ging.«[322]

Andere verließen die Universität überhaupt, zum Beispiel Christian Graf von Krockow (1927–2002), der im Jahr 1969 das Beamtenverhältnis aufkündigte und freier Schriftsteller wurde. Sein damals linksradikaler Student Arno Widmann, der zur Flucht seines Professors beigetragen hatte, schrieb 34 Jahre später diesen Nachruf: »Krockow öffnete die Tür, gegen die anzurennen wir fest entschlossen schienen. Er diskutierte tage- und nächtelang mit uns. Wir hängten ihm den Orden um, den die 68-er für die freundlichen, aber vernünftigen älteren Zeitgenossen bereithielten und nannten ihn einen ›Scheißliberalen‹. Es hieß damals, er habe keine Lust mehr zu vermitteln. Niemand fragte nach.«[323]

Wapnewski, Sontheimer, Scheuch, von Krockow, Ratzinger und viele andere, zum Beispiel Ralf Dahrendorf, waren Reformen zugetan und etwa 15 bis 20 Jahre älter als die Erstsemester von 1968. Dennoch kehrten sie den revolutionsgeschüttelten Universitäten den Rücken. Sie verzogen sich an ruhigere Orte. Das mag als feiges Ausweichen angesehen werden, doch folgte die Abkehr vernünftigen Gründen. Warum sollten sich junge, liberale Hochschullehrer mit präpotenten Wahnsinnigen allzu lange aufhalten und sich mit Flegeln abmühen? Zum Beispiel mit dem SDS-Vorsitzenden Knapp, der in einer Diskussion mit Jürgen Habermas ausschließlich Sätze wie diesen beizusteuern wusste: »Ich verstehe überhaupt nicht, wie irgendeiner von Ihnen, nach dem, was der Habermas gesagt hat, den Mann noch duldet!«[324]

Im Jahr 2006 erinnerte Wapnewski bekümmert an jene »peinlichen Happenings und schäbigen Gewaltausbrüche«, die viele deutsche Hochschulen für mehrere Jahre in Atem hielten: »Es war der Aufstand der Nichtschwimmer gegen das Wasser. Ist das Wasser erst erledigt, gibt es keine Nichtschwimmer mehr.«[325] Auf diese Weise gerieten die reform- und diskussionsbereiten jüngeren Ordinarien binnen weniger Monate zwischen die Fronten. Als »Scheißliberale« verhöhnt, resignierten sie, flohen oder verhärteten. So gesehen, beförderten die Revoltierenden die Liberalisierung des Landes nicht, sie verzögerten sie.[326] Sie machten die zahlreichen und ernsthaften Angebote aus den Reihen der Brücken- oder Halbgeneration zunichte. Hans-Ulrich Wehler nennt diese Zwischengeneration die Fünfundvierziger, andere sprechen von der Flakhelfergeneration. Ich nenne sie Generation Kohl, da der frühere Bundeskanzler als typischer Repräsentant dieser Altersgruppe gelten kann: Er verlor seinen älteren Bruder im Krieg; noch 1949 musste er in Ludwigshafen ein Brikett zur Tanzstunde mitbringen.[327] Neben den schon Genannten gehören beispielsweise Hans-Dietrich Genscher, Niklas Luhmann, Hermann Lübbe, Jürgen Habermas, Johannes Rau, Joachim Fest, die Brüder Hans-Jochen und Bernhard Vogel oder Otto Graf Lambsdorff dazu.

Die Angehörigen dieser Altersgruppe hatten ihre Ausbildung und ihren beruflichen Aufstieg zumeist etwas verspätet unter extrem schwierigen Bedingungen im zerstörten, demoralisierten Deutschland begonnen. Viele waren mitten in der Pubertät, als sie die Traumata des Krieges erlitten. Die Älteren mussten am Ende noch zur Wehrmacht einrücken, die Jüngeren als Flakhelfer oder als Kindersoldaten beim Volkssturm dienen. Sie hatten Bombenkrieg und Kinderlandverschickung mitgemacht, viele Flucht und Vertreibung. In den Schulklassen und Hörsälen des Jahres 1947 saßen Kinder und junge Leute, von denen die Hälfte den Vater, einen älteren Bruder, manchmal beide Eltern verloren hatte. Sie mussten auf dem Schwarzen Markt ums Überleben kämpfen, Nahrungs- und Heizmittel für ihre überforderten Mütter »organisieren«. Sie erlebten die Familie – Onkel, Tanten, Großeltern – als die letzte Bastion in einer von Niedergang und Mangel, Chaos und Tod geprägten Zeit.

Über die Bombennächte im Herbst 1943 berichtet der damals zwanzigjährige Wapnewski, der ein Jahr zuvor während einer Panzerschlacht das linke Auge verloren hatte: »Ich habe den ekelhaft süßlichen Leichengeruch eingeatmet, der aus den Haustrümmern herausschwelte.«[328] In den Erinnerungen einer durchschnittlichen deutschen Familie, die keine Bücher schreibt, sondern ihre Geschichten, wenn sie überhaupt erzählt werden, mündlich weitergibt, steht dafür der knapp achtzehnjährige Infanterist Werner Weber aus Agnetendorf im Riesengebirge. Er hatte bis in den April 1945 hinein in der Reichsfestung Breslau auszuharren. In derselben Stadt lag beispielsweise der SS-Schütze Bernhard Heisig, der später in seinen Gemälden von dem Höllenkommando berichtete. Weber gelang es auszubrechen, um mit einem Kameraden in das nahe gelegene Heimatdorf zu desertieren. Auf dem Weg dorthin wurden die beiden von zwei Soldaten der Geheimen Feldpolizei gestellt. Geistesgegenwärtig erschossen sie die kaum älteren Menschenjäger. Um des eigenen Überlebens willen wurden sie – so sahen sie ihre Tat bis ans Lebensende – zu Mördern. Kurz darauf gerieten die beiden in russische Gefangenschaft. Zum Skelett abgemagert, gelangte Werner Weber 1949 mit Rippenfellentzündung in die DDR.

Im Februar 1945 brachte Emil Weber, der jüngere Bruder Werners, einem Verwandten das Eiserne Kreuz in ein Lazarett bei Torgau. Auf dem Rückweg geriet er in den Bombenangriff auf Dresden. Er kam physisch heil davon, verließ die brennende Stadt, doch wurde er an einer Straßensperre abgefangen und zurückgeschickt. Für einige Tage musste der Sechzehnjährige beim Bergen und Verbrennen der Leichen auf dem Dresdner Altmarkt mit anpacken.

Die Familie wurde 1947 aus Agnetendorf vertrieben. Im Unglück hatte sie Glück: Alle überlebten. Später nahmen sie sowohl in der DDR wie in der Bundesrepublik in bescheidener Weise am Aufschwung teil: rackerten, sparten, pflegten ihre Autos mit einer gewissen Zwanghaftigkeit und sorgten für die möglichst gute Ausbildung ihrer Kinder. Erst 60 Jahre später, mehrere Jahre nach Werners Tod, erzählte Emil Stück für Stück, was die beiden zwischen 1944 und 1949 durchgemacht hatten. Bis dahin hatte er die Traumata in den hinteren Ecken seines Bewusstseins verschlossen gehalten. Erst jetzt, knapp achtzigjährig, besuchte er zusammen mit Frau und Tochter die alte Heimat. Mit einem Blumenstrauß in der Hand winkte er über den Gartenzaun des 1947 verlassenen Hauses. Es dauerte nicht lang, bis er der heutigen Hausherrin, die als Kind aus der Ukraine vertrieben worden war, in die Arme fiel.

Ralf Dahrendorf erlebte, wie sein Vater Gustav nach dem 20. Juli 1944 im Zuchthaus verschwand; er selbst geriet im Winter 1944/45 wegen »Defätismus und Wehrkraftzersetzung« in ein Gestapolager, wurde verhört und geschlagen. Als Fünfzehnjähriger musste er mit ansehen, wie einer der Häftlinge, der ein halbes Pfund Margarine gestohlen hatte, gehenkt wurde: »Hinter den Baracken wurden jeden Morgen Leichen von – erfrorenen? ermordeten? – Insassen des Lagers gefunden. Manchmal hörten wir Schüsse, wenngleich wir die Opfer nicht sahen.«[329]

Als Bundeskanzler sprach Kohl 1984 während eines Israel-Besuchs von der Gnade seiner späten Geburt – den Grünen ein freudig genutzter Anlass für neue Überheblichkeit. Kohl wollte damit sagen: Wir waren zu jung, um Naziverbrecher zu werden, wären wir älter gewesen – wer weiß? Gemessen an den Kindheitsbedingungen der Achtundsechziger hatten die Angehörigen der Generation Kohl die Ungnade der frühen Geburt erlitten. Zufällig, passiv und ohne eigene Schuld gerieten sie in schreckliche Ereignisse hinein und schwiegen. Sie taten das aus Selbstschutz. Sie mussten schwere Schocks überwinden, verdrängen, die Vergangenheit notwendigerweise hinter sich lassen. Sie brauchten ihre Lehrer nicht zu fragen, wo sie im Krieg gewesen seien und was genau sie gemacht hätten. Zumindest meinten sie, aus eigener Erfahrung ziemlich genau zu wissen, wovon die Rede war, sofern die »jüngste Vergangenheit«, eher versehentlich, gestreift wurde.

Sie erlebten den 8. Mai 1945, das langsame Wiedererstehen der staatlichen Ordnung, den Beginn des Neuaufbaus als Geschenk des Himmels und atmeten auf. Sie machten sich nützlich und blickten nach vorn. Sie wollten zunächst nur eines: »Aus dem Chaos der unmittelbaren Nachkriegszeit wieder eine bewohnbare Welt machen.« So sagte es Erwin K. Scheuch, Jahrgang 1928.[330] Diese von Hitler und, soweit sie aus der DDR in den Westen geflohen waren, auch von Stalin »gebrannten Kinder konnten es 1968 nicht fassen, dass in der nächsten Generation so viele Brandstifter« am Werk waren.[331] Mit blankem Entsetzen reagierten sie auf die neue Gesinnungseiferei. Sie wussten aus eigener Anschauung, dass die Großverbrechen des 20. Jahrhunderts von Menschen und Gruppen begangen worden waren, die von sich mit Recht hatten behaupten können, »ihre Politik sei eine Weltanschauung und die Intensität ihrer Gesinnung sei nicht anzuzweifeln«.[332]

In den Jahren 1967/68 ereignete sich in der alten Bundesrepublik ein doppelter Bruch zwischen den Generationen: Zum einen zwischen den (Nazi-)Eltern und deren Kindern, zum anderen zwischen der Generation Kohl und den unter gänzlich unterschiedlichen materiellen Verhältnissen in die Universitäten eingerückten, zwischen 1942 und 1952 geborenen Achtundsechzigern. Infolge der gegensätzlichen Grunderfahrungen mussten sie den Älteren als verwöhnte Profiteure der Prosperität erscheinen, als buchstäblich verrückt. Sosehr sie es versuchten, konnten sie die ihnen unter normalen Verhältnissen zustehende Rolle, zwischen Alt und Jung zu vermitteln, bald nicht mehr wahrnehmen. Erst die Sprachlosigkeit zwischen diesen beiden einander relativ nahen Altersgruppen erklärt das Desaster von 1968.

Neben der massiven Katastrophenerfahrung der Generation Kohl gilt es, einen wichtigen generationsgeschichtlichen

Unterschied zu bedenken. Die Eltern der zwischen 1923 und 1933 geborenen Angehörigen dieser Generation hatten ihre Prägungen noch im Kaiserreich erfahren, die Väter hatten den Ersten Weltkrieg allenfalls teilweise mitgemacht, jedenfalls überlebt. Ihren beruflichen Aufstieg begannen sie während der Weimarer Jahre. Auch wenn sich diese Familien für den Nationalsozialismus begeistert hatten, konnten sie sich hernach verhältnismäßig ungebrochen auf die Werte rückbesinnen, die ihnen aus der Zeit vor 1933 vertraut waren.

Emotional frierende Kinder

Im Unterschied dazu waren die Eltern der Achtundsechziger zwischen 1910 und 1922 geboren worden. Nicht wenige hatten ihre Väter im Ersten Weltkrieg verloren oder nach 1918 als gebrochene und verhärtete Männer erlebt. Sie absolvierten ihre Schulzeit während der Weimarer Republik und begannen ihre beruflichen Karrieren im Dritten Reich. Grosso modo konnten die Eltern der Achtundsechziger 1945 deutlich weniger als die Eltern der Generation Kohl auf familiär vorgelebte Werte und Verhaltensnormen zurückgreifen.

Ende Mai 1968 erläuterte Rudolf Wildenmann die Befunde seiner demoskopischen Umfrage über die rebellierenden Studenten vor dem Kabinettsausschuss »Studentenunruhen«. Er stellte fest, dass sie sich weder nach Geschlecht noch nach Studienort wesentlich unterschieden und interpretierte die Ergebnisse als »tiefgehende Auseinandersetzung mit der Vätergeneration«. Besonders scharf falle die Kritik von Söhnen und Töchtern gut situierter Familien aus. Er brachte das Phänomen auf die Formel: »Viel Geld – wenig Nestwärme.«[333]

Ich schlage eine andere, schon angedeutete Interpretation vor. Die materiell etablierten Eltern dieser Generation hatten den Nationalsozialismus als junge Männer und Frauen erlebt und sich zu Beginn ihrer beruflichen Laufbahn überwiegend mit dem Regime identifiziert, das ihnen Aufstiegschancen und Gestaltungsmöglichkeiten verhieß. Sie gehörten zur tragenden und besonders umworbenen Schicht. Nach 1945 verloren deshalb gerade sie – mehr als ältere oder in einfachen, bodenständigen Verhältnissen lebende Deutsche – den Halt. Ihr Wertefundament war schwach. Die Eltern der Achtundsechziger bildeten die Alters- und Sozialkohorte, der es besonders schwerfiel, sich die Maßstäbe des Rechts und der Moral wirklich zu eigen zu machen, die nun wieder in Kraft gesetzt wurden. Die ideelle Entwurzelung im Jahr 1945 führte zu einer spezifischen Starre und Orientierungslosigkeit. Daraus entstand der von Wildenmann beobachtete Mangel an Nestwärme für die späteren Achtundsechziger. Man kann sie als Generation der emotional frierenden Kinder bezeichnen.

Diese gerieten in den Nachkriegsjahren in eine psychosoziale Situation, die der ähnelte, die ihre zwischen 1910 und 1922 geborenen Eltern als Kinder nach der Niederlage von 1918 durchgemacht hatten. Mit anderen Worten: Die familiengeschichtlichen Folgeschäden aus zwei fürchterlichen Kriegen potenzierten sich in den Studenten von 1968.

Trotz aller Aggressivität richteten die Achtundsechziger einen großen Teil ihrer Energien auf die Gruppenprozesse, Recht- und Linkshabereien mit ihresgleichen. Ihre wild ausgreifenden Aktivitäten, ihre Selbsterfahrungs-, Gruppen- und Kindererziehungsexperimente können als (verzweifelter) Versuch gedeutet werden, fehlende zwischenmenschliche Wärme zu erlangen. Wer die Kommune-Berichte oder das 1971 ungemein erfolgreiche Buch »Kinderläden« heute liest, schüttelt den Kopf und ist sofort geneigt, die Texte in den Altpapiercontainer zu werfen. Liest man die Schriften gegen den Strich, nicht als politische Manifeste, sondern als Aussagen der Autoren über sich selbst, werden sie zu veritablen Quellen. Sie zeigen die Schreibenden psychisch nackt, auf der Suche nach Werten, an denen es ihnen offensichtlich mangelte.

Über den Minimalkonsens einer Kinderladengruppe heißt es da: »Wir waren uns einig darüber, dass alle bestehenden Erziehungsmodelle unsere Kinder zu ebenso deprimierten, autoritätsfixierten, unfreien Typen machen mussten, wie wir es selbst sind.« Über die Kommune 1 räsoniert eine ehemalige Kommunardin: »Es ist wirklich schwer zu beschreiben, was diese Zeit der Kommune 1 ausgemacht hat, soll man sagen, ein Hauch von Zärtlichkeit? Gefühl, nicht allein zu sein? Sich nicht verstecken zu müssen? Keine Angst voreinander zu haben?« An anderer Stelle wird mitgeteilt, »dass ›normale‹ Eltern liebesunfähige Eltern sind«.[334] Unvorstellbar, dass die Angehörigen der Generation Kohl so über ihre Familien gesprochen hätten.

Im Oktober 1968 diskutierten einige Berater der Bundesregierung über die Ursachen der Jugendrevolte auf der Grundlage eines Thesenpapiers, das mit dem bündigen Satz begann: »Die gegenwärtigen Unruhen haben ihre Wurzeln in der deutschen Geschichte, besonders in den Folgen des Nationalsozialismus und des Zusammenbruchs 1945.« Einer der Teilnehmer, Max Horkheimer, versuchte den Unterschied zwischen dem deutschen Studentenprotest und dem in anderen Ländern zu fassen. Laut Protokoll meinte er: »Wenn man die deutsche von der allgemeinen Unruhe unterscheiden wolle, so seien hier auffallend das Ressentiment, das Minderwertigkeitsgefühl, das ›Unbewusste‹. Dies alles zeige sich sowohl bei den auf die Unruhe Reagierenden wie auch bei manchen Studenten. All denen, die da aufständen, sei offenkundig eines gemeinsam: der Umstand, dass keine sie beglückenden Ziele vorhanden seien, dass es sie nicht locke, in die Fußstapfen des Vaters zu treten. […] Die Jugend sei infolgedessen mit Recht todunglücklich und setze sich in ihrer Verzweiflung selber ihre Ziele.«

An derselben Gesprächsrunde beteiligte sich Helmut Kuhn. An Horkheimer anknüpfend trug er vor: »Ihm selbst sei ein – vielleicht übermäßig hartes – Wort eines Amerikaners über die Deutschen in Erinnerung, der gesagt habe: ›They don't love each other.‹ Er kenne Vorgänge in der Studentenschaft, die sich mit dem Wort ›Regelverletzung‹ überhaupt nicht mehr umschreiben ließen.« Im Unterschied zu den deutschen Unruhen sei in den amerikanischen Universitäten, trotz aller Proteste, niemals die Tendenz sichtbar geworden, »das Vertrauen zwischen Lehrern und Studenten von Grund auf zu zerstören«.[335]

Kuhns Eindruck bestätigt der Bericht, den der Deutsche Generalkonsul in New York über den Besetzungsstreik an der Columbia University gab. Dort bildeten sich im Mai 1968 sofort »verschiedene Ad-hoc-Komitees«, um »die streitenden Parteien zu versöhnen«. Alle wichtigen Zeitungen veröffentlichten »sorgfältige Analysen, die den tiefer liegenden Gründen nachzuspüren« suchten. Anders als in Berlin verhielt sich die Bevölkerung New Yorks »emotionell sehr maßvoll«. Auf dem Campus bemühten sich Diskussionsgruppen und Professoren »unaufhörlich um Aussprache und Reformvorschläge«: »Scharen von ›Vermittlern‹ liefen von einem der belagerten Gebäude zum anderen: Fakultätsmitglieder, Mitglieder der liberalen Studentenorganisationen, Abgesandte der Universitätsverwaltung und des Bürgermeisters.«[336]

Im Unterschied dazu schmiedeten radikalisierte deutsche Studenten unaufhörlich Pläne, wie sich die Situation mit Gewalt eskalieren lasse. Auf der Seite der Berliner Stadtverwaltung hetzte Bürgermeister Klaus Schütz: »Ihr müsst diesen Typen nur ins Gesicht sehen!« Die Springer-Zeitungen ergingen sich in Schmähungen, und Berliner Durchschnittsbürger stürzten sich in Pogromlaune auf einen harmlosen Angestellten, den sie für Rudi Dutschke hielten. Im Sommersemester 1968 erwog der Berliner Staatsrechtsprofessor Roman Herzog ein Disziplinarverfahren gegen den früheren Vorsitzenden des Rings Christlich-Demokratischer Studenten (RCDS) Jürgen Bernd Runge, den die linksradikalen Studenten allgemein als Opportunisten verspotteten. Herzog nahm davon Abstand, weil Runge aus einem solchen Verfahren »nur universitätspolitisches Kapital schlagen würde«. Stattdessen setzte er darauf, dass Herr Runge »uns« im Wintersemester zwar »sehr viel Kummer machen«, aber »uns« dann »sehr viel schöner ins Messer laufen« werde.[337] Mit Recht schrieb Peter Boenisch, in jenen Jahren Chefredakteur der *Bild-Zeitung,* 2001 zur Debatte um die Straßenkämpfervergangenheit des Außenministers Joschka Fischer: »Heute entscheiden allein [Fischers] diplomatische Ergebnisse und nicht die Bilder aus einer beiderseits gewalttätigen und hasserfüllten Vergangenheit. Und ich weiß, worüber ich rede: *Bild* und ich standen in jener Zeit auf der anderen Seite der Barrikade.«[338]

Zwischen diesen Fronten scheiterten die in Deutschland ebenfalls vorhandenen, aber an Zahl und gesellschaftlichem Rückhalt zu schwachen Vermittler. Sie gaben auf. Selbst der vom Innenministerium als linker Drahtzieher beargwöhnte Berliner Philosoph Wilhelm Weischedel resignierte schließlich: Er habe sich ganz »aus dem Strudel der universitären Komplikationen zurückgezogen«, teilte er 1972 einem Freund mit, »seit die studentische Rebellion, auf die ich anfangs große Hoffnungen gesetzt hatte, in lauter Klassenkampf untergegangen ist. Manchmal fühle auch ich mich an die Jahre vor 1933 erinnert.« 1975 schrieb er: »Ich [muss] mir den Vorwurf machen, dass ich eine Entwicklung gefördert habe, die zu den heutigen Verhältnissen geführt hat.« Weischedel meinte damit Zustände, in denen es nur noch um die »Machtgewinnung und Machtsicherung« einzelner, eben auch linker Gruppen gehe.[339]

Die Hinweise Horkheimers und Kuhns legen nahe, dass die Achtundsechziger-Revolte ihre ungestüme Energie aus wechselseitiger Schwäche bezog. Auf der einen Seite standen Leute mit nationalsozialistischer Vergangenheit wie Kanzler Kiesinger, Staatssekretär Ernst oder Polizeipräsident Duensing, die, ob sie nun hart oder nachsichtig handelten, mit dem Problem mangelnder persönlicher Glaubwürdigkeit zu kämpfen hatten. Auf der anderen Seite agierten und agitierten »ungebärdige Kinder« (Kiesinger). Ihrem Alter entsprechend nutzten sie die tief sitzende Unsicherheit der Elterngeneration gnadenlos aus, litten jedoch selbst an fehlender Grundorientierung. So entwickelte sich ihr doktrinärer Ton und ihr Hang zur Selbstverhärtung. Die Achtundsechzigerrevolte nahm ihren heillosen Lauf, weil der alten Bundesrepublik der ideelle Kern fehlte, den eine freie Gesellschaft braucht. Die kohäsiven Kräfte erwiesen sich als zu schwach, und die aufbegehrenden Neuerer wurden – vorübergehend – zum seitenverkehrten, totalitären Abklatsch des Alten.

Im Jahr 1957 bezeichnete Helmut Schelsky die Generation Kohl als »die skeptische Generation«. Er charakterisierte sie als illusionslose und misstrauische Altersgruppe, die aus der geistigen Ernüchterung, der Zufälligkeit des eigenen Überlebens und den vielfach erlittenen physischen und psychischen Verletzungen eine ungewöhnlich stark ausgeprägte Lebenstüchtigkeit gewonnen habe: »Die Generation ist im privaten und sozialen Verhalten angepasster, wirklichkeitsnäher, zugriffsbereiter und erfolgssicherer als je eine Jugend vorher. Sie meistert das Leben in der Banalität, in der es sich dem Menschen stellt, und ist darauf stolz.« Die jungen Deutschen dieser Altersgruppe waren nach dem Ende des Nationalsozialismus bestrebt, die verlorenen Jahre nachzuholen. Sie atmeten auf, mussten als um ihre Jugend gebrachte Generation vor der Zeit erwachsen werden, arbeiteten, was das Zeug hielt, legten ihre Examina im Eiltempo ab und stiegen in ihre Berufe ein. Sie verhielten sich »unspekulativ, aber zugleich auch gedanklich unaggressiv«.[340]

Schelsky war 1912 geboren worden und hatte zur jungen Intelligenz des Nationalsozialismus gehört. Er grenzte die Generation Kohl von der seinen ab; offenkundig dachte er über seinen eigenen Lebensweg nach. Abweichend von der herrschenden jugendkundlichen Lehrmeinung schlug er vor, den Bruch zwischen den emanzipatorisch-romantischen Idealen der deutschen Jugendbewegung und der neuen, als »politische Generation« bezeichneten hochgradig ideologisierten Jugend nicht 1933 anzusetzen, sondern in der Mitte der Zwanzigerjahre. Auf autobiographischer Grundlage schrieb er, die organisierte bürgerliche Jugend habe sich während der zweiten Phase der Weimarer Republik als »ein Vortrupp des Kommenden« begriffen. Sie habe den »radikaleren Zugriff auf die Welt der Erwachsenen« gesucht und »intellektualistische Ordnungsbilder einer nach irgendeinem Prinzip grundsätzlich umgestalteten Gesellschaft« verfochten. Diese Jugend habe ihre »Verhaltenssicherheit in der modernen Gesellschaft« mit der »gläubigen Hingabe an eine Idee oder Ideologie« erreicht und sich »intellektualistischen Ordnungsbildern einer nach irgendeinem politischen Prinzip umgestalteten Gesellschaft« verschrieben.[341]

In einem Punkt irrte Schelsky. Er behauptete, dass infolge des vorangegangenen Krieges diese Form des bis dahin jugendtypischen Verhaltens »endgültig beseitigt« worden sei: »Dazu zähle ich vor allem den gesamtgesellschaftlichen Planungs- und Ordnungsoptimismus, das Bedürfnis, an ›Ideen‹ oder Ideologien zu glauben, und die Hoffnung auf einen harmonischen und heilsamen Zustand der Gesellschaft durch ihre revolutionäre Veränderung.« Diese Mutmaßung widerlegten die Achtundsechziger gründlich. In einen seltsamen Wiederholungszwang gebannt, knüpften sie an die »politische Generation« an, der die Altersgruppe der Eltern, darunter Schelsky, angehört hatte, für die nach Schelsky das »Widerspiel von Führungsaktivität und Massenfolgsamkeit«, die Sehnsucht nach »Programmen und Dogmen« typisch gewesen sei.[342]

Selbstverständlich setzten sich Kontinuitäten aus der NS-Zeit auch im Staatspersonal fort, doch bildeten die engeren Sphären der Familien den wesentlich schwierigeren und für den Wiederholungszwang maßgeblichen Teil des Problems. Die Autorin Bettina Schäfer, Jahrgang 1952, hat diese Konfrontation, die selbst noch für ihre Altersgruppe im Schweigen endete, in ihrer typischen Form beschrieben. Sie fiel zwischen Söhnen und Vätern härter aus, doch verlief der stillere Konflikt zwischen Töchtern und Müttern nicht weniger belastend:

»Die Mutter als junges Mädchen von neunzehn Jahren ließ sich zur Schwesternhelferin ausbilden und ›kam an die Russlandfront‹, die harten Winter dort, die Improvisation in den Lazaretten nahe der Front, ihre Handverletzung und Rückkehr in ›die Heimat‹, Königstein, Gießen, Frankfurt; und immer im Lazarett, Verwundete pflegen, dann die Bombennächte, die Lebensmittelkarten, das Schlangestehen und ›Organisieren‹, wie aus alten Armeedecken Mäntel und aus Bettzeug oder Fahnen Röcke gefertigt wurden, ›es gab ja nichts‹. [...] Die Männer erzählen von Schützengräben, Kälte, Dreck und Tod, von knappem Entkommen, unsinnigen Befehlen, Stalinorgeln, Flakgeschützen, verletzt schreienden Kameraden, die liegen blieben, Nachtmärschen.« Im Alter von etwa 13 Jahren erfuhr Bettina Schäfer, »im Geschichtsunterricht, was im Fernsehen hier und da schon auftauchte (Eichmann-Prozess in Jerusalem), nämlich die ganze Geschichte mit den KZs und der Judenausrottung. Und wenn das in der Schule gesagt wird, *muss* es wahr sein! In den KZs soll auch gefoltert worden sein. Im *Stern* trifft sie auf einen Bericht über so einen Folterer, ›Boger‹ hieß er. Die Fotos, kaum erkennbar, aber zu erahnen: Er ließ Gefangene mit dem Kopf nach unten aufhängen und auspeitschen, nackt. *Das* war *grausam*. Es ist für die Jugendliche unfassbar, ekelerregend und höchst beängstigend, dass so etwas überhaupt *möglich war*! Die vorsichtigen Fragen an die Mutter erbringen zögerliche, kurze Antworten: ›Das hat niemand gewusst!‹ Wie kann das sein? Das Gefühl, nicht nachfragen zu sollen, entsteht und setzt sich als latente Bedrohung irgendwo im ›Hinterkopf‹ oder ›Unterbewusstsein‹ ab. Dieser ganze Themenbereich Judenverfolgung und Folter und warum? wird zur Tabuzone […].«[343]

Öffentliches Reden, familiäres Schweigen

Diese private Auseinandersetzung, die in der Sprachlosigkeit stecken blieb, war von der Schule, von der Illustrierten *stern*, vom Fernsehen und indirekt von der Strafjustiz induziert worden. Daneben brachten minoritäre Zirkel, wie die Gesellschaft für christlich-jüdische Zusammenarbeit, etwas Licht in das bedrohlich nahe Vergangene. Die Familien erwiesen sich als überfordert. Bei aller heute kaum mehr verständlichen Vorsicht mutete ihnen der Staat mit seinen Aufklärungskampagnen, mit der Errichtung einer zentralen Ermittlungsbehörde für NS-Verbrechen, mit den Debatten um die Verjährung der NS-Morde mehr zu, als sie ertragen konnten.

Dabei geht es nicht um die Frage, ob sich die Eltern an Verbrechen beteiligt hatten. In den allermeisten Fällen hatten sie das nicht getan. Das zentrale Problem bildeten die BDM-Mütter, die ihre Rundfunkspielschar über alles geliebt und die dort gesungenen Hans-Baumann-Lieder ihren Kindern beigebracht hatten, und die Väter, die sich im NS-Kraftfahrerkorps ihre Jugendträume erfüllt oder überraschend schnell am sozialen Aufstieg teilgenommen hatten. »Alt-Nazi-Kiesinger« und schließlich der zum weltweiten Phänomen erklärte »Faschist« wurden zu Ersatzobjekten der familiären und individuellen Sprachlosigkeit.

In welchem Ausmaß das private Schweigen sich lautstark an den Repräsentanten des Staates austobte, dokumentiert der Offene Brief, den Günter Grass an den Kanzlerkandidaten

Kiesinger richtete: »Wie sollen wir«, so fragte der Mann, der so gerne die Richtlinien der Moral bestimmte und über seine Zugehörigkeit zur Waffen-SS schwieg, »der Toten von Auschwitz und Treblinka gedenken, wenn Sie, der Mitläufer von damals, es wagen, heute hier die Richtlinien der Politik zu bestimmen?«[344] Die Ohrfeige, die Beate Klarsfeld am 7. November 1968 Bundeskanzler Kiesinger während einer CDU-Sitzung in Berlin versetzte und dabei »Nazi« zischte, diente als Entlastung für jüngere Deutsche und für diejenigen, die rasch auf die bessere Seite der Geschichte wechseln wollten – nicht zuletzt für Beate Klarsfeld selbst, die als christliche Deutsche den Geburtsnamen Kunzel trug. Anschließend erläuterte sie ihre Tat als Akt »für ein Deutschland, befreit von jeglichem Hang nach Sühne«.[345]

Mit solchen Ersatzhandlungen wurden die unlösbaren gesellschaftlichen Spannungen auf den Staat abgeleitet. Diese Konflikte hatten die jungen Leute mitten in der Ablösungsphase getroffen und den gewöhnlichen Generationenstreit gesteigert. Die Achtundsechziger suchten Strategien, um dem Schuldzusammenhang der nationalsozialistischen Verbrechen zu entrinnen. Die unvergleichlichen Dimensionen des deutschen Rassen- und Vernichtungskriegs machen das Ausweichen erklärlich. Die Studenten folgten einem Schutzreflex. Sie verschlossen ihre Augen vor dem Unerträglichen.

Das unterschied die Achtundsechziger von ihren Altersgenossen in der DDR gründlich und trägt noch heute zu Missverständnissen bei. Die DDR-Gewaltigen hatten die deutsche Vergangenheit ideologisch exportiert. Der heranwachsenden Jugend ersparten sie das Fragen mit der Geschichtslüge, die NS-Herrschaft sei das Werk einer hauchdünnen, monopolkapitalistisch gesteuerten Schicht gewesen, mit der das fröhlich der Zukunft zugewandte DDR-Volk rein gar nichts zu tun gehabt habe. Die Dreiunddreißiger-Generation Ost war aus dem Schneider. Für ihre Kinder erübrigte sich das Fragen.

Wie die Umfragen von 1967 zeigen, orientierten sich die Studenten zunächst an älteren Autoritäten. Sie verehrten Carl-Friedrich von Weizsäcker, Walter Hallstein, Carlo Schmid und selbst Konrad Adenauer. Das bedeutet: Die antiautoritäre Revolte richtete sich in ihrer ursprünglichen Konstellation nicht gegen Eltern und Lehrer, die übermäßig streng gewesen wären, sondern gegen solche, die an Autoritätsverlust krankten. Infolge ihres ideellen Bankrotts füllten sie die Vorbildfunktion nur unzureichend aus und ahnten das zumindest. Was taten die Kinder, kaum dass sie das Abitur abgelegt hatten? Sie flüchteten in eine Variante des politisch eindimensionalen Utopismus, auf dessen Trümmern sie groß geworden waren. Allerdings setzten sie an die Stelle des schuldbehafteten Nationalismus die europäische Idee und den Internationalismus. Dazu gehörte der Verzicht auf die Wiedervereinigung. Die Studierenden pflegten ein negatives Nationalgefühl, behielten jedoch die romantisch-utopistische Grundrichtung bei.

Die Flucht aus dem Väterland

Kurt Georg Kiesinger erkannte das sofort als Ausweichstrategie. Ihm erschien die moralisch verbrämte Überheblichkeit verdächtig, mit der sich die Studenten hauptsächlich für Konflikte engagierten, »die ihre Wurzel im Ausland haben«. Seine Berater konfrontierte er mit dem Gedanken: »Schwingt da nicht – gewissermaßen als Kehrseite – die Einstellung mit, ›Am deutschen Wesen muss die Welt genesen‹?« Der Kanzler führte das Beispiel eines evangelischen Würdenträgers an, den er gefragt hatte: »Wo haben wir deutschen Protestanten versagt?« Der Befragte »zählte lauter Tatbestände außerhalb unserer Grenzen auf«. Kiesinger analysierte dieses Verhalten als »schulmeisterliche, missionarische Umkehrung unseres früheren extremen Nationalismus«.[346]

In den Umfragen bejahten die Studenten den Prozess der europäischen Einigung aus vollem Herzen. Allerdings muss der Europa-Enthusiasmus der damaligen Deutschen unter denselben Vorbehalt gestellt werden: Gerade den kritischen Studenten diente er als Möglichkeit, sich der geschichtlichen Verantwortung zu entziehen. Aus demselben Motiv speiste sich die Identifikation mit fernen Befreiungsbewegungen. Die Achtundsechziger folgten einer Generation, die Ungerechtigkeit, Schrecken und Tod in höllischer Weise verbreitet hatte. Es lag nahe, aus dem Staats- und Geschichtsverband Deutschland wenigstens gedanklich auszusteigen. Die verquaste, mit Fremdwörtern gespickte, die Realität verneinende Ausdrucksweise der studentischen Vordenker deutet in dieselbe Richtung: auf den Abbruch selbst der Sprachbrücken.

Die Europabegeisterung, der Internationalismus und die Identifikation mit solchen leidenden Menschen, die nicht die Opfer der Deutschen geworden waren, sondern des »Imperialismus«, folgten dem negativen Nationalgefühl. So gelang es den damals 20- bis 30-Jährigen, das Vaterland innerlich zu verlassen. Kaum hatten sie eine scheinbar sichere Position außerhalb der deutschen Schuldzone erreicht, verdünnten sie den deutschen Nationalsozialismus zum globalen, allgegenwärtigen »Faschismus«, den es überall auf der Welt zu bekämpfen gelte, und änderten ihre Sicht auf den Mord an den europäischen Juden. Die jungen deutschen Europäer und Internationalisten »flohen aus ihrer Geschichte«, wie Kiesinger bemerkte, eine »merkwürdige Illusion«, die nicht nur für die rebellischen Studenten gelte, bei ihnen jedoch in extremer Form auftrete.[347] Darin glichen die westdeutschen ihren ostdeutschen Landsleuten, denen der Staat den Weg aus der deutschen Geschichts- und Schuldmisere wies: hin ins sozialistische Lager und hoch zur internationalen Solidarität.

Viel spricht dafür, dass dieses Ausweichen vor der deutschen Vergangenheit und die Regression in abwehrende Ideologien und Geschichtsmodelle sich nur schwer hätten vermeiden lassen. Nicht nur die (Neue) Linke ging diesen Irrweg. Die Mehrheit der Deutschen versuchte auf die eine oder andere Art, Hitler und seine Herrschaft als etwas Fremdes abzuspalten und zu verdrängen. Weil aber so viele und so besonders viele junge Deutsche den Nationalsozialismus gutgeheißen und damit die Politik des Verbrechens zumindest objektiv gefördert hatten, war es 1968 noch nicht möglich, die direkte Konfrontation mit den mittlerweile 50- bis 65-jährigen Rassenkriegern zu suchen. Das erklärt, warum sich 1967/68 für etwa zehn Jahre neue Formen des Verdrängens herausbildeten. Sie entstanden in dem Moment, als das einvernehmliche Beschweigen der Vergangenheit aufhörte.

In den Monaten und Jahren nach dem 2. Juni 1967 verloren viele Studenten für kurze oder längere Zeit die Balance. Statt sich ihrer prekären Selbstzerrissenheit und den Problemen des moralischen Wiederaufbaus in Deutschland zu stellen, wählten sie die konsequente, scheinbar erlösende Verneinung. Sie suchten ihr Heil in der Simplizität: im Ausstieg, im gewaltsamen Absprung, in der widerspruchsarmen ideologischen oder prinzipiell »alternativen« Selbstausrichtung, damals »politische Identität« genannt. Nicht wenige stürzten ab und zerbrachen. Dazu gehörten die Terroristen der Roten Armee Fraktion (RAF) und anderer gewalttätiger Zirkel. Vor allem sollte der Vielen gedacht werden, die jeden Halt verloren, psychisch erkrankten oder sich das Leben nahmen. Jeder damals Aktive kennt diese Schicksale ehemaliger Weggefährten.

Helmut Kohl sieht die Achtundsechziger »nicht völlig negativ«. Er trat ihnen seinerzeit in Mainz munter entgegen, störte sich nicht daran, wenn sie ihn niederbrüllten oder ihn »in eine längere öffentliche Diskussion« über seine Potenz verwickelten. Er hält ihnen zugute, dass sie »zu manch überfälliger Veränderung« beitrugen, »die sonst mit Sicherheit erst viele Jahre später möglich gewesen wäre«. Auch wusste er seit seiner Zeit als Werkstudent, wie »dringend« die Hochschulen innerer Reformen bedurften. Neben aller Kritik konzediert auch Dahrendorf positive Folgen der Revolte: einen Modernitätsschub, mehr Partizipation und eine Entprovinzialisierung der bundesdeutschen Gesellschaft.[348]

Keine Frage, der Reformstau der späten Adenauerjahre musste überwunden werden. Aber es handelte sich um eine Retardierung, die nicht, jedenfalls nicht allein, dem Charakter und Lebensalter des ersten Nachkriegskanzlers zuzuschreiben ist. Nachdem die Deutschen mit aberwitzigem Tempo erobert, gemordet, ihre Kräfte hoffnungslos überdehnt, schließlich das eigene Land vollständig zerrüttet hatten und die selbst provozierte Gewalt auf sie zurückgefallen war, brauchten die Überbleibsel sowohl im Westen wie im Osten Geborgenheit. Adenauers Wahlspruch »Keine Experimente« versprach die Ruhe, derer das Staatsvolk bedurfte. Mit anderen Methoden bewerkstelligte die DDR-Führung Ähnliches. Der Länge nach in zwei ungleiche Stücke gespalten, verkapselte sich das moralisch ausgebrannte, von den Besatzungsmächten kontrollierte Land zum Vorteil der übrigen Welt.

Die Gewalt des beispiellosen Vernichtungskrieges wirkte in den deutschen Gesellschaften weiter und führte zu erheblichem inneren Aggressionsstau. Teils entlud er sich an der deutsch-deutschen Systemgrenze, teils drückte er auf das gesellschaftliche Klima: In der DDR wurden diese destruktiven Kräfte auf dem Weg staatlicher Vorgaben und mit Hilfe staatlicher Gewalt relativ effizient nach außen abgeleitet; in der individualistisch organisierten Bundesrepublik lasteten sie, kaum gedämpft, auf den Familien, auf jedem Einzelnen. Sie erzeugten diffuse Aggressivität. Folglich kann das Jahr 1968 mit seinen vielfach verschobenen, bis zur Unkenntlichkeit verqueren Konflikten als Jahr einer allgemeinen Erschütterung verstanden werden. Akzeptiert man diese These, dann bildeten die radikalisierten Studenten nur den extremen, besonders auffälligen Teil eines Umbruchs, der am Ende zur gesamtgesellschaftlichen Erneuerung führte. Aus der Tatsache, dass die Studenten infolge ihrer generationellen und sozialen Position die Symptome der Krise so deutlich und wild zeigten, ergibt sich jedoch kein heute hervorzuhebendes reformerisches Verdienst. Nicht die Studentenbewegung leitete die Wende zur Reformpolitik ein, sondern die 1969 gebildete sozial-liberale Regierung Brandt/Scheel. Aufbauend auf den Vorarbeiten der Großen Koalition von 1966 führte sie zur zweiten Konstituierung der Bundesrepublik. Die dritte folgte auf das Ende der DDR im Jahr 1989. Auch die Wiedervereinigung vollzog sich eruptiv. Sie erforderte erhebliche Kraft und Geduld. Unerwartet langsam gelang es, auch diese Kriegsfolge in glückliche Bahnen zu lenken. Erst heute, nach nunmehr über 60 Jahren, können die schweren Langzeitschäden des nationalsozialistischen Vernichtungskrieges – für Deutschland – als weitgehend überwunden angesehen werden.

Die Aktivisten von 1968 waren keine Neuerer, sondern Teil eines Problems, das sie weder selbst verursacht hatten noch lösen konnten. Als irrational Getriebene verstärkten sie die Krise mehrere Jahre lang, wo sie nur konnten. Die wirklichen Reformer arbeiteten nicht selten deprimiert und mit hohen Risiken, um die außer Kontrolle geratene Situation zu steuern. Ihre Texte und Reden hielten dem Wandel stand. Sie gebieten Respekt. Die Lektüre ist noch heute anregend. Demgegenüber erwies sich die Halbwertzeit der begrifflich aufgepumpten Bücher, Broschüren und Zeitungen der Achtundsechziger als extrem kurz. Wie das gesamte totalitäre Schrifttum des 20. Jahrhunderts können sie heute als Dokumente der Gedankenflucht, Kraftmeierei und Selbstsucht wissenschaftlich analysiert, nicht jedoch mit Gewinn gelesen werden. Jeder Antiquar schlägt die Hände über dem Kopf zusammen, wenn ihm das Zeug angeboten wird.

Im Jahr 2006 erreichte eine linkskonservative Initiative per Volksentscheid, dass ein Abschnitt der Kochstraße in Berlin-Kreuzberg nach Rudi Dutschke benannt werden soll. Bislang verhindert eine Klage des an dieser Straße neben der *taz* ansässigen Springer-Verlags den Vollzug des Bürgerbegehrens. Falls die Gerichte die Umbenennung für rechtens erklären, wird die Rudi-Dutschke-Straße im rechten Winkel auf die Axel-Springer-Straße stoßen und so die alte Feindschaft markieren. Die Berliner leben mit solchen Namen unbekümmert. Sie stören sich weder an ihrem Hindenburgdamm, ihrer Treitschke- oder ihrer Karl-Liebknecht-Straße. Sollte jedoch die Absicht bestehen, an das Ergebnis des Großkonflikts von 1968 zu erinnern, dann böte sich die Ehrung eines zunächst gescheiterten, am Ende erfolgreichen Vermittlers an. Wie wäre es mit der Umbenennung der Springer- *und* der strittigen Dutschke-Straße in Richard-Löwenthal-Promenade? Diese würde scharf um die Ecke biegen. Das entspräche der Biographie Löwenthals und den weit weniger dramatischen Lebensläufen der meisten Achtundsechziger. Von ihnen bleibt das glückliche Scheitern ihrer Ideen und die Reintegration in eine Gesellschaft, die sich in der Krise erneuerte.

Anhang

Abkürzungen

AA	Auswärtiges Amt
ArchFUB	Archiv der Freien Universität Berlin
APO	Außerparlamentarische Opposition
AdsD	Archiv der sozialen Demokratie, Friedrich-Ebert-Stiftung, Bonn
AStA	Allgemeiner Studentenausschuss
Barch	Bundesarchiv
BDM	Bund Deutscher Mädchen
BfV	Bundesamt für Verfassungsschutz
BMI	Bundesministerium des Inneren
BpA	Bundespresseamt
DM	Deutsche Mark
FDJ	Freie Deutsche Jugend
FU, FUB	Freie Universität Berlin
KBW	Kommunistischer Bund Westdeutschland
KCh	Kommunistische Partei Chinas
KJVD	Kommunistischer Jugendverband der KPD
KMK	Kultusministerkonferenz der Länder
KPD(AO)	Kommunistische Partei Deutschlands (Aufbau Organisation)
MfS	Ministerium für Staatssicherheit der DDR
N	Nachlass
NStDB	Nationalsozialistischer Deutscher Studentenbund
OSI	Otto-Suhr-Institut der FUB
RAF	Rote Armee Fraktion
RPK	Rote Presse Korrespondenz
SDS	Sozialistischer Deutscher Studentenbund
SHB	Sozialdemokratischer Hochschulbund
Sl	Sammlung
TU	Technische Universität
VDS	Verband Deutscher Studentenschaften
ZK	Zentralkomitee
ZSg	Zeitgeschichtliche Sammlung

Quellenverzeichnis

Bundesarchiv, Koblenz und Berlin

B 106	Bundesinnenministerium
B 136	Bundeskanzleramt
B 141	Bundesjustizministerium
B 166	Verband Deutscher Studentenschaften
B 304	Konferenz der Kultusminister
B 443	Bundesamt für Verfassungsschutz
Dok/P	Dossiers zur Karriere ehemaliger Nationalsozialisten
N 1274	Nachlass Ernst Fraenkel
NS 38	Nationalsozialistischer Deutscher Studentenbund
ZSl 153	Sammlung Wolfgang Schwiedrzik

Archiv der Freien Universität Berlin

Abteilung APO
Sl Heike Berndt
Sl Wolfgang Lefèvre
Sl Horst Mahler
Sl Sozialistischer Deutscher Studentenbund

Archiv der sozialen Demokratie, Bonn

N Richard Löwenthal

Handschriftenabt. der Staatsbibliothek zu Berlin

N Wilhelm Weischedel

Private Quellen

Sl Götz Aly, Berlin
Sl Martin Schmidt, Hamburg
Sl Sammlung Michael Sontheimer, Berlin

Anmerkungen

1 Die Verwandtschaft sah z. B. Gerhard A. Ritter, »Direkte Demokratie«, S. 232.
2 Hauser, Deutschland, Italien, Japan. So sah es auch der SDS-Funktionär Reimut Reiche 1969. Er setzte der »im wesentlichen unpolitisch verlaufenen Rebellion in Berkeley (USA)« die deutsche, »in weit höherem Maße politisch« agierende Revolte entgegen. Zit. nach Wolff, Windaus, Studentenbewegung, S. 12.
3 Fest, Begegnungen, S. 250.
4 ARD-Jahresrückblick, Fernsehsendung, 29. 12. 1967; Barch, B 106/103578, Sendemanuskript, S. 51.
5 Zu den Spätausläufern der Westberliner Krawallfreundinnen und -freunde der erfahrungsgesättigte Artikel von Sabine Vogel, Sirenen in der Nacht. Zwanzig Jahre Hönkel: Die 750-Jahrfeier West-Berlins und der 1. Mai 1987 (Zwischenüberschriften: Arbeitsbeschaffungsmaßnahme, Von Subversion zu Subvention, Ästhetik und Kommunikation), in: Berliner Zeitung vom 1. 5. 2007.
6 Karin Bauer (= Antje Vollmer), Zetkin, S. 163, 177.
7 Ein harter Staat – oder eine andere Republik? Die Grünen Antje Vollmer und Otto Schily im Streitgespräch über ihr Verhältnis zu Terror und Gewalt, in: Der Spiegel, 13/1985.
8 Vollmer, Eingewandert, S. 23, 138–143.
9 Schmid, Berlin, S. 150.
10 Schmid, Staatsbegräbnis, S. 21 f.
11 Ebd., S. 24.
12 Schmid, Facing, S. 18, 22, 27 f. Über seinen heutigen Arbeitgeber heißt es dort: »Nicht Bachmann, Springer hat geschossen – das ist der erste politische Mord(-versuch) des kapitalistischen Staats – gegen die Zerstörung von Öffentlichkeit, Gemeinsamkeit, Unmittelbarkeit durch Staat/Springer setzen wir unsere Öffentlichkeit, Gemeinsamkeit: den Springer nicht bloß anklagen, die Auslieferung seines Drecks verhindern!«

13 Als Beispiele können die Arbeiten von Wolfgang Kraushaar, Tilman Fichter, Siegward Lönnendonker, Jochen Staadt und Ingrid Gilcher-Holtey gelten.
14 Mitteilung von Konrad Boehmer an den Autor, 14.7.2007.
15 Heute Antifaschist sein heißt, die Einheitsfront gegen die imperialistischen Supermächte stärken! Reden und Beiträge von der Großveranstaltung der KPD in der »Neuen Welt«, Westberlin, anlässlich des 30. Jahrestages der Befreiung vom Faschismus am 8. Mai 1945, Berlin 1975 (Verlag Rote Fahne der maoistisch-stalinistischen KPD, mit den beiden Hauptreden von Christian Semler und Wolfgang Schwiedrzik).
16 Gemessen am öffentlichen Radau und am späteren Einfluss einst führender Kader auf das intellektuelle Klima der Bundesrepublik blieb der reale Einfluss der sogenannten K-Gruppen in den Siebzigerjahren lächerlich gering. Bei den Bundestagswahlen 1976 erhielten die KPD 22 801 und der KBW 19 970 der Zweitstimmen, zusammengenommen 0,2 Prozent. BfV, Vierteljährliche Informationen, 4/1976; Barch, B 443/547.
17 Röhl, So macht Kommunismus Spaß, S. 615; siehe zum Beispiel auch Kraushaar, Bombe, S. 291 f.
18 Biographiengruppe, März 2000; ArchFUB, APO, Sl Heike Berndt, Ordner 46.
19 Joschka [Fischer], Durchs wilde Kurdistan.
20 Löwenthal, Gesellschaftswandel, S. 25.
21 BfV, Informationen, 1–6/1967; Barch, B 443/543.
22 Richard Löwenthal, Notiz zur Fernsehsendung »2. Juni. Ein Schuss verändert die Republik«, NDR III, 1.6.1987; AdsD, N Löwenthal, ungeordneter Teil, Schachtel VI.
23 Dossier Hans-Ulrich Werner; Barch, Dok/P/3190.
24 Dossier zu Erich Duensing; Barch, Dok/P/10834.
25 Oskar Negt, Politik und Gewalt, in: neue kritik, Heft 47/April 1968, S. 10–23, hier: S. 11.
26 BfV, Informationen, 5/1967; Barch, B 443/543.
27 Zit. nach Kraushaar, Frankfurter Schule und Studentenbewegung, Bd. 1, S. 251–253.
28 BMI, Abteilungsleiter III (Hagelberg) an Unterabteilungsleiter VI A, 8.6.1967; Barch, B 106/33945.
29 Aufzeichnung des Bundeskanzleramts [Juli 1968]; Barch, B 136/3029.
30 BMI (Ernst), Einladungsschreiben, 19.2.1967; Diskussionspapier, 22.6.1967; Barch, B 106/33945.
31 Dutschke, Tagebücher, S. 52.

32 Bundeskanzleramt, Referat I/3 (Grundschöttel) an den Herrn Staatssekretär; Barch, B 136/3034. In dem Vermerk heißt es: »Das Kabinett hat am 21. Juni 1967 in Berlin beschlossen, zur Untersuchung der Hintergründe und Ursachen der Studentenunruhen eine Arbeitsgruppe zu bilden. […] Bundesminister Dr. Heck hat nunmehr mit dem beigefügten Schreiben für Dienstag, den 28. Mai 1968, 10.30 Uhr, zu der ersten Sitzung dieser Arbeitsgruppe eingeladen.«
33 Ebenso sieht es Grassert, Kiesinger, S. 621.
34 Niederschrift über die Arbeitstagung des Planungsstabes im Bundeskanzleramt mit dem Wissenschaftlichen Sachverständigengremium am 5./6. 4. 1968; Barch, B 136/3028; ähnliche Formulierungen bei Grassert, Kiesinger, S. 624, 628.
35 Bundeskanzleramt, Arbeitskreis »Junge Generation«, Ermittlungs- und Strafverfahren gegen »Krawalltäter«, Anlage 2: Besetzung des Bundeshauses Berlin am 31. 3. 1968, 2. 7. 1968; Barch, B 136/13316. Der Arbeitskreis »Junge Generation« hieß zuvor »Sonderstab Studentische Unruhen« und anschließend »Arbeitskreis I (Grundschöttel)«, weil Staatssekretär Carstens »eine streng neutrale Bezeichnung wünschte«. Planungsstab (Scherf) an Ministerialdirektor Krueger, 19. 7. 1968; ebd.
36 BMI, Besprechung über die Studie Unruhe in der Jugend, 20. 12. 1968; Barch, B 106/63584; Bundeskanzleramt, Planungsstab, Vermerk zur Unruhe unter den deutschen Studenten (Scherf), 24. 4. 1968; Barch, B 136/13316.
37 Peter Hohmann, Reinhard Kahl, Wie die Partisanen, in: konkret, 4/1969; Oskar Negt, Politik und Gewalt, in: neue kritik, Heft 47/Apr. 1968, S. 10-23, hier: S. 13.
38 Bundeskanzleramt, Referat Z 5, Kurzprotokoll (Hange); Barch, B 136/3028.
39 Bundeskanzleramt, Vermerk (Carstens), Studentenunruhen und Krawalle Jugendlicher, 7. 2. 1968; Barch, B 136/13316.
40 Ministerpräsident Helmut Kohl an Bundeskanzler Kurt Georg Kiesinger, 7. 7. 1969; Barch, B 106/63587.
41 Bundeskanzleramt, Vermerk (Carstens), 29. 11. 1967, über ein Gespräch mit Carlo Schmid; Bundeskanzleramt, Referat I/2 (v. Koester), Vermerk über die Äußerungen von Helmut Schmidt beim Koalitionsgespräch, 7. 2. 1968; Barch, B 136/3027; Brandt an Schütz, 16. 4. 1968, zit. nach Brandt, Berliner Ausgabe, Bd. 4, S. 408.
42 BfV, Informationen, 6/1967; Barch, B 443/543.
43 BfV, Informationen, 1/1969; Barch B 443/569.

44 BfV, Informationen, 6/1967; Barch, B 443/543; ähnlich, im Detail blumig: Kunzelmann, Widerstand, S. 54 ff.
45 BfV an BMI (MR Rudolf König), 8. 5. 1968, mit der anliegenden Expertise Ahlbergs; Barch, B 106/33945.
46 Bereits am 15. 5. 1968 fand das für den Verfassungsschutz gefertigte Gutachten seinen Weg in die Beilage der Zeitschrift Das Parlament: René Ahlberg, Die politische Konzeption des Sozialistischen Deutschen Studentenbundes.
47 So Ulrike Meinhof gegenüber Joachim Fest im Spätsommer 1967; Fest, Begegnungen, S. 262 f.
48 Ruetz, APO Berlin, S. 12 f.
49 Enzensberger, Gespräch über die Zukunft, S. 166.
50 Löwenthal an Golo Mann, 18. 10. 1971; AdsD, N Löwenthal/16; Löwenthal, Eine Wende im deutschen Geschichtsbewußtsein? (Manuskript), 2. 7. 1986; ebd., ungeordneter Teil, Schachtel VI.
51 Luhmann, Universität, S. 149.
52 Agnoli, Thesen zur Transformation, S. 30.
53 Kraushaar, Frankfurter Schule und Studentenbewegung, Bd. 1, S. 441–444.
54 Aly, Wofür wirst du eigentlich bezahlt, S. 123–127.
55 Schwan, Politische Philosophie, S. 144 f.; Löwenthal, Romantischer Rückfall; Safranski, Ein Meister, S. 385–392.
56 Enzensberger, Gespräch über die Zukunft, S. 146 f. Zur Kritik an diesem Gespräch Scheuch, Gesellschaftsbild, S. 132–134. Dort findet sich der Begriff Kuhwärme.
57 Enzensberger, Gespräch über die Zukunft, S. 155.
58 Kuhn, Zehn Thesen, S. 371.
59 Breiteneicher u. a., Kinderläden, S. 24.
60 Zit. nach ARD-Jahresrückblick, Fernsehsendung, 29. 12. 1967; Barch, B 106/103578, Sendemanuskript, S. 60-62; Lönnendonker u. a., Antiautoritäre Revolte, S. 368 f.
61 Institut für Demoskopie Allensbach, Umfrage »Student und Politik Sommer 1967«, durchgeführt vom 17.–26. 7. 1967; Barch, B 136/3034/3031. Exakt betrug das Verhältnis zwischen männlichen und weiblichen Studierenden damals 76 : 24 %; in Westberlin 1968: 78 : 22 % (IFAS-Untersuchung, Berliner Studenten, August 1968).
62 Bis 1969 repräsentierte das Blatt den revolutionären Zeitgeist und erschien im Herbst 1969 in einer Auflage von 225 000 Exemplaren. Nach einer Leserumfrage verfügte konkret damals über 610 000 Leser: davon 65 % mit höherer Schulbildung und mehr als 50 % zwischen 20 und 29 Jahre alt. Hausmitteilung in: konkret, 24/1969.

63 Reimut Reiche, Antwort an Habermas. Zur Verteidigung der »neuen Sensibilität«, in: konkret, 12/1968.
64 Zit. nach Miermeister, Staadt (Hg.), Provokationen, S. 223 f.
65 Die Reise führte mehrere Hundert Kuba-Fans aus verschiedenen Ländern Europas zum Beispiel in den Campo Che Guevara para Vietnam. BfV, Informationen, 8/1968; Barch, B 443/546.
66 Bernd Rabehl, Sex und Erziehung in Kuba. Notizen einer Reise auf die rote Zuckerinsel, Teil 1 und 2, in: konkret, 12 und 13/1968.
67 BfV, Informationen, 9/1969; Barch, B 443/567; dazu markig: Joscha Schmierer, Günther Mangold, Der SDS-BV [Bundesvorstand] ist durch Liquidation des VDS nicht zu retten. Ein Beitrag zur Flurbereinigung, in: neue kritik, Heft 54/1969, S. 18–28.
68 Zum Beispiel 1976 Burkhard von Braunbehrens und den späteren Hamburger Senator Wilfried Maier; BfV, Vierteljährliche Informationen, 4/1976; Barch, B 443/547.
69 Peinemann, Wohngemeinschaft, S. 97, 119. Der männliche Part in dem zitierten Gespräch heißt Götz. Ich lege Wert auf die Feststellung, dass es sich um einen mir unbekannten Namensvetter handelt.
70 Christl Bookhagen, Eike Hemmer, Jan Raspe, Eberhard Schultz, Marion Stergar, Kommune 2. Versuch der Revolutionierung des bürgerlichen Individuums, Berlin 1969. (Neben den genannten Autoren gehörten noch Dagmar v. Doetinchem, Klaus Hartung und zwei Kinder der Kommune an.)
71 Zit. nach Grassert, Kiesinger, S. 623.
72 So Dutschke, zit. nach BfV, Informationen, 9/1967; Barch, B 443/544.
73 Protokoll des Besetzerrates vom 29.5.1968, Beginn 15.40, Ende 18.00 Uhr, in: Studenten stürmten FU-Institut. Dokumentation der ersten Besetzung des Germanischen Seminars der FU, hg. von der Ad-hoc-Gruppe Germanistik FU Berlin [1968]; Wapnewski, Mit dem anderen Auge, Bd. 2, S. 59–63.
74 Kugler, Raubdrucke, S. 103
75 Aufruf des Aktionskomitees Vietnam, Hamburg (SDS, SHB u. a. studentische Organisationen) zur Demonstrationskundgebung »Der Kampf des Vietcong ist der unsrige«, Bundeskanzleramt, Flugblattsammlung des BfV; Barch, B 136/3028; BfV, Informationen, 6/1975; Barch, B 443/556.
76 Bundeskanzleramt, Carstens an Kiesinger über »Unruhen in Berlin«, 2.2.1968; Barch, B 136/2028.
77 Bundeskanzleramt, Flugblattsammlung; ebd.
78 Bundeskanzleramt, Vermerk (Carstens) für Kiesinger, 2.2.1968;

Kampagne gegen den Springer-Konzern, BfV an Bundeskanzleramt; Barch, B 136/3037.
79 Grassert, Kiesinger, S. 620.
80 Deutscher Bundestag, 5. Wahlperiode, 169. Sitzung, 30. 4. 1968, S. 8991.
81 Karl Dietrich Wolff, Frank Wolff, Zu den Osteraktionen, in: neue kritik, Heft 47/April 1968, S. 3–6.
82 Gemeint ist die Kaufhausbrandstiftung von Andreas Baader, Thorwald Proll, Horst Söhnlein und Gudrun Ensslin; die Societäts-Druckerei war und ist die größte Zeitungsdruckerei im Raum Frankfurt.
83 Deutsches Generalkonsulat New York (Curtius) an AA, Bericht zu den Studentenunruhen an der Columbia University, 22. 5. 1968; Barch, B 106/34236.
84 Deutsches Generalkonsulat Chicago (Betz) an AA, 16. 4. 1968; Barch, B 106/113143.
85 AA (Georg Duckwitz) an Bundeskanzleramt (Carstens), Studie zum Phänomen der globalen Studentenunruhen, 9. 4. 1968; Barch, B 136/3028.
86 Bothien, Protest, S. 41, 69.
87 Dutschke, Widersprüche des Spätkapitalismus, S. 77.
88 Dutschke, Tagebuch, S. 53.
89 Dietrich Staritz (Stasi-Deckname Erich) an das MfS, HA XX/5, 18. 1. 1967, zit. nach Kunzelmann, Widerstand, S. 57.
90 BMI, Abt. ÖS [Öffentliche Sicherheit], Vermerk zur Studie »Unruhe in der Jugend«, 14. 10. 1968; Barch, B 106/63584.
91 BfV, Informationen, 6/1967; Barch, B 443/543; Die übertriebene Generation, in: Der Spiegel, 41/1967.
92 Untergrabt die Schulautorität, lernt, was ihr wollt! in: Diskus-Extra (Frankfurt am Main), Nr. 7, März 1969 (»Preis 10 Pfennig, Lehrer 1,– DM«).
93 Zitate nach Serwe, Retrograde Entwicklung, S. 150–155.
94 Urteil des Obersten Gerichts vom 19. 2. 1952, in: Neue Justiz, Heft 5/1952 S. 230 f.; Orschekowski, Rechtfertigungsgründe, S. 51.
95 Grassel, Jugend, Sexualität, Erziehung, S. 11, 180.
96 Sex-Aufklärung in Hessens Schulen, in: Welt am Sonntag vom 7. 1. 1968.
97 Zit. nach Der Spiegel, 40/1969.
98 Die Einzelheiten finden sich in den einschlägigen Akten der Kultusministerkonferenz: Barch, B 304/3124/3125/3151.
99 Egon Bahr, Emigration – ein Makel. Das geistige Gift der Hitler-Jahre wirkt noch nach, in: Die Zeit vom 29. 10. 1965.

100 Zu den Interventionen: Barch, B 106/103578.
101 Zit. nach Rote Garde an der FU, in: konkret, 1/1967.
102 Das Maß ist voll (Kürzel: St), in: Berliner Morgenpost vom 2. 6. 1965.
103 Lepsius, Unruhe, S. 300 ff.
104 Talar-Muffel von Hamburg, in: konkret, 12/1967.
105 Bespuckt, geschlagen und getreten«, in: Telegraf vom 22. 8. 1967; »Schutzhaft«, in: Der Abend vom 22. 8. 1967; »Im Polizeigriff abgeführt?« in: Die Welt vom 24. 8. 1967; »Meinungsterror gegen Andersdenkende«, in: Berliner Morgenpost vom 24. 8. 1967; verschiedene Aussagen, gesammelt von Rechtsanwalt Mahler; ArchFUB, APO, Sl Horst Mahler, Ordner »Amerikanische Militärparade« vom 19. 8. 1967.
106 Interview mit dem Berliner CDU-Abgeordneten Karl-Heinz Schmitz, in: Die Zeit vom 8. 9. 1967.
107 Schmähpost an Rechtanwalt Horst Mahler vom Sommer 1967; ArchFUB, APO, Sl Horst Mahler, Ordner 2.
108 Der Bundesminister für wissenschaftliche Forschung, Vorlage zum Hochschulausbau, Hochschulrecht und zur Neuordnung der Studiengänge, 8. 9. 1968; Barch, B 136/3034; Bundeskanzleramt, Material für den Bericht des Herrn Bundeskanzler zur Lage der Nation [Februar 1968]; Barch, B 136/3028.
109 Bundesfamilienministerium, Ergebnisprotokoll über die Sitzung der Arbeitsgruppe des Kabinetts über die Studentenunruhen am 28. 5. 1968 (Dr. Raabe); Barch, B 136/3034.
110 Die Bundesrepublik hat Geburtstag, hg. vom Bundespresseamt, Bonn 1969; darin die statistische Leistungsschau und Walter Lochs »Vexierbild eines Mittvierzigers«.
111 Bundeskanzleramt, Planungsstab, Ergebnisprotokoll über die Diskussion zum Thema Studentenunruhen am 18. 4. 1968, 24. 4. 1968 (Regierungsdirektor Bebermeyer); 136/13316.
112 Der Spiegel, 8/1968. Die Befragung wurde am 6./7. 2. 1968 durchgeführt, die vollständigen Tabellen und Ergebnisse finden sich in der informativen Mitteilung des Bundespresseamts an den Herrn Bundeskanzler, 19. 2. 1968; Barch, B 136/3031.
113 Bundesverteidigungsministerium, Führungsstab, Die Unruhe in der deutschen Jugend aus der Sicht der Bundeswehr, 11. 6. 1968; Barch, B 136/13316.
114 BfV (Nollau) an BMI, 16. 6. 1972; Barch, B 106/53997.
115 IFAS-Untersuchung, Berliner Studenten. Politisches Engagement und hochschulpolitische Bindung, August 1968, erarbeitet im Auf-

trag des Senats von Berlin, entgegen der Geheimhaltungsabsicht der Auftraggeber abgedruckt in: Autorenkollektiv AStA und SDS, Die Verschwörung des Berliner Senats gegen die Studenten. Dokumente und Kommentare zur Hochschulpolitik [Herbst 1968]; Barch, ZSg 153/38.

116 Institut für Demoskopie Allensbach, Umfrage »Student und Politik Sommer 1967«, durchgeführt vom 17.–26.7.1967; Barch, B 136/3034; wesentliche Ergebnisse in: Der Spiegel, 26/1968. Diese Umfrage erstreckte sich nicht auf Berliner Studenten.

117 Bundeskanzleramt, Abt. III/6 WB, Aufzeichnung zur Jahrestagung des VDS in München vom 4.–10. 3. 1968 (R. Müller), 15. 3. 1968; Barch, B 136/3028; Protokoll der 20. Mitgliederversammlung des VDS, 4.–10. 3. 1968; Barch, B 166/1505.

118 Lehrstuhl für Politische Wissenschaft an der Universität Mannheim (Rudolf Wildenmann), Politik in der Bundesrepublik. Eine Untersuchung unter Studenten und Jugendlichen, Bd. 1, abgeschlossen im April 1968; Barch, B 136/3034. Die Punkteskala reichte von –3 bis +3; die Frage nach dem Antisemitismus wurde so gestellt: »Die Schwierigkeiten, die überall beim Zusammenleben mit anderen Völkern entstehen, sind auf die angeborenen Eigenarten der Juden zurückzuführen.«

119 Bundeskanzleramt, Planungsstab (Dr. Schatz), Zusammenfassung der Untersuchung unter Studenten und Jugendlichen des Lehrstuhles für Politische Wissenschaft an der Universität Mannheim (Rudolf Wildenmann) für den Herrn Bundeskanzler, Entwurf, 24. 4., mit Randnotiz (Carstens), 25. 4. 1968; Barch, B 136/13316.

120 Niederschrift über die Arbeitstagung des Planungsstabes im Bundeskanzleramt mit dem Wissenschaftlichen Sachverständigengremium am 5./6. 4. 1968; Barch, B 136/3028.

121 Bundeskanzleramt, Planungsstab, Vermerk zur Unruhe unter den deutschen Studenten (Karl Scherf), 24. 4. 1968; Barch, B 136/13316; Kölner Arbeitskreis für Wissenschaftliche Beratung der Politik (Flohr u. a.), Arbeitspapier Nr. 6 zur politischen Unruhe in der Gesellschaft der BRD für den Planungsstab des Bundeskanzleramts, 18. 9. 1968; ebd.

122 So Dr. Schatz, wie Anm. 119.

123 RPK, Nr. 49, 22. 1. 1970, S. 2–4.

124 BMI, Maßnahmenkatalog gegen den Linksradikalismus, Kabinettsvorlage (Entwurf), 17. 1. 1969; Barch, B 136/5964.

125 So der Bericht von Adolf Davidson an Richard Löwenthal, 14. 1. 1971; AdsD, N Löwenthal/63.

126 Enzensberger, Gespräch über die Zukunft, S. 164–166. Man kann nur ahnen, was sich auf dem Tonbandmitschnitt dieses Gesprächs noch alles finden würde. Wo ist er überhaupt?
127 R.S., Zum Verhältnis von Organisation und Emanzipationsbewegung. Zum Besuch Herbert Marcuses, in: Oberbaumblatt vom 12.6.1967 (Nr. 5); abgedruckt in Kraushaar (Hg.), Frankfurter Schule und Studentenbewegung, Bd. 2, S. 255–260.
128 Heiterkeit in die Revolution bringen. Aus dem Protokoll einer Diskussion mit Ernst Bloch, Ossip K. Flechtheim und Werner Maihofer in der Evangelischen Akademie Bad Boll, in: Der Spiegel, 10/1968.
129 Dutschke, Tagebuch, S. 49, 54; zur Identifikation mit revolutionärer Gewalt siehe Guevara, Der Partisanenkrieg. Wie es in der großspurigen Werbung hieß, wurde damit »das erste Mal in der Bundesrepublik der authentische, ungekürzte Text mit allen Fotos, Abbildungen und Skizzen der Originalausgabe La guerra de guerrillas, La Habana 1960« gedruckt; als Autor des anonym verfassten Vorworts wird in der Werbung Karl Heinz Roth angegeben. Verlagsanzeige der Cicero Presse, Hamburg in: Bergmann u. a., Rebellion, 4. Aufl., letzte Seite.
130 Fanon, Verdammte dieser Erde, S. 71–73.
131 Richard Löwenthal (1908–1991) wurde in Berlin geboren. Er forschte und lehrte von 1961 bis 1974 als Professor für Politische Wissenschaft am Otto-Suhr-Institut in Berlin, nahm die deutsche Staatsbürgerschaft wieder an und behielt die britische, wurde aktiver Sozialdemokrat und Berater Willy Brandts.
132 Löwenthal, Studenten und demokratische Öffentlichkeit, S. 6.
133 Freie Universität Berlin 1948–1973. Hochschule im Umbruch, Teil V: 1967–1969. Gewalt und Gegengewalt, ausgewählt und dokumentiert von Siegward Lönnendonker, Tilman Fichter, Jochen Staadt, Berlin 1983. Die beiden Erstgenannten waren jahrelang Mitglieder des SDS, der letztgenannte »Präsident« der maoistischen Liga gegen den Imperialismus. Für eine zweite, im Ton unangenehm lax gehaltene Studie gilt dasselbe: Siegward Lönnendonker, Bernd Rabehl, Jochen Staadt, Die antiautoritäre Revolte. Der Sozialistische Deutsche Studentenbund nach der Trennung von der SPD, Bd. 1: 1960-1967, Wiesbaden 2002. Das Projekt »Die Geschichte des SDS« wurde Ende der 1980er-Jahre von der VW-Stiftung gefördert. Der erste Band erschien im Jahr 2002 mit zwölfjähriger Verspätung.
134 Dutschke, Tagebücher, 8.2.1967 (abends), S. 43.
135 Bundeskanzleramt, Planungsstab (Dr. Schatz), 24./25.4.1968; Barch, B 136/3034; Presseerklärung der Berliner Burschenschaften, 4.6.1967; Sl Martin Schmidt.

136 Rudi Dutschke, Bedingungen und Organisation des Widerstands, Rede, gehalten in Hannover auf dem Kongress aus Anlass der Beerdigung von Benno Ohnesorg, 9.6.1967, abgedruckt in: Dutschke, Mein langer Marsch, S. 87; Interview mit Rudi Dutschke, in: Der Spiegel, 29/1967.
137 Salvatore, Dutschke, Einleitung zu Guevara, S. 3.
138 Staritz-Bericht, zit. nach Knabe, Unterwanderte Republik, S. 216–219. Dutschke gibt zur »›historischen‹ Sitzung über Gegenwart und Zukunft Westberlins« in seinem Tagebuch den Hinweis »Siehe Protokoll ...« (S. 55). Das Protokoll findet sich bei Lönnendonker u. a., Antiautoritäre Revolte, S. 354–366. Eineinhalb Jahre später diktierte Regierungsdirektor Schröder (BMI) eine treffende Zusammenfassung des Machtergreifungsplans. Er stützte sich nicht auf die hier zitierten Kerndokumente, sondern auf die Eindrücke, die er aus Flugblättern und Reden gewonnen hatte. Eilbeitrag zum »Maßnahmen-Katalog«, Gedanken zur inneren Entwicklung und revolutionären Strategie des SDS, 10.1.1969; Barch, B 106/63585.
139 Schenk, Frank, S. 60f.
140 Abgedruckt in Kraushaar, Frankfurter Schule und Studentenbewegung, Bd. 2, S. 254f.
141 Die Linke antwortet Jürgen Habermas.
142 Dutschke, Tagebücher, S. 48.
143 Rudi Dutschke, Rede in der TU Berlin, 23.11.1967; BfV, Ziele und Methoden des SDS, 21.4.1968, dort gestützt auf einen Bericht der Welt vom 25.11.1967; Bundeskanzleramt, Aussagen des SDS zur revolutionären Gewalt; Barch, B 136/3027/3028.
144 Peter Schneider, Gedichte: Über die Mühen des Kampfes in Deutschland; Gift, in: Ders., Ansprachen, S. 63–67.
145 Rudi Dutschke, Rede in Amsterdam, 21.2.1968; BfV, Ziele und Methoden des SDS, 21.4.1968; Barch, B 136/3027.
146 Bernd Rabehl, Sex und Erziehung in Kuba. Notizen einer Reise auf die rote Zuckerinsel, Teil 2, in: konkret, 13/1968.
147 BfV, Informationen, 2/1969; Barch B 443/569.
148 Scheuch, Gesellschaftsbild, S. 122.
149 BfV, Informationen, 2/1973; Barch, B 443/562.
150 Johnson, Jahrestage, S. 795 (29.2.1968).
151 Jürgen Habermas, Scheinrevolution unter Handlungszwang, in: Der Spiegel 24/1968. Scheuch steuerte zur Charakterisierung Enzensbergers den Begriff Schreibmaschinenobrist bei. Scheuch, Gesellschaftsbild, S. 139.
152 Dahrendorf, Versuchungen der Unfreiheit, S. 196f.

153 Zit. nach Miermeister, Staadt (Hg.), Provokationen, S. 122.
154 Bundesvorstand des SDS (Hg.), Castro, Fernsehrede, (Rabehl) S. 12 f., (Castro), S. 62.
155 BfV, Informationen, 9/1968; Barch, B 443/546.
156 Interview mit Rudi Dutschke, in: konkret, 5/1968; Hansmartin Kuhn, Nachwort, S. 84–86.
157 ARD-Jahresrückblick, Fernsehsendung, 29.12.1967; Barch, B 106/103578, Sendemanuskript, S. 59.
158 Zit. nach Lönnendonker u. a., Antiautoritäre Revolte, S. 299.
159 Ebd.
160 Schneider, Phantasie und Kulturrevolution, S. 1–37, hier: S. 7 f.; wiederabgedruckt in: Schneider, Atempause (1977). Deutlich erschüttert zeigt sich Schneiders Mao-Glaube schon in der Novelle »Lenz« (1973). Die »bruchlosen Sätze« interessieren den Titelhelden nicht länger (S. 27).
161 Bernhard Bartsch, Jenseits der Großen Mauer, in: Berliner Zeitung vom 2.10.2007.
162 Chang, Halliday, Mao, S. 668–711.
163 Löwenthal, Romantischer Rückfall, S. 78 f.
164 Schickel, China, S. 51; Hervorhebungen und Großschreibungen im Original.
165 Domes, Ära Mao Tse-tung, S. 152 f.
166 Jürgen Domes, Stand der Dinge im VIII. ZK der KCh, Mitte Januar 1967 (Manuskript); AdsD, N Löwenthal/81.
167 Domes, Volkskommune, S. 50 f.
168 Biehl, Volkskommune, S. 26, 49, 53, 146, 220.
169 Zit. nach Aly, Heim, Vordenker der Vernichtung, S. 243, 249, 354, 357.
170 Semler, Wiedergänger, S. 136.
171 BfV, Informationen, 11/1974; Barch, B 443/554; BfV, Informationen, 5/1975; ebd., 556; Vierteljährliche Informationen 3/1976; ebd., 547.
172 BfV, Informationen, 5/1976; ebd., 548. Am 24.4.1976 eilten zahlreiche Vertreter und Vertreterinnen des ZK der KPD und der parteinahen Massenorganisationen Liga gegen den Imperialismus und Indochina-Hilfe zu den kambodschanischen Revolutionsfeiern nach Paris (ebd.). Zur Grußadresse von 1978 an Pol Pot, Jasper u. a., Partei kaputt, S. 136.
173 Bundespresseamt, Protokoll der Sendung, geleitet von Günter Müggenburg, 3.5.1968; Barch, B 136/13316.
174 Dutschke, in: Bergmann u. a., Rebellion der Studenten, S. 79 ff.; ähnlich das SDS-Flugblatt nach dem 2. Juni (Die Studenten »sind zu

den ›Juden‹ des Antikommunismus gemacht worden«), abgedruckt bei Miermeister, Staadt (Hg.), Provokationen, S. 108 ff.; ähnlich Wolfgang Lefèvre im Dutschke-Protokoll der Pichelsdorf-Konferenz; wie Anm. 138; in Reaktion darauf Löwenthal, Studenten und demokratische Öffentlichkeit, S. 2.
175 Hilberg, Erinnerungen, S. 147 f.
176 Sebastian Haffners Monatslektüre, in: konkret, 2/1967, 3/1968.
177 Fraenkel an Karl Loewenstein, 27. 4. 1969, über die Haltung der Zeit-Redaktion; Barch, N Fraenkel 1274/50.
178 Institut für Publizistik der Universität Mainz (Elisabeth Noelle-Neumann), Die Studentendemonstrationen beim Schah-Besuch in Berlin in der deutschen Tagespresse, abgeschlossen am 8. 12. 1967; Barch, B 136/3034.
179 Bundespresseamt (Diehl) an den Herrn Bundeskanzler (Verschluss-Sache), 29. 2. 1968; Barch, B 136/3028. Der Befragungszeitraum lag zwischen dem 12. 1. und 8. 2. 1968. Die Burschenschaftsgeschichte erzählte Rudolf Wildenmann im Bundeskanzleramt. Niederschrift über die Arbeitstagung des Planungsstabes im Bundeskanzleramt, 5./6. 4. 1968; ebd.
180 BMI, Arbeitsgruppe Innenpolitische Grundsatzfragen (RD Dr. Schröder), Vermerk »Maßnahmen gegen den SDS, rechtliche und politische Erwägungen«, 17. 12. 1968; Barch, B 106/63585. Aus demselben Grund verwarf das Bundesinnenministerium den mehrfach erwogenen »Antrag auf Verwirkung von Grundrechten gegen die Haupträdelsführer des SDS« gemäß Artikel 18 Grundgesetz. Auf der Liste standen: Wolfgang Lefèvre, Bernd Rabehl, Herbert Lederer, Rudi Dutschke, Daniel Cohn-Bendit und die »Gebrüder Wolff«. BMI, Z II 1, Aufrechterhaltung von Sicherheit und Ordnung. Ein Katalog von Maßnahmen gegen Ausschreitungen radikaler Elemente der Jugend, 13. 1. 1969; ebd. Nach Artikel 18 des Grundgesetzes können Einzelpersonen diejenigen Grundrechte vom Bundesverfassungsgericht genommen oder beschränkt werden, die diese zum Kampf gegen die freiheitlich-demokratische Grundordnung der Bundesrepublik missbrauchen, insbesondere: die Presse-, Lehr- und Versammlungsfreiheit, das Postgeheimnis und die Eigentumsgarantie.
181 BfV, Informationen 6/1968; Barch, 443/545.
182 »Es geht so dunkel und trickreich zu.« Analyse und Kritik der Notstandsgesetze, in: Der Spiegel, 24/1968.
183 BMI, Abt. Öffentliche Sicherheit, Vorlage für die Sondersitzung des Deutschen Bundestags am 30. 4. 1968, 24. 4. 1968; Barch, B 136/3028.

184 Vermerk für die Kabinettssitzung am 24.4.1968 (Ordolff, Grünewald), 23.4.1968; Barch, B 136/3029.
185 Bundeskanzleramt, 8. Sitzung des Wissenschaftlichen Sachverständigengremiums, 25.5.1968; Barch, B 136/13316.
186 Bundeskanzleramt, Kurzprotokoll der Sitzung des Arbeitskreises I (Grundschöttel), 18.7.1968; ebd.
187 BfV, Informationen 10 und 12/1968; Barch, B 443/546; Auszüge aus dem Protokoll der SDS-Delegiertenkonferenz im November 1968 in Hannover, in: Wolff, Windaus, Studentenbewegung. S. 174.
188 BMI, Arbeitskreis »Junge Generation«, Ermittlungs- und Strafverfahren gegen Krawalltäter zwischen dem 1.1. und 31.5.1968, 2.7.1968; Barch, B 136/13316.
189 Fichter, Lönnendonker, Kleine Geschichte, S. 136.
190 Zit. nach Stephan Malinowski, Alles Stehende verdampft, in: Süddeutsche Zeitung vom 16.12.2005.
191 Detlef Schneider, Wolfgang Röhl, 237/1 Pflastersteine, in: konkret, 15/1968.
192 Soweit nicht anders angegeben: BfV, Informationen, 9-12/1968; Barch, B 443/546.
193 Der Chef des Bundeskanzleramtes (Carstens) an BMI (Benda), 4.12.1968; Barch, B 106/63585.
194 Autorenkollektiv AStA und SDS, Die Verschwörung des Berliner Senats gegen die Studenten. Dokumente und Kommentare zur Hochschulpolitik [Herbst 1968]; Barch, ZSl 153/38.
195 SDS-Autorenkollektiv, Realer Angriff. Aktion am Tegeler Weg, in: FUSpiegel, 11/12/1968; Linksradikale Studentenorganisationen, BfV, Informationen, 2/1969; Barch B 443/569.
196 SDS-Bundesvorstand, Die neue Radikalität, in: neue kritik, Heft 51/52/Febr. 1969, S. 3–9.
197 BfV, Informationen 12/1968; Barch, B 443/546.
198 Peter Hohmann, Reinhard Kahl, Wie die Partisanen, in: konkret, 4/69.
199 Zit. nach BMI, Abt. Öffentliche Sicherheit, Erläuterungen zu einzelnen Tagesordnungspunkten der Sitzung des Koordinierungsausschusses zur Bekämpfung verfassungsfeindlicher Bestrebungen am 20.6.1969 in Bonn, Anlage 1 zur Anlage zum Schreiben des BMI vom 28.5.1969; Barch, B 106/63587.
200 Carstens an Kiesinger, 20.5.1969, nach einem Gespräch mit dem Rektor der Universität Frankfurt, Walter Rüegg; Kurzprotokoll der 3. Sitzung des Arbeitskreises Bildung, 3.12.1968, Teilnehmer u. a.: Kiesinger, Leussink, Rumpf, Butenandt, Schmid, Lohmar, Stoltenberg, Erdmann, Goppel, Benda; Barch, B 136/3029.

201 BMI, Arbeitsgruppe Innenpolitische Grundsatzfragen (RD Dr. Schröder), Vermerk »Maßnahmen gegen den SDS. Rechtliche und politische Erwägungen«, 17.12.1968; Barch, B 106/63585. Ähnlich urteilte das Oberverwaltungsgericht Münster am 21.8.1968 im Rechtsstreit des SDS gegen die Bundesregierung, nachdem diese dem Verband die Zuweisung von Geldern aus dem Bundesjugendplan versagt hatte (ebd.).
202 BfV, Informationen, 6/1969; Barch, B 443/569; Erklärung der Bundesvorstände von SDS und VDS: Die Liquidierung des VDS [Herbst 1969].
203 BfV, Informationen, 9/1969; Barch, B 443/567.
204 BfV, Informationen, 11/1969; ebd.; SDS gibt den Verband Deutscher Studentenschaften auf, in: Frankfurter Rundschau vom 17.11.1969; Bei uns stimmt die Rechnung! Die Finanzsituation des VDS, verfasst vom neugewählten Notvorstand im November 1969; Deutsche Studenten Union, Studentenvertretung am Ende [Nov. 1969]; ArchFU, SDS/Linke Gruppen/SDS-VDS.
205 Vorbemerkung zum Findbuch für den Bestand B 166 (VDS) des Bundesarchivs (Trumpp) vom 27.5.1970.
206 BfV, Informationen 3/1970; Barch B 443/566.
207 Wolff, Windaus (Hg.), Studentenbewegung, S. 13.
208 Arbeits- und Projektbericht der Sozialistischen Assistenzenzelle (am OSI), SAZ, in: SDSinfo 26/27 (22.12.1969), S. 34–37; in etwas ausführlicherer Form »für die Arbeitskonferenz der RPK am 6./7.12. 1969«; Barch, ZSg 153/23.
209 Fraenkel an Wilhelm Hennis, 29.8.1970; Barch, N Fraenkel 1274/56.
210 Bude, Das Altern einer Generation, S. 268.
211 Fraenkel, Ursprung, S. 249.
212 Fraenkel an Wilhelm Hennis, 31.5.1967; Fraenkel an Gerhard A. Ritter, 29.8.1969; Beitragsüberweisung, 7.3.1970; Barch, N Fraenkel 1274/51/65a/53.
213 Löwenthal an Wolfgang Leonhardt, 22.5.1970; AdsD, N Löwenthal/15.
214 Fraenkel an Hermann E. Simon, 28.2.1971; Barch, N Fraenkel 1274/57.
215 Fraenkel an Ursula Brumm, 3.5.1969; Barch, N 1274/49.
216 Otto Kahn-Freund, Grabrede auf Ernst Fraenkel, gehalten am 8.4. 1975 auf dem Waldfriedhof Berlin-Dahlem; Fraenkel an Gerhard A. Ritter, 12.12.1968; Fraenkel an Hans Maier, 26.9.1966; Fraenkel an Klaus Schütz, Regierender Bürgermeister von Berlin, 12.12.1968; Barch, B Fraenkel 1274/195/48.

217 Fraenkel an Walther Hofer, 9.1.1969; Fraenkel an Carl G. Anton, 15.4.1970; Barch, N Fraenkel 1274/49/52.
218 Fraenkel an Carl G. Anton, 20.4.1969; Fraenkel an Gerald Stourzh, 11.4.1971; Fraenkel an Carl G. Anton, 3.3.1973; Barch, N Fraenkel 1274/49/57/61.
219 Fraenkel an Hermann E. Simon, 18.10.1969; Fraenkel an Carl G. Anton, 15.4.1970; Barch, N Fraenkel 1274/51/52.
220 Der Bevollmächtigte der Bundesrepublik Deutschland in Berlin an den Chef des Bundeskanzleramts (Carstens) mit anliegendem Flugblatt, 5.12.1968; Barch, B 136/3029; Denuntiantenliste, in: FUSpiegel, o.D. [Anfang 1969].
221 Agnoli hatte sich als Jugendlicher für die italienischen Faschisten begeistert und 1943, im Alter von knapp 18, einer Gruppe von »nationalsozialistischen Antifaschisten« angehört, von Italienern also, die den Faschismus nazistischer, das heißt radikaler und sozialer wollten. Anders als Kraushaar behauptet, erzählte er seinen begeisterten Hörern dieses biografische Detail durchaus in der Vorlesung und in der Cafeteria. Daraus machte er keinen Hehl. Allerdings habe ich das zweite, von Kraushaar genannte Faktum nie von Agnoli gehört: Von 1943 bis 1945 stand er als italienischer Kriegsfreiwilliger im Dienst der deutschen Wehrmacht, gemeldet hatte er sich zunächst zur Waffen-SS. Als Gebirgsjäger war er in Jugoslawien zur Partisanenbekämpfung eingesetzt. Am 2. Mai 1945 geriet er als Soldat der deutschen Wehrmacht für zwei Jahre in britische Kriegsgefangenschaft und wurde anschließend nach Deutschland entlassen. Kraushaar, Agnoli, S. 176–178. In dem Aufsatz finden sich bedenkenswerte Hinweise auf die Kontinuitäten im Denken zwischen dem jungen Linksfaschisten und dem älteren linkssozialistischen Parlamentarismuskritiker Agnoli.
222 BfV, Informationen, 1–12/1969; Barch, B 443/569/567.
223 Wahlaufruf der Liste SAKO in: FU-Info, 6. Jg., Nr. 6, 2.6.1970, zit. nach: Pressemitteilung der Notgemeinschaft für eine Freie Universität, 9.7.1970; Barch, N Fraenkel 1274/95.
224 Zu Löwenthal enthielt das Flugblatt noch den Hinweis »Jagt die Kommunistenfresser zum Teufel.« Strafverfahren gegen Götz Aly wegen Nötigung, Hausfriedensbruch und Sachbeschädigung, Staatsanwaltschaft beim Landgericht Berlin (1 P Js 435/71); Landesarchiv Berlin, B Rep. 058/11020–11024.
225 Götz Aly an Anneliese Baader, 21.6.1972; Sl Martin Schmidt.
226 Wie Anm. 116.
227 In memoriam John F. Kennedy, in: FUspiegel, Heft 35, Jan. 1964.

228 Bothien, Protest und Provokation, S. 31; Freie Universität, Teil III: 1957–1964, S. 60; Kraushaar, Frankfurter Schule und Studentenbewegung, Bd. 1, S. 204 f.
229 Ernst Fraenkel, Kommentar im Westdeutschen Rundfunk zum 25-jährigen Bestehen der Freien Universität Berlin (Dez. 1973); Barch, N Fraenkel 1274/63.
230 Miermeister, Staadt (Hg.), Provokationen, S. 255.
231 SS in Vietnam, in: konkret, 1/1967. Es handelte sich um einen redaktionell gefertigten Verschnitt aus dem Tatsachenroman von Robin Moore über die US-amerikanische Eliteeinheit The Green Berets, auch Ledernacken genannt, das unter dem Titel »Die grünen Teufel« (Wien 1965) erschienen war. Der Begriff SS kommt in dem Buch nicht vor.
232 So Rabehl in seinem Vortrag »Opposition der deutschen Jugend gegen die Bundeswehr«, gehalten in Brüssel, 8. 3. 1969; BfV, Informationen, 5/1969; Barch, B 443/569; Bundesverteidigungsministerium, Führungsstab, Die Unruhe in der deutschen Jugend aus der Sicht der Bundeswehr, 11. 6. 1968; Barch, B 136/13316.
233 ArchFUB, Sl Horst Mahler, Ordner 2.
234 Horkheimer an Inge und Herbert Marcuse, 18. 2. 1967; ähnlich Horkheimer an Hugo Staudinger, 24. 10. 1971; Horkheimer, Gesammelte Schriften, Bd. 18, Briefe, S. 642, 785.
235 Peter Jahn, Wolfgang Lefèvre, Reinhard Strecker, Die Bedeutung der Faschismusdiskussion in den 60er Jahren, Podiumsdiskussion am 4. 5. 1988 an der FU Berlin (www.infopartisan.net/archive/1968/29704.html, 4. 10. 2007); Rudi Dutschke, zit. nach Gretchen Dutschke-Klotz, Was Rudi Dutschke zu den Irrwegen der abgefallenen Achtundsechziger sagen würde (www.isioma.net/sds00299.htm, 4. 10. 2007).
236 Bis 1954 mussten deutsche Gerichte NS-Täter noch auf Druck oder Anordnung der Alliierten verfolgen, danach nicht mehr.
237 Rückerl, NS-Verbrechen vor Gericht, S. 184, 192 f., 331; Reportage von Hans Nogly über den 1921 geborenen, bei seinen Schülern beliebten Fachschullehrer Hans Stark, der als SS-Mann in Auschwitz exzessiv gemordet hatte, in: *stern* vom 14. 3. 1965.
238 Kuhn u. a., Universität im Dritten Reich. Weitere Beispiele ließen sich aus Frankfurt a. M., Tübingen oder Marburg anführen. 1966 wurde auf dem Germanistentag in München erstmals gründlich über die Germanistik im Dritten Reich gesprochen.
239 Leonhardt, Studentenunruhen, S. 103. Fritz Leonhardt (1909–1999) war 1967–1969 Rektor der Universität Stuttgart und lehnte es ab, als

Magnifizenz tituliert zu werden. Sein 1968 erschienenes Buch über die Studentenunruhen gehört zu den herausragenden zeitgenössischen Antworten auf die Revolte aus den Reihen der Etablierten.
240 Protokoll der Konferenz über kollektive Psychopathologie im Sigmund-Freud-Institut in Frankfurt a. M. am 6. 5. 1967; AdsD, N Löwenthal, ungeordneter Teil, Schachtel XXVIII. Teilnehmer waren u. a.: Alexander Mitscherlich, Norman Cohn, Hans Buchheim, Jürgen Habermas, Eric Voegelin, Jacob Taubes, Richard Löwenthal, Wolfgang Scheffler, Ernst Nolte, Margherita von Brentano, Rudolf von Albertini und Max Horkheimer.
241 Bericht von Jürgen Horlemann, Mitgliederbrief des Sozialistischen Deutschen Studentenbundes, Frankfurt a. M., 2/1965 (Mai), S. 9 f.
242 Zum Beispiel: Dr. Hans Globke. Aktenauszüge und Dokumente, Hamburg (Rütten & Loening) 1961, hg. von Reinhard-M. Strecker. Er widmete das Buch »den Siegern über Hitlers nationales Mordregime« und setzte darunter den Aufruf: »Öffnet endlich die Archive!«
243 Vorbereitet hatte das Seminar Peter Müller, der es im November 1966 unter der Trägerschaft des Bundesverbands Deutsch-Israelischer Studiengruppen durchführte. Sl Martin Schmidt.
244 Bothien, Protest und Provokation, S. 19 f.
245 Mündliche Mitteilung von Christian Pross, Potsdam, am 11. 10. 2007.
246 ArchFUB, Sl Horst Mahler, Ordner »Amerikanische Militärparade« vom 19. 8. 1967.
247 Zit. nach Miermeister, Staadt (Hg.), Provokationen, S. 115 f.
248 Zit. nach Hauser, Erinnerungsweltmeister, S. 237.
249 Freie Universität Berlin, Teil V, S. 17; Kraushaar, Frankfurter Schule und Studentenbewegung, Bd. 1, S. 254. In Berlin gab Dutschke am 7. 6. 1967 im Auditorium maximum eine mir inhaltlich unbekannte Erklärung ab, »nach Gespräch mit Taubes über das Verhältnis Linke/Israel«. Dutschke, Tagebücher, S. 43
250 Wilhelm Weischedel, Zur gegenwärtigen Lage an der Freien Universität; Freie Universität, Teil V, S. 190 f.
251 Ulrike Meinhof, Drei Freunde Israels, in: konkret 7/1967.
252 Michael Landmann an Richard Löwenthal, 14. 7. 1967, mit dem anliegenden Entwurf einer Erklärung von Peter Müller »Zur Lösung im Nahostkonflikt. Eine Antwort auf den offenen Brief von Wolfgang Abendroth«, 19. 6. 1967; AdsD, N Löwenthal/14.
253 Kraushaar, Bombe, S. 51.
254 Mosler, Was wir wollten, S. 149; Kraushaar, Frankfurter Schule und Studentenbewegung, Bd. 1, S. 312, 348, Bd. 2, S. 445.

255 Soweit nicht anders angegeben, sind die Quellen in diesem Abschnitt dem Buch von Wolfgang Kraushaar, Die Bombe im Jüdischen Gemeindehaus, entnommen.
256 Am 1.8.1970 meldete die Stuttgarter Zeitung den Verdacht, Kunzelmann sei für den bislang unaufgeklärten Anschlag auf das Jüdische Gemeindehaus in Berlin mitverantwortlich. Presse und Informationsspiegel des BfV vom 3.8.1970; Barch, B 141/30878; BfV, Lagebericht, 11/1969; Barch, B 443/567. Der Verfassungsschutz schrieb den Anschlag von Anfang an der Neuen Linken zu.
257 Kraushaar, Bombe, S. 86–89.
258 BfV, Informationen, 6/1969, 9/1969; Barch, B 443/569/567.
259 Carmichael, Black Power, S. 25.
260 Mit dem Verteilen des Flugblatts wurde die 19-jährige Röntgenassistentin Annekatrin Bruhn betraut, die Georg von Rauch von früher kannte und die auf diese Weise kurz zuvor in die Westberliner Drogen- und Stadtguerilla-Szene geraten war. Erstinstanzliches Urteil des Landgerichts Berlin gegen Dieter Kunzelmann wegen eines versuchten Bombenanschlags (Juristenball) vom 10.1.1970; Barch, B 141/30878.
261 Erklärung zum Bombenattentat auf das Jüdische Gemeindehaus in Berlin, verfasst von Burkhard Bluem, Detlev Claussen, Daniel Cohn-Bendit, Ronny Loewy und Heiner Roetz, in: SDSinfo, Nr. 27 (1.12.1969).
262 Telegramm des Koordinierungsrats an Bundeskanzler Brandt, 19.11.69; Barch, B 136/5865.
263 Udo Knapp, Die Reise nach Algier. Mit Joschka Fischer in Nordafrika, in: Frankfurter Allgemeine Zeitung vom 15.2.2001; BfV, Informationen 2/1970 (Anti-israelische Tätigkeit der »Neuen Linken«); Barch, B 443/566.
264 Wolfgang Schwiedrzik, Der Palästina-Kongress in Algier, in: RPK, Nr. 48 vom 16.1.1970, S. 11–13. Anders als Knapp meinte Schwiedrzik 2001 zu dem Besuch immerhin: »Wir haben, wohl wissend, welche Bedeutung die Konferenz für die Fatah hatte, an der Konferenz teilgenommen: Es ging um die ›Befreiung Palästinas‹ im bewaffneten Kampf. Dass eine solche Lösung die Zerstörung des israelischen Staates voraussetzte, darüber machten wir uns damals keine Gedanken. Wir waren radikal – und unverantwortlich. Vor allem was die Steigerung der Kampfformen anging, kannte unsere Phantasie keine Grenzen.« (Der Spiegel 8/2001)
265 D. [ieter Kunzelmann], Das palästinensische Volk wird in seinem bewaffneten Kampf siegen. Am 21.2.1970 ereigneten sich zwei wei-

tere, vermutlich palästinensische Anschläge auf Flugzeuge: Im Frachtraum einer Maschine der Austrian Air Lines, die von Frankfurt nach Tel Aviv flog, explodierte unmittelbar nach dem Start eine Bombe im Frachtraum; die Piloten konnten noch umkehren und das Flugzeug in Frankfurt sicher landen; dagegen stürzte am selben Tag eine Maschine der Swiss Air, die von Zürich nach Jerusalem fliegen sollte, unmittelbar nach dem Start ab. In beiden Fällen waren die Bomben mit Höhenmessern verbunden.
266 D [ieter Kunzelmann], Brief aus Amman. Das palästinische Volk wird in seinem bewaffneten Kampf siegen, in: Agit 883 vom 3. April 1970, Nr. 55.
267 BfV, Informationen 2/1970 (Anti-israelische Tätigkeit der »Neuen Linken«); Barch, B 443/566. Nach dem Brand im jüdischen Altersheim ereigneten sich in München mehrere Anschläge, zu denen sich Linksradikale bekannten: Am 23. Februar wurde die Wohnung des Münchner Amtsgerichtsrats Weitl mit einem Molotowcocktail angesteckt; am 10. März wurden zwei Zeitzünderbrandsätze im Amtsgericht München deponiert. In dem zitierten Artikel in der Zeitschrift Agit 883 vom 3.4.1970 distanzierte sich Kunzelmann von dem Brandanschlag in München, weil er indirekt die Einwanderung nach Israel fördere.
268 Dieter Kunzelmann, Brief aus Amman, Mitte Nov. 1969, in: Agit 883 vom 27.11.1969; wiederabgedruckt in Kunzelmann, Widerstand, S. 123. Der Absendeort ist fingiert, Kunzelmann war bereits wieder aus dem Ausbildungslager der Al Fatah nach Deutschland zurückgekehrt.
269 Zit. nach Kraushaar, Bombe, S. 98.
270 Fraenkel an Ernst Livneh (vormals Löwenthal), 1.12.1973; Barch, N Fraenkel 1274/62.
271 RPK vom 18.12.1970; Agit 883 vom 24.12.1970.
272 Zit. nach taz vom 20.2.1991.
273 Antje Vollmer, Ende der Unschuld, Die Zeit 37/1995.
274 Nach einem Zeitungsausschnitt vom 5.2.1973 erhielt Scheuch damals eine Bombendrohung: »Ein Unbekannter erklärte telefonisch Scheuchs Mutter, in der Universität [Köln] werde eine Bombe gelegt, ›damit Professor Scheuch endlich merkt, dass er zu gehen hat‹.«
275 Scheuch, Wiedertäufer, S. 11; Scheuch, Gesellschaftsbild, S. 107 f.; Erwin K. Scheuch, Schlechte Zeiten für die Vernunft, in: Die Welt vom 24.2.1968.
276 Baldur von Schirach, Studenten in einer Front, in: Die Bewegung vom 6.5.1930.

277 Ähnlich in: Baldur von Schirach, Die Feier der neuen Front, München 1929
278 Erstausgaben des Akademischen Beobachters, 1(1929).
279 Delius, Vier Gedichte, S. 146f.
280 Deutsche Revolution. Kampfblatt der nationalsozialistischen Studenten vom 8. und 11.11.1931.
281 G. K., Ziel der Anfängerkurse, in: Student im Kampf, hg. vom Mitteldeutschen Schulungsamt des NSDStB, Amt für politische Bildung der Leipziger Studentenschaft, Heft 15 vom 24.7.1933, S. 15f.
282 Ernst Eberle, Der Spießbürger, in: Nationalsozialistische Studenten-Korrespondenz, Nr. 18 (1.2.1934); zu Schirachs Reden in der Kampfzeit: Barch, NS 38/II/21; zur Hochschulreform: Flugblatt des NSDStB, Hochschulgruppe Erlangen zur AStA-Wahl 1932; ebd.
283 Die Forderung findet sich beispielsweise in: Akademischer Beobachter, Heft 3/1929, S. 37; Gesetz gegen die Überfüllung deutscher Schulen und Hochschulen vom 25.4.1933; Reichsgesetzblatt, 1933 I, S. 225f.; zu Ungarn: Gerlach, Aly, Das letzte Kapitel, S. 38f.
284 Oskar Stäbel, Sinn und Aufgabe der studentischen Verfassung [Anfang 1934]; Barch, NS/38/2123, Bl. 1–4. Stäbel war 1933 Reichsstudentenbundführer geworden, während sein Vorgänger Schirach zum Reichsjugendführer aufstieg. In seinen öffentlichen Stellungnahmen kam Stäbel immer wieder darauf zurück, »alle Klassenunterschiede, die noch manchmal im Bewusstsein der Studierenden spuken, restlos [zu] beseitigen«. Z. B.: Aufruf des Reichsstudentenbundführers Oskar Stäbel, Frühjahr 1934; Oskar Stäbel, Die Deutsche Studentenschaft, Manuskript vom 19.4.1934; Oskar Stäbel, Jugend für den deutschen Sozialismus! Aufruf vom 11.12.1933; ebd., Bl. 12, 61f., 78–80, 115; ähnlich der 24-jährige Heidelberger Doktorand Franz A. Six, Geschichte und Aufgaben der deutschen Studentenschaft [1934]; Barch, NS 38/2411. Nach Six, der 1935 ein Mitarbeiter Heydrichs wurde, sollte »die Einheit zwischen zwei bisher klassenmäßig getrennten, aber in den gleichen Richtungen arbeitenden Studierenden« bewerkstelligt werden.
285 Gerhard L. Binz, Wehrwissenschaft als Hochschulfach, in: Akademischer Beobachter, Heft 6/1929.
286 Georg Plötner, Hochschulreformtagung der Deutschen Studentenschaft im März 1933 in Dresden, beiliegend ein undatiertes Fragment; Barch, NS 38/2416.
287 Die Deutsche Studentenschaft. Nachrichtendienst, 6. Jg., Ausg. A, Nr. 2 vom 16.10.1933; Barch, NS 38/I90p194: zum Deutschen Sozialismus, ebd., Nr. 7 vom 4.12.1933. Entsprechende Äußerungen

von Heidegger finden sich ebd. Ausg. B., Nr. 2 vom 25.11.1933; zu den Filmstudenten, ebd. 7. Jg., Ausg. B, Nr. 7 vom 8.7.1934.
288 P. L., An die jungen Akademiker (von einem Naturforscher), in: Akademischer Beobachter, Heft 1/1929.
289 Fritz Stader, Wir und die Technik, in: Akademischer Beobachter, Heft 1/1929.
290 Akademischer Beobachter, 1/1929, S. 96.
291 Baldur von Schirach, Deutsche Rektoren bekämpfen die Freiheitsbewegung, in: Die Bewegung vom 3.6.1930.
292 So die Schlagzeile auf der ersten Seite der NS-Studentenzeitung Die Bewegung vom 10.6.1930.
293 Kurt Krüger, Unser neues Bildungsideal, in: Die Bewegung vom 13.5.1930.
294 »Achtung! Studiengelderhöhung!«, Aufruf des NSDStB, Kreisleitung 8 (Deutschösterreich), Zeitungsausschnitt vom 1.10.1932 (Graz); Barch, NS 38/2, Bl. 317.
295 Statistisches Handbuch von Deutschland 1928–1949, München 1949, S. 622–624.
296 Der Reichsstudentenführer, Denkschrift zur Studien- und Ausbildungserneuerung [1937/38]; Barch, NS 38/2247.
297 Fritz Hippler (Oberbannführer im Stab der Reichsjugendführung), Die Brechung des bürgerlichen Bildungsmonopols, in: Reichs-Jugend-Pressedienst, Berlin, Nr. 146 und 148 (1934), Sonderbeilage (Hervorhebungen im Original); Barch, NS 38/IIp.87.
298 Die Bewegung vom 3.6.1930.
299 Goebbels an von Schirach, März 1929, in: Akademischer Beobachter, 1(1929), S. 63–65; Einladung der National-Sozialistischen Studentengruppe in München zu einer an Studenten gerichteten Hitler-Rede im Löwenbräukeller am 26.2.1923 (»Bitte weitergeben!« – »Juden ist der Zutritt verboten!«); Barch, NS 38/II/21.
300 Hitler-Rede an Studenten [o. D.]; Barch, NS 38/II/21, Bl. 148.
301 Rede Goebbels' anlässlich der Führertagung des NSDStB [o. D.]; Barch, NS 38/II/21, Bl. 224–226; Goebbels, Wege ins Dritte Reich, Abschnitt »Student und Arbeiter« [o. D.]; ebd., Bl. 18–24.
302 Bist Du Student? Editorial, in: Student im Kampf, hg. vom Mitteldeutschen Schulungsamt des NSDStB, Amt für politische Bildung der Leipziger Studentenschaft, Heft 15 vom 24.7.1933.
303 Dutschke, Mein langer Marsch, S. 18 f.
304 Aufruf des NS-Studentenfunktionärs Derichsweiler im Rundfunk, zit. nach Kölnische Zeitung vom 16.5.1933 (Abendausgabe); Barch, NS 38/2, Bl. 326. Allerdings wurden diese Einrichtungen 1939 wie-

der verboten. Die Gründe dürften in homosexuellen und politisch-oppositionellen Aktivitäten zu suchen sein. Der Reichsstudentenbundführer, Befehl St.19/39, Betrifft: Studentische Wohngemeinschaft, 13.4.1939; Barch, NS 38/II*/60.
305 Jansen, Der Fall Gumbel, S. 62f.
306 Die Bewegung vom 27.1., vom 10.2. und vom 17.2.1931.
307 Oberleutnant Schulz. Ein Opfer der Femelüge, mit Beiträgen von Friedrich Felgen, Hans Albert von Birkhahn und Walter Weiß, München 1929.
308 Studenten-SA stürmt Kunstschule in Schöneberg, in: Deutsche Allgemeine Zeitung vom 18.2.1933.
309 Waffenstudentische Kampfgruppe, in: Deutsche Revolution, Folge 5 und 6, Febr. 1932.
310 Im Unterschied zu Grüttner, Studenten im Dritten Reich, sehen Jansen, Der Fall Gumbel, S. 35, und Safranski, Ein Meister, S. 302ff. Parallelen zwischen der braunen und der zunächst anitautoritären, dann roten Studentenbewegung deutlich.
311 Richard Löwenthal, Farbenblind gegen rote Intoleranz? Über den Bund Freiheit der Wissenschaft und die Professoren Mitscherlich, Pross und Lepenies, in: Die Zeit vom 8.1.1971; Löwenthal, Romantischer Rückfall, S. 13, 24; Löwenthal, Politisches Engagement, S. 8.
312 Fraenkel an Walter Rüegg, Rektor der Johann Wolfgang Goethe-Universität, vom 12.12.1967; Rüegg an Fraenkel vom 29.11.1967; Barch, N Fraenkel 1274/48; zu den Vorfällen, die zum Abbruch der Vorlesung Schmids führten, Kraushaar, Frankfurter Schule und Studentenbewegung, Bd. 1, S. 279–283.
313 Gespräch zwischen Kiesinger, Nixon und Kissinger, 8.8.1969; Akten zur Auswärtigen Politik der Bundesrepublik Deutschland, 1969/II, Nr. 259, S. 907; zit. nach Grassert, Kiesinger, S. 622. Zur Pariser Studentenrevolte im Mai 1968 meinte der oberste Studentenpriester und spätere Erzbischof von Paris, Jean-Marie Lustiger: »Hohle Phrasen, verbaler Radikalismus. Dieses Wiederaufleben des Irrationalen ist eine Spiegelung des Nazismus.« Zit. nach Arno Lustiger, Mein Cousin, der Kardinal, in: Frankfurter Allgemeine Zeitung vom 8.8.2007.
314 Lohmar, Die »Neue Linke«, in: Scheuch (Hg.), Wiedertäufer, S. 22.
315 Wilhelm Hennis, Die Deutsche Unruhe, Vortrag im Deutschlandfunk, 19.9.1968, Manuskript; Barch B 136/13316; in überarbeiteter Form in: Hennis, Unruhe, S. 116–136.
316 Meinhof, Fragment über Struktur, in: Letzte Texte von Ulrike, S. 3. Am Grab von Ulrike Meinhof auf dem Friedhof der Dreifaltigkeits-

gemeinde in Berlin-Mariendorf sprachen Klaus Croissant, Otto Schily, Klaus Wagenbach und Helmut Gollwitzer.
317 Zit. nach Schmidbauer, Gegenwart der Vergangenheit, S. 169–171; eindrucksvoll auch Scheub, Leben, S. 251–285.
318 Hannover, Schnibben, I can't get no, S. 58–63.
319 Wapnewski, Mit dem anderen Auge, Bd. 2, S. 57.
320 Sontheimer, Gescheiterte Revolution, S. 11.
321 Scheuch, Soziologische Aspekte, S. 3.
322 Ratzinger, Leben, S. 139 f.
323 Arno Widmann, Zu spät, in: Berliner Zeitung vom 5. 4. 2002.
324 Jürgen Habermas, Ludwig von Friedeburg, Alexander Mitscherlich, Diskussion mit streikenden Studenten im Walter-Kolb-Studentenwohnheim, 16. 12. 1968, Protokoll; zit. nach Kraushaar, Frankfurter Schule und Studentenbewegung, Bd. 2, S. 505–512.
325 Wapnewski, Mit dem anderen Auge, Bd. 2, S. 77.
326 Arno Widmann, Ein Gegner des gesellschaftlichen Fortschritts. Erinnerung an Rudi Dutschke, in: Berliner Zeitung vom 24. 12. 2004.
327 Kohl, Erinnerungen, S. 68 f.; generell zu dieser Generation Neven DuMont (Hg.), Jahrgang 1926/27; Bude, Deutsche Karrieren; zum Gebrauch des Begriffs Generation als historische Kategorie und den damit verbundenen Unschärfen Herbert, Generation der Sachlichkeit, S. 31 f.
328 Wapnewski, Mit dem anderen Auge, Bd. 1, S. 129.
329 Dahrendorf, Grenzen, S. 71–76.
330 So Erwin K. Scheuch, geb. 1928. Scheuch, Wiedertäufer, S. 10.
331 Richard Löwenthal, Stichwortmanuskript zum Vortrag »Demokratie und Freiheit heute« am 4. 12. 1973 vor der Wissenschaftlichen Gesellschaft im Rathaus Berlin-Schöneberg; AdsD, N Löwenthal, unsortierter Teil, Schachtel VII; ähnlich Willy Brandt am 26. 4. 1968, zit. nach Berliner Ausgabe, Bd. 4, S. 143–147.
332 Scheuch, Wiedertäufer, S. 11.
333 Bundesfamilienministerium, Ergebnisprotokoll über die Sitzung der Arbeitsgruppe des Kabinetts über die Studentenunruhen am 28. 5. 1968 (Dr. Raabe); Barch, B 136/3034.
334 Breiteneicher u. a., Kinderläden, S. 39, 118; Kommune 2, S. 69.
335 Kommission zur Beratung der Bundesregierung in Fragen der politischen Bildung, Protokoll über die 1. Arbeitssitzung (Sondersitzung) am 17./18. 10. 1968 in der Evangelischen Akademie Bad Boll; Barch B 106/54135/54133. Teilnehmer: Felix Messerschmid (Vorsitzender), Karl Dietrich Bracher, Wilhelm Hennis, Max Horkheimer, Helmut Krausnick, Eberhard Müller, Hans Rothfels, Helmut Kuhn.

336 Deutsches Generalkonsulat New York (Curtius) an AA, Bericht zu den Studentenunruhen an der Columbia University, 22.5.1968; Barch, B 106/34236.
337 Aktennotiz von Prof. Dr. Roman Herzog, Betr. Stud. jur. Runge, zit. nach Der Spiegel 10/1969. Die Notiz wurde Anfang 1969 während der Kampagne »Relegiert die Relegateure« beim Sturm auf das Dekanat der Juristischen Fakultät der FUB entwendet.
338 Peter Boenisch, Fischers Sturm und Drang, in: Bild vom 4.1.2001.
339 Weischedel an Robert Heiß, 11.3.1973; Weischedel an Erich Loos, 28.4.1975; Staatsbibliothek zu Berlin, Handschriftenabteilung, N Weischedel, Bde. 43, 44.
340 Schelsky, Skeptische Generation, S.79, 381.
341 Ebd., S.58–73.
342 Ebd., S.80–83, 73. Die auf S.381 getroffene Prognose, das ideologisierte Jugendverhalten sei »endgültig beseitigt« schränkte Schelsky auf S.78 allerdings ein: Dort hielt er es durchaus für möglich, dass sich eine Jugend, die mit hohem Komfort und fast selbstverständlicher sozialer Sicherheit aufgewachsen sei, sich möglicherweise von den pragmatischen Prinzipien der »skeptischen Generation« abwenden könne. Dazu lesenswert Löwenthal, Romantischer Rückfall, S. 25–29 (»Die Umkehr der ›skeptischen Generation‹«).
343 Schäfer, Kein ›richtiges‹ junges Mädchen, S. 47. Die Hervorhebungen entsprechen dem Original. Der letzte Satz ist verkürzt zitiert und geht so weiter: »[…] Tabuzone –, ähnlich der um ›das Kinderkriegen‹, um alles, was mit Frau und Mann zu tun hat.«
344 Günter Grass, Offener Brief »in letzter Minute« an Kurt Georg Kiesinger, 29.11.1966; zit. nach Görtemaker, Geschichte der Bundesrepublik, S. 487f.
345 Zit. nach Koenen, Das rote Jahrzehnt, S. 120. Insgesamt komme ich zu ähnlichen Schlüssen wie Koenen in dem Kapitel »Felix Culpa.
346 Niederschrift über die Arbeitstagung des Planungsstabes im Bundeskanzleramt mit dem Wissenschaftlichen Sachverständigengremium am 5./6.4.1968; Barch, B 136/3028.
347 Ebd.
348 Kohl, Erinnerungen 1930–1982, S. 225 ff.; Dahrendorf, Versuchungen, S. 201.

Literaturhinweise

Johannes Agnoli: Thesen zur Transformation der Demokratie und zur außerparlamentarischen Opposition, in: neue kritik 47/1968 (April), S. 24–33.
Johannes Agnoli: Die Transformation der Demokratie und verwandte Schriften, hg. von Barbara Görres Agnoli, Hamburg 2004.
René Ahlberg: Ursachen der Revolte. Analyse des studentischen Protestes, Stuttgart 1972.
Götz Aly: »Wofür wirst du eigentlich bezahlt?« Möglichkeiten praktischer Erzieherarbeit zwischen Ausflippen und Anpassen, Berlin 1977.
Götz Aly, Susanne Heim: Vordenker der Vernichtung. Auschwitz und die deutschen Pläne für eine neue Ordnung, Hamburg 1991.
Günther Amendt: China. Der deutschen Presse Märchenland, Berlin 1968.

Karin Bauer (= Antje Vollmer): Clara Zetkin und die proletarische Frauenbewegung, Berlin 1978, ²1984.
Bedingungen und Organisation des Widerstandes. Der Kongress in Hannover. Protokolle, Flugblätter, Resolutionen mit Beiträgen von Helmut Gollwitzer, Erich Kuby, Ulrich K. Preuß, Horst Mahler, Wolfgang Abendroth, Jürgen Habermas, Wolfgang Lefèvre, Rudi Dutschke u. a., Berlin 1967.
Uwe Bergmann, Rudi Dutschke, Wolfgang Lefèvre, Bernd Rabehl: Rebellion der Studenten oder Die neue Opposition. Eine Analyse, Reinbek 1968.
Max Biehl: Die chinesische Volkskommune im »Großen Sprung« und danach, Hamburg 1965.
Hans Peter Bleuel, Ernst Klinnert: Deutsche Studenten auf dem Weg ins Dritte Reich. Ideologien, Programme, Aktionen 1918–1935, Gütersloh 1967.
Horst-Pierre Bothien: Protest und Provokation. Bonner Studenten 1967/1968, Essen 2007.

Willy Brandt: Berliner Ausgabe, hg. von Helga Grebing, Gregor Schöllgen, Heinrich August Winkler, Bd. 4: Auf dem Weg nach vorn. Willy Brandt und die SPD 1947–1972, bearb. von Daniela Münkel, Berlin 2000, Bd. 7: Mehr Demokratie wagen. Innen- und Gesellschaftspolitik 1966–1974, bearb. von Wolther von Kieseritzky, Berlin 2001.

Hille Jan Breiteneicher, Rolf Mauff, Manfred Triebe, Autorenkollektiv Lankwitz: Kinderläden. Revolution der Erziehung oder Erziehung der Revolution? Reinbek 1971.

Heinz Bude: Das Altern einer Generation. Die Jahrgänge 1938 bis 1948, Frankfurt a. M. 1995.

Heinz Bude: Deutsche Karrieren. Lebenskonstruktionen sozialer Aufsteiger aus der Flakhelfer-Generation, Frankfurt a. M. 1987.

Bundesvorstand des SDS (Hg.): Fernsehrede des Kommandanten Fidel Castro, um die Ereignisse in der CSSR zu analysieren, eingel. von Bernd Rabehl, Berlin 1968.

Stokely Carmichael: Die Dritte Welt, unsere Welt. Thesen zur Schwarzen Revolution, Berlin 1969.

Jung Chang: Wilde Schwäne. Die Geschichte einer Familie. Drei Frauen in China von der Kaiserzeit bis heute, München 1991.

Jung Chang, Jon Halliday: Mao. Das Leben eines Mannes, das Schicksal eines Volkes, München 2005.

Ulrich Chaussy: Die drei Leben des Rudi Dutschke. Eine Biographie, Darmstadt 1983.

Daniel Cohn-Bendit, Rüdiger Dammann (Hg.): 1968. Die Revolte, Frankfurt a. M. 2007.

Ralf Dahrendorf: Über Grenzen. Lebenserinnerungen, München 2002.

Ralf Dahrendorf: Versuchungen der Unfreiheit. Die Intellektuellen in Zeiten der Prüfung, München 2006.

Friedrich Christian Delius: Vier Gedichte, in: Kursbuch 15 (Nov. 1968), S. 144–147.

Jürgen Domes: Kulturrevolution und Armee. Die Rolle der Streitkräfte in der chinesischen »Kulturrevolution«, Bonn 1967.

Jürgen Domes: Die Ära Mao Tse-tung. Innenpolitik in der Volksrepublik China, Stuttgart 1971.

Jürgen Domes: Von der Volkskommune zur Krise in China, Bonn 1964.

Rudi Dutschke: Mein Langer Marsch. Reden, Schriften und Tagebücher aus zwanzig Jahren, hg. von Gretchen Dutschke-Klotz, Helmut Gollwitzer und Jürgen Miermeister, Reinbek 1980.

Rudi Dutschke: Jeder hat sein Leben ganz zu leben. Die Tagebücher 1963–1979, Köln 2003.
Rudi Dutschke: Die Widersprüche des Spätkapitalismus, in: Bergmann u. a., Rebellion, S. 33–93.

Hans Magnus Enzensberger: Ein Gespräch über die Zukunft mit Rudi Dutschke, Bernd Rabehl und Christian Semler, in: Ders. (Hg.), Kursbuch 14 (Aug. 1968), S. 146–174.

Frantz Fanon: Die Verdammten dieser Erde. Mit einem Vorwort von Jean-Paul Sartre, Frankfurt a. M. 1966.
Joachim Fest: Begegnungen. Über nahe und ferne Freunde, Reinbek 2004.
Tilman Fichter, Siegward Lönnendonker: Kleine Geschichte des SDS. Der Sozialistische Deutsche Studentenbund von 1946 bis zur Selbstauflösung, Berlin 1977.
Joschka [Fischer]: Durchs wilde Kurdistan, in: Pflasterstrand, Nr. 47 (Febr. 1979), S. 28–31.
Ernst Fraenkel: Ursprung und politische Bedeutung der Parlamentsverdrossenheit, in: Integritas. Geistige Wandlung und menschliche Wirklichkeit, hg. von Dieter Stolte und Richard Wisser, Tübingen 1966, S. 244–255.
Freie Universität Berlin 1948–1973. Hochschule im Umbruch, Teil I–III 1945–1964, Teil III: Auf dem Weg in den Dissens (1957–1964), ausgewählt und dokumentiert von Siegward Lönnendonker und Tilman Fichter unter Mitarbeit von Claus Rietzschel, Berlin 1978.
Freie Universität Berlin 1948–1973. Hochschule im Umbruch, Teil V: 1967–1969: Gewalt und Gegengewalt (1967–1969), ausgewählt und dokumentiert von Siegward Lönnendonker, Tilman Fichter und Jochen Staadt unter Mitarbeit von Klaus Schroeder, Berlin 1983.

Philipp Gassert: Kurt Georg Kiesinger 1904–1988. Kanzler zwischen den Zeiten, München 2006.
Christian Gerlach, Götz Aly: Das letzte Kapitel. Realpolitik, Ideologie und der Mord an den ungarischen Juden, Stuttgart 2002.
Ingrid Gilcher-Holtey: Die 68er Bewegung. Deutschland, Westeuropa, USA, München 2001.
Ingrid Gilcher-Holtey: »Die Phantasie an die Macht«. Mai 1968 in Frankreich, Frankfurt a. M. 1995.
Manfred Görtemaker: Geschichte der Bundesrepublik Deutschland. Von der Gründung bis zur Gegenwart, Frankfurt a. M. 1999.
Heinz Grassel: Jugend, Sexualität, Erziehung. Zur psychologischen Problematik der Geschlechtserziehung, Berlin 1967.

Michael Grüttner: Studenten im Dritten Reich, Paderborn 1995.

Manfred Hättich: Demokratie und Demokratismus – zum Demokratieverständnis der »Neuen Linken«, in: Scheuch (Hg.), Wiedertäufer, S. 124–135.

Irmela Hannover, Cordt Schnibben: I can't get no. Ein paar 68er treffen sich wieder und rechnen ab, Köln 2007.

Dorothea Hauser: Deutschland, Italien, Japan. Die ehemaligen Achsenmächte und der Terrorismus der 1970er Jahre, in: Die RAF und der linke Terrorismus, 2 Bde., hg. von Wolfgang Kraushaar, Hamburg 2006, S. 1272–1298.

Dorothea Hauser: Im Land der Erinnerungsweltmeister. Der Deutsche Herbst *revisited*, Nachwort zur Neuausgabe, in: Dies.: Baader und Herold. Beschreibung eines Kampfes, Reinbek 2007 [Originalausgabe 1997], S. 233–241.

Wilhelm Hennis: Die deutsche Unruhe. Studien zur Hochschulpolitik, Hamburg 1969.

Wilhelm Hennis: Die hochschulpolitischen Forderungen der »Neuen Linken«, in: Scheuch (Hg.), Wiedertäufer, S. 136–145.

Ulrich Herbert: »Generation der Sachlichkeit«. Die völkische Studentenbewegung der frühen zwanziger Jahre, in: Ders., Arbeit, Volkstum, Weltanschauung. Über Fremde und Deutsche im 20. Jahrhundert, Frankfurt a. M. 1995, S. 31–58.

Ulrich Herbert (Hg.): Wandlungsprozesse in Westdeutschland. Belastung, Integration, Liberalisierung 1945–1980, Göttingen 2002.

Dagmar Herzog: Die Politisierung der Lust. Sexualität in der deutschen Geschichte des zwanzigsten Jahrhunderts, München 2005.

Raul Hilberg: Unerbetene Erinnerung. Der Weg eines Holocaust-Forschers, Frankfurt a. M. 1994.

Max Horkheimer: Gesammelte Schriften, Bd. 18: Briefwechsel 1949–1973, hg. von Gunzelin Schmid-Noerr, Frankfurt a. M. 1996.

Christian Jansen: Der »Fall Gumbel« und die Heidelberger Universität 1924–1932, Heidelberg 1981 (Selbstverlag).

Willi Jasper, Karl Schlögel, Bernd Ziesemer: Partei kaputt. Das Scheitern der KPD und die Krise der Linken, Berlin 1981.

Rainer Jogschies: Make love not war! Die entspannten Siebziger, Frankfurt a. M. 1992.

Uwe Johnson: Jahrestage. Aus dem Leben von Gesine Cresspahl, 4 Bde., Frankfurt a. M. 1983.

Hubertus Knabe: Die unterwanderte Republik. Stasi im Westen, Berlin 1999.
Gerd Koenen: Das rote Jahrzehnt. Unsere kleine deutsche Kulturrevolution 1967–1977, Köln 2001.
Gerd Koenen: Vesper, Ensslin, Baader. Urszenen des deutschen Terrorismus, Köln 2003.
Helmut Kohl: Erinnerungen. 1930–1982, München 2004.
Kommune 2. Versuch der Revolutionierung des bürgerlichen Individuums. Kollektives Leben mit politischer Arbeit verbinden! Berlin 1969.
Wolfgang Kraushaar: Agnoli, die APO und der konstitutive Illiberalismus seiner Parlamentarismuskritik, in: Zeitschrift für Parlamentsfragen 1/2007, S. 160-179.
Wolfgang Kraushaar: Die Bombe im Jüdischen Gemeindehaus. Hamburg 2005.
Wolfgang Kraushaar: Frankfurter Schule und Studentenbewegung. Von der Flaschenpost zum Molotowcocktail 1946–1995, 3 Bde., Hamburg 1998.
Wolfgang Kraushaar: 1968 als Mythos, Chiffre und Zäsur, Hamburg 2000.
Anita Kugler: Raubdrucke. Die freie Liebe bitte neben die Kasse, in: Landgrebe, Plath (Hg.), '68 und die Folgen, S. 103–107.
Hansmartin Kuhn: Nachwort zu Mao Tse-tung, Über Praxis und Widerspruch (= Rotbuch 5), Berlin 1968, S. 74–94.
Helmut Kuhn, Joseph Pascher, Hans Maier, Wolfgang Kunkel, Otto B. Roegele, Fritz Leist, Friedrich G. Friedmann, Eric Voeglin: Die deutsche Universität im Dritten Reich. Eine Vortragsreihe der Universität München, München 1966.
Helmut Kuhn: Rebellion gegen die Freiheit. Über das Generationsproblem und die Jugendunruhen unserer Zeit, Stuttgart 1968.
Helmut Kuhn: Jugend im Aufbruch. Zur revolutionären Bewegung unserer Zeit, München 1970.
Helmut Kuhn: Zehn Thesen zur Studentenbewegung in der Bundesrepublik, in: Hochland, 60 (1968), S. 369–374.
Dieter Kunzelmann: Leisten Sie keinen Widerstand! Bilder aus meinem Leben, Berlin 1998.

Christiane Landgrebe, Jörg Plath (Hg.): '68 und die Folgen. Ein unvollständiges Lexikon, Berlin 1998.
Fritz Leonhardt: Studentenunruhen, Ursachen, Reformen. Ein Plädoyer für die Jugend, Stuttgart 1968.
Li Zhensheng: Roter Nachrichtensoldat. Ein chinesischer Fotograf in den Wirren der Kulturrevolution, mit einem Vorwort von Jonathan D. Spence, hg. von Robert Pledge, Berlin 2003.

Die Linke antwortet Jürgen Habermas. Mit Beiträgen von Wolfgang Abendroth, Peter Brückner, Furio Cerutti, Klaus Dörner, Jürgen Habermas, Ekkehart Krippendorff, Herbert Lederer, Wolfgang Lefèvre, Klaus Meschkat, Oskar Negt, Arnhelm Neusüss, Claus Offe, Reimut Reiche, Claus Rolshausen, Helmut Schauer und Frank Wolff, Frankfurt a. M. 1968.

Siegward Lönnendonker, Bernd Rabehl, Jochen Staadt: Die antiautoritäre Revolte. Der Sozialistische Deutsche Studentenbund nach der Trennung von der SPD, Bd. 1: 1960–1967, Wiesbaden 2002.

Richard Löwenthal: Der romantische Rückfall, Stuttgart 1970.

Richard Löwenthal: Gesellschaftswandel und Kulturkrise. Zukunftsprobleme der westlichen Demokratien, Frankfurt a. M. 1979.

Richard Löwenthal: Studenten und demokratische Öffentlichkeit, hg. von der Landeszentrale für politische Bildungsarbeit Berlin, Berlin 1967 (Sonderdruck, 8 Seiten).

Richard Löwenthal: Zum politischen Engagement der Studenten, in: actio, 3 (1967), Heft 4/5, S. 5–9.

Ulrich Lohmar: Die »Neue Linke« und die Institutionen der Demokratie, in: Scheuch (Hg.), Wiedertäufer, S. 13–28.

Niklas Luhmann: Universität als Milieu, Bielefeld 1992.

Ulrike Meinhof: Letzte Texte von Ulrike, o. O., o. J. [Hg.: Internationales Komitee zur Verteidigung politischer Gefangener in Westeuropa, Stuttgart 1976].

Jürgen Miermeister, Jochen Staadt (Hg.): Provokationen. Die Studenten- und Jugendrevolte in ihren Flugblättern 1965–1971, Darmstadt 1980.

Peter Mosler: Was wir wollten, was wir wurden. Studentenrevolte. Zehn Jahre danach, mit einer Chronologie von Wolfgang Kraushaar, Reinbek 1977.

Alfred Neven DuMont (Hg.): Jahrgang 1926/27. Erinnerungen an die Jahre unter dem Hakenkreuz, Köln 2007.

Walter Orschekowski: Die Rechtfertigungsgründe im Strafrecht der Deutschen Demokratischen Republik, Berlin 1956.

Steve B. Peinemann: Wohngemeinschaft. Problem oder Lösung? Eschborn ^{6}1977.

Joseph Ratzinger: Aus meinem Leben. Erinnerungen 1927–1977, München 1997.

Gerhard A. Ritter: »Direkte Demokratie« und Rätewesen in Geschichte und Theorie, in: Scheuch (Hg.), Wiedertäufer, S. 215–229.
Bettina Röhl: So macht Kommunismus Spaß! Ulrike Meinhof, Klaus Rainer Röhl und die Akte konkret, Hamburg 2006.
Adalbert Rückerl: NS-Verbrechen vor Gericht. Versuch einer Vergangenheitsbewältigung, Heidelberg ²1984.
Michael Ruetz: »Ihr müßt diesen Typen nur ins Gesicht sehen«. APO Berlin 1966–1969, Frankfurt a. M. 1980.

Rüdiger Safranski: Ein Meister aus Deutschland. Heidegger und seine Zeit, München 1994.
Rüdiger Safranski: Romantik. Eine deutsche Affäre, München 2007.
Gaston Salvatore, Rudi Dutschke: Einleitung zu Che Guevara, Schaffen wir zwei, drei, viele Vietnam. Brief an das Exekutivsekretariat von OSPAAL [= Organisation der Solidarität der Völker Afrikas, Asiens und Lateinamerikas], Berlin 1967.
Bettina Schäfer: Kein ›richtiges‹ junges Mädchen, in: Unbekannte Wesen. Frauen in den sechziger Jahren, hg. von Baerbel Becker, Berlin 1987, S. 45–52.
Helmut Schelsky: Die skeptische Generation. Eine Soziologie der deutschen Jugend, Düsseldorf 1957.
Dieter Schenk: Hans Frank. Hitlers Kronjurist und Generalgouverneur, Frankfurt a. M. 2006.
Ute Scheub: Das falsche Leben. Eine Vatersuche, München 2006.
Erwin K. Scheuch: Das Gesellschaftsbild der »Neuen Linken«, in: Ders. (Hg.), Wiedertäufer, S. 104–149.
Erwin K. Scheuch: Soziologische Aspekte der Unruhe unter den Studenten, in: Aus Politik und Zeitgeschichte. Beilage zur Wochenzeitung Das Parlament vom 4. 9. 1968, S. 3–25.
Erwin K. Scheuch (Hg.): Die Wiedertäufer der Wohlstandsgesellschaft. Eine kritische Untersuchung der »Neuen Linken« und ihrer Dogmen, Köln 1968, 2. erw. und im Seitenablauf veränderte Ausg. 1969. [Zitiert wird nach der 2. Ausg.]
Joachim Schickel: Dialektik in China. Mao Tse-tung und die Große Kulturrevolution, in: Kursbuch 9 (Juni 1967), S. 45–129.
Joachim Schickel: Dossier: China. Kultur, Revolution, Literatur, in: Kursbuch 15 (Nov. 1968), S. 38–59.
Axel Schildt, Detlef Siegfried, Karl Christian Lammers (Hg.): Dynamische Zeiten. Die 60er Jahre in den beiden deutschen Gesellschaften, Hamburg 2000.
Thomas Schmid: Berlin. Der kapitale Irrtum, Frankfurt a. M. 1991.

Thomas Schmid: Facing Reality. Organisation kaputt, in: Autonomie. Materialien gegen die Fabrikgesellschaft, 10/1975, S. 16–35.
Thomas Schmid: Staatsbegräbnis. Von ziviler Gesellschaft, Berlin 1990.
Wolfgang Schmidbauer: Die Gegenwart der Vergangenheit. Wunden der »deutschen Schuld«, in: Daniel Cohn-Bendit, Rüdiger Dammann (Hg.), 1968. Die Revolte, Frankfurt a. M. 2007, S. 161–183.
Peter Schneider: Ansprachen. Reden, Notizen, Gedichte, Berlin 1970.
Peter Schneider: Lenz. Eine Erzählung, Berlin 1973.
Peter Schneider: Phantasie und Kulturrevolution, in: Kursbuch 16 (März 1969), S. 1–37.
Peter Schneider: Vom Ende der Gewissheit, Berlin 1994.
Alexander Schwan: Die politische Philosophie im Denken Martin Heideggers, 1. Aufl., Opladen 1965, 2., um einen »Nachtrag 1988« erw. Aufl. 1989.
Claudia Seifert: Wenn du lächelst, bist du schöner! Kindheit in den 50er und 60er Jahren, München 2004.
Christian Semler: Wiedergänger. Versuch über das Nachleben der K-Gruppen-Motive, in: Landgrebe, Plath (Hg.), '68 und die Folgen, S. 133–137.
Rolf A. Serwe: Die retrograde Entwicklung der »gewohnheitsrechtlichen« Züchtigungsbefugnis des Lehrers. Ausgangspunkte und Grundlagen eines Wandlungsprozesses. Zugleich ein kritischer Beitrag zur herrschenden höchst- und obergerichtlichen Rechtsprechung, Jur. Fak. Diss., Bochum 1977.
Detlef Siegfried: Time is on my Side. Konsum und Politik in der westdeutschen Jugendkultur der 60er Jahre, Göttingen 2006.
Anne Siemens: Für die RAF war er das System, für mich war er Vater. Die andere Geschichte des deutschen Terrorismus, München 2007.
Kurt Sontheimer: Die gescheiterte Revolution. Zwischen Naivität und Gewaltbereitschaft, in: Die politische Meinung, Nr. 378 (Mai 2001), S. 11–15.

Reni v. Tent: Der Antijurist. Plädoyer für eine gerechte Güterverteilung mit der Brechstange [Berlin 1969].

Bernward Vesper: Die Reise. Romanessay, Reinbek 1983.
Antje Vollmer im Gespräch mit Hans Werner Kilz: Eingewandert ins eigene Land. Was von Rot-Grün bleibt, München 2006.
Antje Vollmer, siehe Karin Bauer.

Literaturhinweise 247

Peter Wapnewski: Mit dem anderen Auge. Erinnerungen, Bd. 1: 1922–1959, Berlin 2005, Bd. 2: 1959–2000, Berlin 2006.
Rudolf Wildenmann, Max Kaase: Die unruhige Generation. Eine Untersuchung zu Politik und Demokratie in der Bundesrepublik, Universität Mannheim 1968 (als Manuskript vervielfältigt).
Wir warn die stärkste der Partein. Erfahrungsberichte aus der Welt der K-Gruppen, Berlin 1977 [mit verfasst von Jochen Staadt u. a.].
Frank Wolff, Eberhard Windaus (Hg.): Studentenbewegung 1967–69, Frankfurt a. M. 1977.

Personenregister

Abendroth, Wolfgang 160
Adenauer, Konrad 65, 75, 84, 155, 205, 208
Adorno, Theodor W. 41f., 131, 167
Agnoli, Johannes 43, 118, 131, 136, 229
Ahlberg, René 39f.
Albertini, Rudolf von 231
Albertz, Heinrich 28f., 33f.
Altvater, Elmar 130
Aly, Wolfgang 95
Amendt, Günter 115
Amrehn, Franz 36
Anton, Carl G. 134
Arendt, Hannah 57
Augstein, Rudolf 75, 129

Baader, Andreas 44, 58, 141, 220
Bachmann, Josef 19, 47
Bakunin, Michail 9
Baring, Arnulf 141
Barth, Heinrich 137
Baudelaire, Charles 83
Baumann, Hans 170
Bebermeyer, Hartmut 222
Behnken, Klaus 51
Benda, Ernst 33, 36, 59f., 120, 227
Ben-Natan, Asher 162f.
Betz, Eugen 221

Biehl, Max 113
Biermann, Wolf 50, 142
Bleuel, Peter 154
Bloch, Ernst 224
Bluem, Burkhard 51, 232
Boehmer, Konrad 217
Böll, Heinrich 76
Boenisch, Peter 199
Boger, Wilhelm 202
Botsch, Jaël 70
Bowie, James (Jim) 94
Bracher, Karl Dietrich 237
Brandt, Peter 64
Brandt, Willy 37, 64, 67f., 77, 83, 102, 120f., 145, 167f., 209, 217, 223
Braun, Volker 20
Braunbehrens, Burkhard von 157, 219
Brecht, Bertolt 55
Brentano, Margeritha von 231
Brocher, Tobias 67
Broszat, Martin 154
Brückner, Peter 118
Bruhn, Annekatrin 232
Bruns, Tissy 189
Buback, Siegfried 42
Buchheim, Hans 35, 154, 231
Butenandt, Adolf 227
Busch, Ernst 8

Personenregister

Carmichael, Stokely 163
Carstens, Karl 36, 87, 127, 217, 219f., 222, 227, 229
Castro, Fidel 89, 101, 105, 109
Ch'en Yi 112
Clausewitz, Carl von 178
Claussen, Detlev 232
Cohn, Norman 231
Cohn-Bendit, Daniel 16, 105, 117, 226, 232
Cohn-Bendit, Gabriel 117
Croissant, Klaus 142, 237
Curtis, Klaus 221, 238

Dahrendorf, Gustav 193
Dahrendorf, Ralf 104, 190, 193, 208
Davidsohn, Adolf 222
Delius, Friedrich Christian 172
Deng Pufang 108
Deng Xiaoping 108
Derichsweiler, Albert 235
Diepgen, Eberhard 146
Doetinchem, Dagmar von 219
Domes, Jürgen 111f., 114, 141
Drygalla, Eberhard 126
Duckwitz, Georg 221
Duensing, Erich 28, 47, 200
Dutschke, Rudi 8, 19–21, 33f., 40f., 46, 48, 54, 56, 58, 63, 71, 90–102, 115f., 119, 121, 124, 149, 161, 173, 179f., 188, 198, 224, 226
Dutschke-Klotz, Gretchen 20f., 102

Eban, Abba 166
Ehmke, Horst 34
Ensslin, Gudrun 44, 142, 220

Enzensberger, Hans Magnus 46, 84, 90, 103, 105, 112, 114, 118, 121, 224
Enzensberger, Ulrich 55, 188
Erdmann, Karl Dietrich 227
Erhard, Ludwig 29, 67, 75
Ernst, Werner 31–33, 47, 200, 216
Eynern, Gerd von 130

Fanon, Frantz 92f., 115
Fest, Joachim 10, 68, 106, 191
Fichter, Albert 161f.
Fichter, Tilman 223
Filbinger, Hans 36, 115
Fischer, Joschka 9, 13, 16, 18f., 21, 24, 165, 199
Flechtheim, Ossip K. 91ff., 131, 223
Flohr, Heiner 223
Fraenkel, Ernst 24, 118, 130–135, 146, 228f., 233, 236
Fraenkel, Hanna 133
Franco y Bahamonde, Francisco 62
Frank, Hans 99f.
Frings, Klaus 58f.
Frundsberg, Jörg von 106

Gaulle, Charles de 121
Gebauer, Werner 146
Genscher, Hans-Dietrich 143, 191
Gerstenmaier, Eugen 57
Giesecke, Hans-Werner 121
Goebbels, Joseph 98, 100, 115, 144, 178f., 235
Göring, Hermann 98
Goldbach, Sabine 70
Gollwitzer, Helmut 31f., 84, 237
Goppel, Alfons 227
Gottschalch, Wilfried 32
Grass, Günter 84, 106, 203

Grosser, Dieter 130
Grünewald (Bundeskanzleramt) 228
Grundschöttel, Hans 218, 227
Günter, Hans F.K. 177
Gumbel, Emil Julius 181
Guevara, Ernesto (Che) 8, 12, 25, 92, 102, 115, 117f.

Habermas, Jürgen 84, 100, 103, 190f., 231, 237
Haffner, Sebastian 118
Hagelberg, Karl-Ulrich 31, 34, 216
Hallstein, Walter 83f., 205
Hamm-Brücher, Hildegard 66f.
Hange, Franz 217
Hartung, Klaus 15, 55, 219
Haupt, Joachim 182f.
Heck, Bruno 34, 217
Heiber, Helmut 154
Heidegger, Martin 45, 154, 234f.
Heisig, Bernhard 192
Heiß, Robert 238
Henkys, Reinhard 154
Hennis, Wilhelm 189, 237
Herzog, Roman 135, 198, 238
Heydrich, Reinhard 234
Hilberg, Raul 116f.
Hippler, Fritz 178
Hitler, Adolf 67, 98, 150, 154, 179, 186, 194, 207
Ho Chi Minh 8
Höckerl, Hermann 75
Hofer, Walther 229
Höss, Rudolf 154
Horkheimer, Max 30, 35, 41f., 131, 148, 197ff., 230f., 237
Horlemann, Jürgen 155
Huber, Klaus 86
Huber, Ludwig 36

Jacobsen, Hans-Adolf 154
Jaeger, Richard 29
Johnson, Uwe 103
Johnson, Lyndon B. 30, 146
Jünger, Ernst 7
Jung Chang 110

Kadritzke, Niels 89
Kahl, Reinhard 126
Katzenstein, Arie 166
Kennedy, John F. 145f.
Kerlen, Heinrich 145
Khaled, Leila 12
Kiesinger, Kurt Georg 33–37, 54, 58f., 77, 83, 87, 122, 126f., 188, 200, 203-206, 217, 219, 227, 231, 236
King, Martin Luther 62
Kissinger, Henry 186, 236
Klandat, Karin 70
Klarsfeld, Beate 126, 204
Klinnert, Ernst 154
Knabe, Hubertus 22
Knapp, Udo 51, 123, 165, 190, 232
Knef, Hildegard 67
Koenen, Gerd 20
König, Rudolf 219
Koenigs, Tom 16
Kohl, Helmut 12, 36, 153, 188, 191, 193, 207f.
Kotowski, Georg 135, 140
Kraushaar, Wolfgang 20, 161f., 167, 229
Krausnick, Helmut 154, 237
Krueger, Werner 217
Kuby, Erich 69
Kuhlbrodt, Dietrich 153
Kuhn, Helmut 35, 48, 198f., 237
Kunzelmann, Dieter 39, 161f., 166f., 232f.
Kurras, Karl-Heinz 27, 29

Personenregister 251

Lafontaine, Oskar 13
Lambsdorff, Otto Graf 191
Landmann, Michael 231
Langhans, Rainer 39, 47, 49, 107, 126
Leber, Georg 34, 78
Lederer, Herbert 226
Lefèvre, Wolfgang 51, 96, 149, 226
Leggewie, Otto 145
Leiser, Erwin 150
Lensch, Friedrich 153
Leonhardt, Fritz 154, 230
Leussink, Hans 227
Liberman, Evsei 105
Linke, Georg 21
Lin Piao 117
Li Zhensheng 110
Loch, Walter 79
Löwenthal, Richard 20, 24f., 27, 29, 42, 45, 75, 93f., 100, 107, 109, 131f., 141, 151, 155, 185, 210, 223, 228f., 231
Loewy, Ronny 232
Lohmar, Ulrich 186, 227
Lübbe, Heinrich 191
Lübke, Heinrich 137
Lücke, Paul 33
Lüers, Herbert 69
Luhmann, Niklas 42, 91
Lustiger, Jean-Marie 236

Mahler, Horst 59, 71, 99, 102, 123f., 128, 141f., 158
Maier, Wilfried 219
Maihofer, Werner 223
Majakowski, Wladimir 8
Malraux, André 83
Mangold, Günther 51
Mao Tse-tung 8, 24f., 40, 68, 84, 92, 106–112, 114f., 117f.

Marcuse, Herbert 40–43, 45, 47, 167
Maron, Hanna 166
Martin, Ludwig 143
Marx, Karl 40ff., 55, 136
May, Gisela 69
Meinhof, Ulrike 8, 10, 12, 44, 142, 158, 160, 187, 218, 236
Mende, Erich 67
Merkel, Angela 14
Messerschmid, Felix 237
Mitscherlich, Alexander 231
Monroe, Marilyn 146
Moore, Robin 231
Müller, Eberhard 237
Müller, Peter 232
Müller, R. (Bundeskanzleramt) 222
Müller-Plantenberg, Urs 96

Negt, Oskar 29, 35
Nickels, Christa 188
Nixon, Richard 236
Noelle-Neumann, Elisabeth 118, 226
Nollau, Günther 221
Nolte, Ernst 231

Ohnesorg, Benno 10, 27, 29, 31, 59, 84, 91, 94f., 118, 149, 159, 224
Ordolff, Wolfgang 228

Pahl, Günter 126
Papen, Franz von 186
Pasolini, Pier Paolo 124
Pinkall, Lothar 96
Plötner, Georg 175
Pol Pot 8, 114, 225
Presley, Elvis 146
Presser, Inge 165

Proll, Thorwald 220
Pross, Christian 231

Raabe, Dr. (Familienministerium) 221, 239
Rabehl, Bernd 46f., 51, 90, 96, 101f., 105, 115, 148, 230
Raddatz, Fritz J. 116, 118
Rattner, Josef 136
Ratzinger, Joseph 189f.
Rauch, Georg von 232
Raspe, Jan-Carl 47, 53
Rau, Johannes 191
Reagan, Ronald 188
Rehse, Hans-Joachim 149
Reich, Wilhelm 93
Reiche, Reimut 50f., 215
Reich-Ranicki, Marcel 168
Riechmann, Udo 51, 60
Ritter, Gerhard A. 132
Roetz, Heiner 232
Roth, Karl Heinz 223
Rothfels, Hans 237
Rüegg, Walter 186, 227
Ruff, Siegfried 156f.
Rumpf, Hans 227
Runge, Jürgen Bernd 199

Salazar, António de Oliveira 62
Schäfer, Bettina 202
Scharf, Kurt 154
Schatz, Dr. (Bundeskanzleramt) 87f., 222f.
Scheel, Walter 119f., 209
Scheffler, Wolfgang 232
Schelsky, Helmut 200f., 239
Scherf, Karl 218, 222
Scheub, Ute 237
Scheuch, Erwin K. 101, 169, 189f., 194, 224, 233, 237
Schickel, Joachim 110, 112

Schiller, Karl 77
Schily, Otto 15, 142, 237
Schirach, Baldur von 171, 173, 176, 234f.
Schmid, Carlo 34, 37, 73, 127, 185, 205, 217, 227, 236
Schmid, Thomas 16, 18ff., 215
Schmidt, Helmut 37, 40, 217
Schmierer, Hans-Gerhart (Joscha) 51f.
Schmitt, Carl 7, 35
Schmitz, Karl-Heinz 70f.
Schneider, Peter 96ff., 101, 108, 225
Schreck, Rüdiger 58
Schröder, Heinz 224, 228
Schubert, Kurt 32
Schütz, Klaus 34, 54, 100, 198, 217, 228
Schwan, Alexander 45, 133, 135, 140f., 154
Schwiedrzik, Wolfgang 21, 165, 232
Semler, Christian 46, 90, 96, 98, 102, 114, 124, 128
Semler, Johannes 124
Severin, Horst 126
Seyfried, Gerhard 11
Šik, Ota 105
Sinzheimer, Hugo 132
Six, Franz A. 234
Skuhr, Werner 130
Söhnlein, Horst 220
Sontheimer, Kurt 84, 133, 154, 189f.
Speer, Albert 76, 115
Springer, Axel 57
Spuler, Berthold 70
Stäbel, Oskar 234
Stalin, Josef 194
Stanzick, Rolf 97
Staritz, Dietrich 96f., 220
Steffen, Monika (Mona) 51

Steimle, Eugen 73
Steimle, Hermann 73
Steinbach, Erika 21
Stern, Martin 161
Stoltenberg, Gerhard 34, 115, 227
Stoph, Willy 77
Strauß, Franz Josef 74, 77
Strecker, Reinhard-M. 156, 231
Strobel, Käte 66
Ströbele, Hans-Christian 142, 168
Struve, Kurt 153

Taubes, Jacob 232
Teufel, Fritz 39, 55, 71, 100, 126
Trumpp, Thomas 228

Ulbricht, Walter 65
Urbach, Peter 124

Vesper, Bernward 74
Voegelin, Eric 131
Vogel, Berhard 191
Vogel, Hans-Joachim 191
Vollmer, Antje 13-16, 168

Wagenbach, Klaus 238
Wapnewski, Peter 55, 189ff.
Weber, Emil 192f.
Weber, Werner 192f.
Wehler, Hans-Ulrich 133, 191
Wehner, Herbert 34
Weischedel, Wilhelm 31f., 159, 199, 238
Weiss, Peter 84, 150
Weitl, Albert 234
Weizsäcker, Carl Friedrich von 83, 205
Weizsäcker, Richard von 69
Werner, Hans-Ulrich 28
Westmoreland, William 63
Widmann, Arno 190
Wiechert, Ernst 150
Wildenmann, Rudolf 80, 87, 195, 222, 226
Wolf, Michel 128
Wolff, Frank 59, 128
Wolff, Reinhard 123, 143

Ziebura, Gilbert 35, 87f.

Götz Aly
Hitlers Volksstaat
Raub, Rassenkrieg und nationaler Sozialismus
Band 15863

Hitler erkaufte sich die Zustimmung der Deutschen mit opulenten Versorgungsleistungen, verschonte sie von direkten Kriegssteuern, entschädigte Bombenopfer mit dem Hausrat ermordeter Juden, verwandelte Soldaten in »bewaffnete Butterfahrer« und ließ den Krieg weitgehend von den Völkern Europas bezahlen.

Den Deutschen ging es im Zweiten Weltkrieg besser als je zuvor, sie sahen im nationalen Sozialismus die Lebensform der Zukunft – begründet auf Raub, Rassenkrieg und Mord.

»Das Besondere von Götz Alys Arbeiten über
die Zeit des Nationalsozialismus liegt in der Originalität
seiner Forschungsansätze. Immer wieder greift er
neue Themen auf. Er findet, wo niemand sucht,
und erkennt, was niemand sieht.«
Raul Hilberg

»Insgesamt hat Aly auf Grund eines schlüssigen,
ja faszinierenden Interpretationsmusters nachgewiesen,
daß die Deutschen durch materielle Zuwendung
geradezu perfide in Judenvernichtung und Ausraubung
okkupierter Territorien involviert wurden.«
Frankfurter Allgemeine Zeitung

Fischer Taschenbuch Verlag